Handbuch Vegetarisch

Zutaten – Küchenpraxis – Rezepte

Handbuch Vegetarisch

Zutaten – Küchenpraxis – Rezepte

Büchergilde Gutenberg

Fotografie: Dorothee Gödert und
Teubner Foodfoto

Inhalt

Mehr als 230 für die vegetarische Küche relevante Produkte sind hier in Text und Bild beschrieben und, in alphabetischer Reihenfolge geordnet, leicht zu finden: von Agar-Agar, einem pflanzlichen Geliermittel, über Getreidesorten, Kräuter und Gewürze, Hülsenfrüchte, Kartoffeln und Sojaprodukte bis hin zu Rucola, Sprossen und Wirsing. Dazu gibt es zahlreiche praktische Tipps für Einkauf und Lagerung.

Im ausführlichen Kochschulteil werden alle wichtigen Techniken rund um die vegetarische Küche beschrieben und in Stepfolgen gezeigt, zum Beispiel: Artischockenböden vorbereiten, die Zubereitung von Bulgur oder Couscous, die Herstellung von Gemüsefond, Gemüse putzen, schneiden und garen, Hülsenfrüchte einweichen, Kartoffelpüree oder Polenta zubereiten, Spargel richtig garen oder der Umgang mit Tofu.

REZEPTE 154

Über 150 klassische und moderne Rezepte der internationalen vegetarischen Küche: feine Vorspeisen, Salate und Snacks für Zwischendurch, raffinierte Suppen als Vorspeise oder sättigender Hauptgang, Hauptgerichte mit Kartoffeln, mit Nudeln und Teigwaren, mit Reis, vegetarische Pizza, Quiches, Terrinen sowie raffinierte Gemüsepasteten.

Wenn nicht anders angegeben, sind die Rezepte für 4 Portionen berechnet.

EXTRA

ANHANG

Zutaten
von Agar-Agar bis Zwiebeln

Agar-Agar

Ein pflanzliches Geliermittel, das aus Meeresalgen gewonnen wird – für Vegetarier eine gute Alternative zu Gelatine. Es ist in Form von Fäden und gemahlen im Handel. Die Gelierkraft ist hoch: 1 g Agar-Agar lässt 100 ml Flüssigkeit schnittfest gelieren.
Verwendung: zum Andicken von Cremes, für Gelees, Tortenguss und Aspik.

Algen

Sie sind relativ eiweißreich und enthalten darüber hinaus Jod. Somit sind sie für die vegetarische Küche eine echte Bereicherung. Algen kommen vor allem in der asiatischen Küche zum Einsatz. Sie sind überwiegend gesalzen im Handel und müssen daher vor der Zubereitung unter fließendem Wasser gewässert werden.
Verwendung: für Brühen, Salate, Suppen und Eintöpfe, für Sushi.

Amarant

Bei den kleinen Körnern handelt es sich nicht um Getreide, sondern um die Samen eines Fuchsschwanzgewächses. Bereits die Mayas und die Azteken schätzten Amarant aufgrund seines Geschmacks und seines Nährwerts. Die eiweißreichen Samen werden wie Getreide verwendet.
Verwendung: Der getreideähnliche Amarant eignet sich für Bratlinge, Aufläufe, Suppen und Füllungen.

Ananas

Beim Ananaskauf die Qualität der Ware gründlich prüfen: Zu früh geerntete Früchte haben zu viel Säure und kaum Aroma. Perfekt gereifte Früchte erkennt man am Duft. Das Fruchtfleisch sollte fest sein und keine weichen Stellen aufweisen. Die Blättchen, die aus den Augen ragen, sollten braun gefärbt sein. Vor der Verwendung muss die Frucht geschält und die Augen müssen entfernt werden. **Verwendung:** zum Rohessen, für Kuchen und Desserts, für Currygerichte.

Äpfel

Genussreif, also vollaromatisch, sind viele Äpfel nicht direkt nach dem Pflücken, sondern erst, wenn sich die Stärke im Fruchtfleisch nahezu abgebaut hat und das Verhältnis von Zucker, Säure und Aroma optimal ist. Das kann eine bis mehrere Wochen nach der Pflückreife sein. Erkennen lässt sich die Genussreife nicht nur an Duft und Aroma, sondern auch an den dunkelbraunen Kernen.
Verwendung: zum Rohessen, für Kuchen, Desserts und süße Hauptgerichte, für herzhafte Eintöpfe und Gratins.

Aprikosen

Wie Pfirsiche und Nektarinen zählen sie zu den Rosengewächsen. Erwähnenswert sind ihr hoher Gehalt an Karotinoiden und an Kalzium. Hier im Handel sind überwiegend Früchte aus dem Mittelmeerraum, vor allem aus der Türkei.
Verwendung: zum Rohessen, für Kuchen, Desserts und süße Hauptgerichte, für Currys und Chutneys.

Artischocken

Hierbei handelt es sich um die noch geschlossenen Blütenknospen eines Distelgewächses. Außer bei ganz jung geernteten, kleinköpfigen Sorten (die im Ganzen verzehrt werden können) isst man lediglich die fleischig verdickten Hüllblätter sowie den Blütenboden. Artischocken verdanken ihren feinherben Geschmack dem Bitterstoff Cynarin.
Verwendung: zum Dippen, zum Füllen, zum Einlegen in Olivenöl und zu vielem mehr.

Auberginen

Sie gehören zu den Nachtschattengewächsen und werden in unterschiedlichen Farben und Größen angebaut. Vor dem Braten sollte man Auberginen in Scheiben schneiden und salzen, um Wasser zu entziehen. Das anschließende Trockentupfen verhindert, dass sie beim Braten oder Frittieren zu viel Fett aufsaugen. Roh schmecken sie nicht; der Solaningehalt reifer Früchte ist unbedenklich.
Verwendung: zum Braten, Frittieren, für Currys und mediterrane Schmorgerichte.

Austernpilze

Den Austernpilz, auch Austernseitling genannt, gibt es sowohl als Wild- als auch als Kulturpilz. Er ist ein hervorragender Speisepilz, ältere Exemplare können jedoch recht zäh sein. Frische Austernpilze können mehrere Tage im Gemüsefach des Kühlschranks, am besten in Papier verpackt, gelagert werden.
Verwendung: zum Braten, Frittieren und Schmoren; für Suppen und Saucen; eingelegt oder gebraten für Salate.

Avocados

Werden wegen ihres hohen Fettgehalts (bis zu 30 %) auch Butterbirne genannt. Nicht voll ausgereifte Exemplare am besten in Zeitungspapier einschlagen und nachreifen lassen. Erst wenn sich die Frucht weich anfühlt und die Schale auf leichten Fingerdruck nachgibt, sollten Avocados verwendet werden. Reife Früchte kann man eine Zeitlang im Kühlschrank lagern (allerdings nicht unter 6 °C).
Verwendung: pur mit Zitrone oder in Salaten (z. B. mit Schinken, Garnelen oder Geflügel); Zutat für die mexikanische Guacamole.

Bananen

Man unterscheidet zwischen Obst- und Kochbananen. Letztere sind fast doppelt so groß wie Obstbananen und nicht zum Rohverzehr geeignet. Obstbananen enthalten von allen Obstsorten den höchsten Zucker- und Stärkeanteil. Darüber hinaus sind sie reich an Kalium und Magnesium, an Karotin, B-Vitaminen und Vitamin C.
Verwendung: Obstbananen zum Rohessen, für Süßspeisen, aber auch für herzhafte Gerichte wie Currys.

Bärlauch

Sollte nur frisch verwendet werden, da die Blätter beim Erhitzen stark an Aroma verlieren. Sein Geruch ist intensiv knoblauchartig. Vorsicht beim Selbersammeln: Man kann Bärlauch leicht mit den hochgiftigen Blättern von Maiglöckchen oder Herbstzeitlose verwechseln.
Verwendung: für Salate und Suppen; für Bärlauch-Pesto.

Beeren

Reif geerntete Beeren sind hocharomatisch und lassen sich vielfältig verwenden: Egal, ob man mit ihnen fruchtige Snacks oder Desserts kreiert, köstliche Kuchen backt oder sie frisch geerntet einfach so genießt.

Gesund sind Beeren außerdem: Allen voran die **Schwarze Johannisbeere**, mit 100–300 mg/100 g weist sie einen enormen Vitamin-C-Gehalt auf. **Rote Johannisbeeren** haben etwas weniger Vitamin C, je nach Sorte zwischen 25 und 50 mg/100 g. Eng verwandt mit den Johannisbeeren ist die **Stachelbeere**. Die feinsäuerliche **Jostabeere** ist eine Kreuzung aus Schwarzer Johannisbeere und Stachelbeere. Sie eignet sich wie Johannisbeeren zum Frischverzehr, fast noch besser kommt ihr erfrischendes Aroma allerdings in Säften, Gelees oder Konfitüren zur Geltung. Eine Frucht für alle Fälle ist hingegen die **Erdbeere**. Sie schmeckt frisch, auf Kuchen oder Torten, aber auch als Konfitüre ausgezeichnet. Die heute in über 1000 Arten bekannte, großfrüchtige Kulturerdbeere, deren Früchte Scheinfrüchte sind, gehört zur Gattung Fragaria aus der Familie der Rosengewächse *(Rosaceae)* und ist vermutlich Anfang des 18. Jahrhunderts in Holland aus einer Kreuzung der aus Südamerika stammenden Chileerdbeere mit der nordamerikanischen Scharlacherdbeere entstanden. Bei uns mittlerweile beliebt ist die **Cranberry**, eine Verwandte der Preiselbeere, die im Nordosten der USA in großen Mengen angebaut wird.

Für Beeren aus Kulturpflanzungen ebenso wie für jene, die in Kniehöhe gedeihen, hat das Thema Fuchsbandwurm keine Relevanz. Vorsicht heißt es nur bei in Bodennähe wachsenden Wildbeeren, etwa der **Heidelbeere** oder der zu Fleisch- oder Wildgerichten beliebten **Preiselbeere**. Verzichten muss man auf das intensive Aroma dieser Beeren jedoch nicht; es genügt, die Beeren vor dem Verzehr auf 70 °C oder darüber zu erhitzen, wie es bei der Verarbeitung zu Grütze oder Konfitüre ohnehin der Fall ist – damit sind die Erreger unschädlich gemacht. Übrigens: Wissenschaftler haben herausgefunden, dass bei Menschen mit einem gesunden Immunsystem Fuchsbandwurmeier keine Überlebenschance haben. Konfitüre lässt sich ebenso aus **Himbeeren** oder **Brombeeren** herstellen. Sie zählen ebenfalls zur Familie der Rosengewächse und schmecken auch frisch in jeder Form. Eher für die Saftgewinnung und zum Einkochen geeignet sind dagegen die Vitamin-C-Träger **Sanddorn** und **Holunder**.

Birnen

Wie Äpfel und Quitten zählen sie zur Familie der Rosengewächse. Weltweit gibt es vermutlich mehr als 2500 Sorten. Man unterscheidet zwischen Tafel-, Most- und Kochbirnen. Aufgrund ihres niedrigen Fruchtsäuregehalts und gleichzeitig hohen Nährwerts eignen sich Birnen als Schonkost.
Verwendung: für süße Hauptgerichte und Desserts, für Kuchen, aber auch für herzhafte Gerichte, z. B. Gratin und – mit Preiselbeeren – als Beilage zu Wildgerichten.

Birnenquitten

Das Fruchtfleisch der länglichen Birnenquitten ist im Geschmack lieblicher und weicher als das der runden Apfelquitten. Quitten werden überwiegend gegart verzehrt – nur wenige Sorten eignen sich zum Rohessen –, wodurch ihr wundervolles Aroma jedoch nicht leidet.
Verwendung: für Desserts und Kuchen, aber auch für herzhafte Gerichte.

Blattsalate

Salate, ob grün oder rot, sind heute beliebter denn je, als leichte, gesunde und vor allem kalorienarme Kost. Praktisch sind frische Blattsalatmischungen, die man lose und küchenfertig beim Gemüsehändler kaufen kann.

Geschmack und **Nährwert** sind in erntefrischer Ware am besten, weshalb Salate so rasch wie möglich zubereitet und verzehrt werden sollten. Je nach Sorte können Blattsalate geputzt, gewaschen und trocken geschleudert zwischen 2 Tagen bis zu 1 Woche (oder sogar länger) in einem Gefrierbeutel oder in einer Kühlbox im Gemüsefach des Kühlschranks aufbewahrt werden. Wichtig: Kopfsalate sollten nicht in der Nähe von Obst gelagert werden, denn das von reifendem Obst abgegebene Gas Ethylen verursacht braunrote Flecken auf den Blattrippen und verkürzt die Lagerfähigkeit der entsprechenden Salate.

Die meisten Salate lassen sich zwei großen Gruppen zuordnen: Zur *Latuca*- oder **Lattichgruppe** gehören alle so genannten Gartensalate, die eine milchige Flüssigkeit absondern, wenn man den Strunk abschneidet. Das sind sowohl Salate, die feste Köpfe bilden, wie **Kopfsalat, Eissalat** und **Bataviasalat**, aber auch Sorten mit lockeren Köpfen wie **Lollo rosso, Lollo biondo, Eichblattsalat** und andere Pflück- oder Blattsalate, die keinen Kopf ausbilden.

Die zweite große Gruppe ist die *Cichorium*- oder **Zichoriengruppe**, deren Stammpflanze die blau blühende, an Wegrändern und Feldrainen vorkommende Wilde Wegwarte ist.

Die Salatzichorien enthalten keinen Milchsaft wie die Vertreter der Lattichgruppe, sondern verdauungsfördernde Bitterstoffe und einen höheren Anteil an Vitaminen, Mineralstoffen und sekundären Pflanzenstoffen. Zu dieser Gruppe zählen beispielsweise der **Friséesalat**, verschiedene Endivienarten (**Winter-, Sommer-, Schnittendivie**) sowie **Chicorée** und **Radicchio**.

Um den bitteren Geschmack zu mildern, kann man die geputzten, zerkleinerten Salatblätter für wenige Minuten in lauwarmes Wasser legen, anschließend kalt abbrausen, abtropfen lassen und weiterverarbeiten.

Der **Feldsalat** gehört dagegen zu keiner der beiden Gruppen, sondern zu den Baldriangewächsen. Putzen Sie ihn wie rechts gezeigt, indem Sie die Wurzelenden vom gewaschenen Salat abschneiden.

Blumenkohl

Weißer Blumenkohl
Der noch nicht voll entwickelte Blütenstand der Pflanze bleibt weiß, weil die großen grünen Hüllblätter über dem Kopf zusammengebunden werden.
Verwendung: zum Kochen und Dämpfen, auch zum Überbacken. In Indien werden aus Blumenkohl auch Süßspeisen zubereitet.

Romanesco
Hier handelt es sich um eine grüne Blumenkohlsorte mit »türmchenartiger« Struktur. Romanesco ist auch unter dem Namen Minarettkohl im Handel.
Verwendung: wie weißer Blumenkohl.

Violetter Blumenkohl
Bunter Blumenkohl ist der Sonne ausgesetzt und reicher an Vitamin C als der weiße.
Verwendung: wie weißer Blumenkohl.

Bohnen

Buschbohnen
Die niedrig wachsenden Buschbohnen gibt es in vielen Formen und Farben. Sie sind die Basis für die im Handel erhältliche Tiefkühlware.

Stangenbohnen
Stangenbohnen sind Rankgewächse. Die Schoten mit den flachen breiten Hülsen werden als »Breite Bohnen« oder als »Coco-Bohnen« gehandelt.

Dicke Bohnen
Botanisch zählen die Dicken Bohnen (sie sind in Italien als Fava beliebt) zu den Wicken. Gegessen werden nicht die ganzen Hülsen, sondern nur die Samen, die man vor dem Verzehr aus den zähen Häuten drücken sollte.

Bohnen

Adzukibohnen
Die kleinen roten Adzukibohnenkerne werden beim Kochen sehr zart und schmecken leicht süßlich. Wie alle getrockneten Bohnenkerne müssen auch diese vor dem Garen eingeweicht werden.

Borlotti-Bohnen
Die große bräunlich-rote Borlotti-Bohne gehört in viele italienische Gerichte, etwa in die Minestrone, eine herzhafte Gemüsesuppe. Die Kerne sind getrocknet im Handel, werden aber auch gegart als Konserve angeboten.

Cannellini-Bohnen
Die Kerne der Cannellini-Bohne sind mittelgroß und weichkochend. Die Sorte ist in Italien, speziell in der Toskana, sehr beliebt. Auch Cannellini-Bohnenkerne werden sowohl getrocknet als auch gegart in Dosen bzw. Gläsern angeboten.

Kidneybohnen
Kidneybohnen werden in Afrika und Amerika angebaut. Sie sind dunkelrot, mehlig und schmecken süßlich. Speziell für Chili con carne. Sowohl getrocknet als auch gegart im Handel.

Schwarze Bohnen
Schwarze Bohnen sind in Mittel- und Südamerika ein wichtiges Nahrungsmittel. Zart und süß im Geschmack.

Limabohnen
Sie werden auch Mondbohnen genannt. Die Pflanze stammt aus Peru. Die Kerne werden beim Kochen weich, zerfallen aber nicht.

Brokkoli

Der auch als Spargelkohl bezeichnete Brokkoli gehört wie alle anderen Kohlsorten auch zur großen Familie der Kreuzblütler. Im Geschmack ähnelt er Blumenkohl, enthält aber mehr Vitamin C und Karotin.
Verwendung: ähnlich wie Blumenkohl; nicht als Rohkost geeignet.

Buchweizen

Die Samen eines aromatisch schmeckenden Knöterichgewächses sind als ganze Körner, geschrotet und gemahlen im Handel. Buchweizen kann wie Getreide verwendet werden. Weil er kein Gluten enthält, eignet sich Buchweizen statt glutenhaltiger Getreidearten sehr gut für die Ernährung bei Zöliakie.
Verwendung: für Gebäck, Suppen, Blinis und Pfannkuchen. Aus geröstetem Buchweizen wird in Russland traditionell »Kascha« hergestellt, ein Grützbrei.

Bulgur → Weizen

Champignons

Weißer Champignon
Frische Pilze sind fest und glatt, haben eine fleckenlose Haut und eine weiße Schnittfläche. Champignons werden gezüchtet und sind daher das ganze Jahr über im Handel.

Egerling
Der Egerling wird auch Cremechampignon oder Rosa Champignon genannt. Die Pilze sind aromatischer als weiße Champignons und besonders in Frankreich recht beliebt.

Portobello
Der Riesenchampignon lässt sich hervorragend füllen, ausbacken und grillen und eignet sich sehr gut als Fleischersatz.
Sein Geschmack erinnert an Wildpilze.

Chicorée

Die blassgelben Sprossen haben einen typisch bitteren Geschmack, der von der Substanz Intybin herrührt, die eine verdauungsfördernde Wirkung haben soll. Sobald Chicorée mit Licht in Kontakt kommt, wird er grüner und bitterer. Vor der Zubereitung sollte man den Strunk entfernen (er enthält die meisten Bitterstoffe).
Verwendung: als Salat. Man kann die halbierten Sprossen auch schmoren und, mit Béchamelsauce bedeckt, im Ofen überbacken.

Chilischoten

Die kleinen Schoten gibt es in unterschiedlichsten Formen, Farben und Schärfegraden. Die Schärfe von Chilis wird in Scoville-Einheiten (SHU) gemessen. Im Bild zu sehen sind kleine scharfe Thai-Chilis, mit denen Thai-Currys gewürzt werden. Entschärfen lassen sich Chilischoten, indem man Samen und Trennwände entfernt. (Dabei Haushaltshandschuhe tragen, um Hautreizungen zu vermeiden.)
Verwendung: zum Würzen asiatischer und anderer Gerichte.

Chinakohl

Der hochovale Kohl besitzt, im Gegensatz zu anderen Kopfkohlsorten, keinen Strunk, ist ausgesprochen leicht verdaulich und hat einen dezenten Kohlgeschmack. Er wird auch als Japankohl bezeichnet.
Verwendung: roh als Salat, gekocht als Gemüse; als Zutat für Suppen und Eintöpfe.

Couscous

Für dieses Getreideprodukt werden Weizenkörner gemahlen, dann vorgequollen, gedämpft und getrocknet.
Verwendung: Beilage zu Gemüse, Suppeneinlage oder als Haube für Aufläufe statt Kartoffelpüree. Mit Trockenfrüchten in Milch gekocht und mit Kardamom, Zimt oder Nelken und Honig gewürzt, entsteht daraus eine köstliche Süßspeise.

Datteln

Die zuckersüßen Früchte sind bei uns nur getrocknet erhältlich; üblicherweise im Winter. Gute Qualitäten sind süß, weich, saftig und hocharomatisch. Als »frische Datteln« angebotene Früchte wurden direkt nach der Ernte schockgefroren und so lagerfähig gemacht. Diese am besten im Kühlschrank aufbewahren.
Verwendung: als natürliches Süßungsmittel in Obstsalaten und Müslis, aber auch in pikanten Gerichten.

Dinkel

Bei dieser Getreidesorte handelt es sich um eine robuste Unterart des Weizens. Dinkel hat eine etwas nussigere Geschmacksnote als Weizen. Dinkelmehl wird in den gleichen Typen gehandelt wie Weizenmehl.
Verwendung: Dinkel kann in Form von Schrot, Grieß oder Mehl in Rezepten statt der entsprechenden Weizenprodukte verwendet werden.

Eier

Eier sind ein wichtiges, küchentechnisch **vielseitiges Nahrungsmittel**, nicht nur das ganze Ei, auch die Bestandteile des Eies (Eiweiß und Eigelb) spielen für die Zubereitung vieler Speisen eine große Rolle. Man denke z. B. an Eigelb zum Legieren von Suppen und Saucen oder an zu Schnee geschlagenes Eiweiß, das oft zum Stabilisieren benötigt wird, wie etwa bei einem Soufflé.

Ernährungsphysiologisch wertvoll ist das Ei vor allem aufgrund seines biologisch hochwertigen Proteins: Immerhin deckt ein Ei bereits 15 % des täglichen Eiweißbedarfs – besonders im Rahmen einer vegetarischen Ernährung ist dies von großer Bedeutung.

In ihrem **Nährstoffgehalt** unterscheiden sich Eiklar und Eigelb erheblich: Ersteres besteht hauptsächlich aus Wasser und enthält etwa 11 % Protein (Eiweiß). Eigelb ist dagegen reich an Protein-Phosphor-Verbindungen wie Lezithin, an Fett, aber auch an Mineralstoffen und Vitaminen. Neben den fettlöslichen Vitaminen A, D und E weist es auch Kalzium, Phosphor und Eisen auf. Im Eiklar sind wasserlösliche Vitamine, Natrium, Kalium und Chlor enthalten. Die Nährstoffe von Eiern können vom Menschen nahezu komplett, nämlich zu 95 %, genutzt werden.

Entscheidend für die **Eier-Qualität** ist die Art des Futters, das die Legehennen erhalten, und die Frische, die sich anhand des auf der Packung angegebenen Haltbarkeitsdatums ermitteln lässt: Das Legedatum ist etwa Mindesthaltbarkeitsdatum minus 28 Tage.

Der Stempel auf einem Ei gibt folgende Auskunft: Aus welcher Haltung das Ei stammt. 0 = Ökologische Erzeugung; 1 = Freilandhaltung; 2 = Bodenhaltung.

Aus dem Buchstabenkürzel lässt sich erkennen, aus welchem Land das Ei kommt: AT = Österreich; DE = Deutschland; IT = Italien usw. Die ersten beiden Ziffern des Zahlencodes geben das Bundesland an, woher das Ei stammt. Die dritte bis sechste Ziffer steht für den Betrieb und die siebte Nummer ist die entsprechende Stallnummer.

Bei der Lagerung gilt es zu berücksichtigen, dass durch die poröse Eierschale Gerüche oder Bakterien ins Innere gelangen können. Grundsätzlich sollte man Eier kühl (8–10 °C) und bei hoher Luftfeuchtigkeit aufbewahren, am besten in einem Spezialfach im Kühlschrank, weit entfernt von stark riechenden Lebensmitteln. Eier in der Schale halten sich so 3–4 Wochen. Aufgeschlagene ganze Eier sind 2 Tage, Eigelb – mit Wasser bedeckt – ebenfalls 2 Tage und Eiklar bis zu 14 Tagen haltbar. Gefrorene Eimasse, egal in welcher Zusammensetzung, hält sich etwa 4 Monate.

Erbsen

Die Erbse zählt zu den ältesten Gemüsepflanzen überhaupt. Es existieren zahllose Sorten, die – je nach Wuchshöhe – zu den niedrig wachsenden, sich selbst stützenden Buscherbsen oder zu den an einem Gerüst bis zu 1,5 m hochrankenden Reiser-Erbsen gerechnet werden.
Der Handel unterscheidet darüber hinaus (optisch nicht immer ganz leicht nachzuvollziehen) in **Schal- und Markerbsen**. Erstere enthalten Kohlenhydrate vor allem in Form von Stärke und schmecken leicht mehlig, sie können als Trockenerbsen verwendet werden. Die zarteren Markerbsen hingegen enthalten Kohlenhydrate vorwiegend als Zucker, eignen sich jedoch nicht zum Trocknen, da die Samen beim Kochen nicht weich werden.
Trockenerbsen werden all jene Erbsen genannt, die an der Pflanze ausreifen. Daher gibt es sie in ganz unterschiedlichen Farben und Formen: von weiß oder gelb über grün bis grau oder marmoriert. In den Handel gelangen Trockenerbsen entweder ganz oder halbiert, wobei Letztere etwas preiswerter sind. Das rührt daher, dass Trockenerbsen meist geschält werden, weil die äußere Samenschale hart und unverdaulich ist. Durch das Schälen wird ihre Oberfläche stumpf, weshalb die Samen dann wieder geschliffen und poliert werden. Dabei zerfällt ein Teil der Samen in zwei Keimblätter, die wiederum als geschälte halbe Erbsen in den Handel kommen. Trockenerbsen haben einen höheren Nährstoffgehalt als frische Erbsen, schmecken jedoch aufgrund des höheren Stärkegehalts leicht mehlig und weniger süß.

Erbsensorten

Markerbsen
Besonders süß und zart; entwickeln große Samen. Kohlenhydrate vorwiegend in Form von Zucker. Eignen sich nicht zum Trocknen.
Verwendung: gekocht, gedämpft oder (mit Kartoffeln püriert) als Beilage; für Salate, Suppen und Eintöpfe.

Spargelerbsen
Die geflügelten Hülsen werden jung, mit einer Länge von 5–6 cm, geerntet. Gedünstet erinnern sie geschmacklich an Spargel.
Verwendung: als Beilage und für feine Suppen.

Zuckererbsen
Auch Zuckerschoten. Bei diesen Erbsen fehlt die dünne Pergamentschicht an der Innenseite der Hülse, daher können die zarten Hülsen mitsamt den unreifen Samen im Ganzen verzehrt werden.
Verwendung: als Beilage, für Eierspeisen und Wok-Gerichte.

Erdnüsse

Botanisch gehören sie zur Gruppe der Hülsenfrüchte und enthalten wie diese wertvolles Eiweiß, dessen Wertigkeit durch Kombination mit Getreide (z.B. Reis oder Mehl) noch verbessert werden kann. Darüber hinaus liefern Erdnusskerne reichlich ungesättigte Fettsäuren. **Verwendung**: geschälte Nusskerne fein zerkleinern und zum Würzen von Saucen und Currys einsetzen; zum Garnieren oder pur essen: grob hacken oder halbieren und in der Pfanne rösten.

Feigen

Getrocknete Feigen

Wie alle → Trockenfrüchte enthalten auch getrocknete Feigen das 3- bis 4-fache an Inhaltsstoffen (Ballaststoffe, Mineralstoffe, Zucker – getrocknete Feigen sind sehr süß!) im Vergleich zu frischen Früchten.
Verwendung: für Müslis, Backwaren (z. B. Früchtebrot); sorgen für eine süße Note in pikanten Gerichten.

Frische Feigen

sind sehr druckempfindlich. Es gibt sie in vielen Formen und Farben (im Bild eine birnenförmige grüne Sorte).
Das Fruchtfleisch direkt unter der Haut ist weiß, im Inneren befindet sich rotes, mit zahlreichen Samenkernen durchsetztes, Fruchtfleisch. Die Kernchen verleihen der Frucht Biss.
Verwendung: pur; als Beilage zu Käse, als Süßspeise (z. B. Tarte); für Konfitüren und Chutneys.

Fenchel

Sein Anisaroma verdankt Gemüsefenchel ätherischen Ölen (Fenchon und Anethol). Es gibt ihn in verschiedenen Formen. Frische Knollen haben leuchtendes Fenchelgrün.
Verwendung: roh als Salat; gegart als Gemüse oder Auflauf.

Frühlingszwiebeln

Werden auch als Lauch-, Bund- oder Jungzwiebeln bezeichnet, zählt zu den Speisezwiebeln. Erst ihr unteres Ende beginnt sich zu verdicken.
Verwendung: roh im Salat; als Brotbelag; für Aufstriche; für Wokgerichte.

Esskastanien → Maronen

Feta → Käse

Frischkäse → Käse

Gerste

Saatgerste
Saatgerste wird zu Mehl, Flocken, Grütze und Graupen weiterverarbeitet und wird gekeimt als Malz für das Brauen von Bier benötigt.

Gerstengraupen
Bei Graupen handelt es sich um entspelzte, geschälte, geschliffene, polierte und eventuell gebleichte Gerstenkörner. Sie sind groß, mittel und als Perlgraupen im Handel.
Verwendung: als Suppeneinlage.

Perlgraupen
Als Perlgraupen bezeichnet man die kleinste Graupengröße.
Verwendung: als Suppeneinlage. Zunehmend werden Perlgraupen auch risottoähnlich zubereitet und als Zutat in Salaten eingesetzt.

Gewürze

Pfeffer ist das am meisten verwendete Gewürz überhaupt. (Abgesehen von Salz, das streng genommen kein Gewürz ist). In fast allen Ländern der Erde schärfen die schwarzen, weißen, grünen oder roten Pfefferkörner grob zerstoßen oder fein gemahlen die unterschiedlichsten Gerichte. Doch nicht nur Pfeffer sorgt für Schärfe, auch Cayennepfeffer, Wasabi und Senfkörner können Gerichten ein bestimmtes Maß an Schärfe verleihen. Auf den Seiten 36 und 37 finden Sie einige scharfe und andere Gewürze.

Blätter, Wurzeln, Rinde, Früchte, Knospen – Gewürze können von vielerlei Pflanzenteilen stammen und in getrockneter, aber auch in frischer Form verwendet werden. Sie erzeugen bereits in geringen Mengen spezifische Geruchs- und Geschmackswirkungen und prägen so den Charakter von Speisen. Ihre ätherischen Öle regen den Appetit an, fördern den Speichelfluss sowie die Absonderung von Magensaft und stimulieren die Verdauung.

Die **Qualität der Gewürze** ist von der Herkunft, dem Reinheitsgrad und der Lagerdauer abhängig. Da Gewürze schnell an Aroma verlieren, leicht fremde Gerüche annehmen, unter Einfluss von Licht oxidieren und von Insekten befallen werden können, sollten sie am besten in dunklen luftdicht verschlossenen Gläsern oder Dosen bei Temperaturen unter 20 °C aufbewahrt werden. Wann immer möglich, sollte man Gewürze im Ganzen kaufen und diese erst direkt vor dem Gebrauch in einer Gewürzmühle oder mit Mörser und Stößel zerkleinern. Auf diese Weise kommt ihr Aroma optimal zur Geltung.

Wie viel Gewürz ein Gericht verträgt und zu welchem Zeitpunkt es im Kochprozess zugegeben wird, hängt vom Gewürz und vom Rezept ab. Es gibt Gewürze, die durch kurzes Anrösten und Mitgaren ihr Aroma optimal entfalten (dazu zählen z. B. Bockshornklee, Koriander, Kreuzkümmel), andere würden es dadurch verlieren oder eventuell bitter werden (z. B. Paprikapulver).
Die Menge eines Gewürzes ist letztendlich eine Frage des persönlichen Geschmacks. Grundsätzlich gilt: Weniger ist zunächst einmal mehr – nachwürzen lässt sich immer noch.

Gewürze

Bockshornklee Die Samen werden meist geröstet, da sie roh sehr bitter schmecken.

Cayennepfeffer Das sind gemahlene Chilischoten. Die Schotensorte bestimmt die Schärfe.

Fenchelsamen mit ihrer intensiven Anisnote sind oft Bestandteil von Gewürzmischungen.

Grüner Kardamom Samen und Fruchtkapseln können ganz oder gemahlen verwendet werden.

Koriandersamen Sein süßlich-scharfes Aroma ist mit Koriandergrün nicht vergleichbar.

Kreuzkümmel oder Kumin hat ein typisches, intensives, bitter-scharfes Aroma.

Kümmel An Anis erinnerndes Aroma. Zum Würzen schwer verdaulicher Speisen.

Paprikapulver edelsüß ist von leichter Schärfe und besitzt eine starke Färbekraft.

Paprikapulver Picante, ein mittelscharfes spanisches Paparikapulver zum kräftigen Würzen.

Paprikapulver rosenscharf ist sehr scharf und wenig färbend.

Piment erinnert im Geschmack an Nelken, Zimt und Muskat. Für Back- und Wurstwaren.

Safran Echten Safran erkennt man an seinen feinen, borstigen Fäden.

Senf (weißer/gelber) Ganze Samen zum Einlegen von Sauerkonserven, gemahlene für Senf.

Sternanis Ein Stern besteht aus 6–8 Früchten mit je 1 Samen. Dezentes, süßliches Aroma.

Sumach Die gemahlenen Früchte eines Verwandten des Essigbaumes schmecken herb-säuerlich.

Szechuanpfeffer heißen die getrockneten Beeren einer Gelbholzbaum-Varietät.

Vanille aromatisiert nicht nur Süßspeisen und Gebäck, sondern auch pikante Gerichte.

Wasabi, scharfes Pulver aus der getrockneten Wurzel des Japanischen Meerrettichs.

Grapefruit

Diese Zitrusfrucht ist vermutlich eine Zufallskreuzung aus Pampelmuse und Orange. Je nach Sorte sind Schale und Fruchtfleisch von Grapefruits hellgelb bis rosarot. Gelbfleischige Früchte sind herber, meist auch bitterer als rosafleischige.
Verwendung: zum Rohessen; als Zutat in Geflügel-, Fisch- oder Meeresfruchtsalaten; auch kurz übergrillte Grapefruithälften sind ein Genuss.

Grünkern

Hierbei handelt es sich um die halbreif geernteten, entspelzten, gedarrten Körner des → Dinkels. Grünkern ist als Korn, Mehl, Grütze, Graupen oder Flocken im Handel. Seinen nussig-rauchigen Geschmack verdankt er dem Dörren auf der Darrpfanne.
Verwendung: im Ganzen für Suppen, Eintöpfe und Aufläufe sowie als Getreidebeilage; geschrotet für Bratlinge; als Mehl für herzhafte Backwaren.

Graupen → Gerste

Grünkohl

Auch Braun- oder Krauskohl genannt. Grünkohl besitzt den höchsten Kohlenhydrat- und Eiweißgehalt aller Kohlarten überhaupt. Beliebtes Wintergemüse im Norden Europas. Nach den ersten Frösten wandelt sich die Stärke in Zucker um, dann schmeckt er am besten.
Verwendung: vor allem für deftige Zubereitungen (für Aufläufe mit Käse überbacken); fein geschnitten auch als Salat (z. B. mit Oliven).

Gurken

Salatgurken
Hierzulande sind sie die beliebtesten und am weitesten verbreiteten Gurken. Gurken sind sehr wasserhaltig und ausgesprochen kalorienarm. Sie halten sich im Gemüsefach des Kühlschranks einige Tage frisch, bei zu langer Lagerung werden sie weich.
Verwendung: für Salate, Dips, kalte Saucen und Suppen.

Schmorgurken
Die kleinen Gurken aus dem Freiland besitzen weniger wasserhaltiges Fruchtfleisch als Salatgurken.
Verwendung: besonders gut zum Kochen und Schmoren geeignet.

Hafer

Haferkörner
Hafer ist das Getreide mit dem höchsten Fettgehalt und wird daher relativ schnell ranzig. Die Körner sind eiweißreich und enthalten viel Vitamin B_1 (Thiamin). Haferkörner sind leicht verdaulich, vorausgesetzt, das Getreide wurde gedroschen und so von den Spelzen befreit. Zunehmend wird, vor allem im ökologischen Landbau, Nackthafer, eine spelzenfreie Hafersorte, angebaut. Dessen Körner müssen nicht gedroschen werden, so kann auf das Erhitzen, das das Ranzigwerden der Körner verhindern soll, verzichtet werden.

Hafermehl
Es wird aus den ganzen Körnern gemahlen und enthält oft Antioxidanzien, die das Ranzigwerden verhindern sollen.
Verwendung: als Zumischmehl für Brote und anderes Gebäck; für Nudelteig; für Suppen in der Diätküche u. a.

Haferflocken
Kleinblatthaferflocken (auf dem Bild zu sehen) werden aus grob zerteilten Haferkörnern hergestellt. Ihre Größe beträgt nur ein Drittel der Größe »normaler« Haferflocken.
Für Großblatthaferflocken werden ganze Körner gedämpft, gedarrt und schließlich gequetscht.
Verwendung: für Haferbrei (Porridge), für Gebäck, zum Andicken von Saucen und Suppen; auch anstelle von Semmelbröseln zum Panieren und zum Binden von Füllungen geeignet.

Haselnüsse

Die fettreichen Kerne der Haselnüsse haben ein feines, mildes, süßliches Aroma. Wie alle Nüsse enthalten sie u. a. wertvolles Fett und Eiweiß. Aufgrund ihres Fettgehalts sind sie nur begrenzt haltbar. Am besten die ganzen Nüsse kühl und dunkel aufbewahren. Hierzulande beginnt die Ernte ab Mitte August.
Verwendung: für Salate und Müslis; als Backzutat. Rösten der Kerne intensiviert das Aroma.

Hirse

Die kleinen, rundlichen Körner können weißgrau, gelb oder rötlichbraun sein. Hirsekörner sind sehr mineralstoffreich, hervorzuheben ist ihr Gehalt an Eisen, Magnesium, Kupfer, Mangan und Silizium (Kieselsäure). Hirse wird vor allem in geschälter Form, aber auch als Flocken, Mehl und Grieß angeboten. Sie ist glutenfrei.
Verwendung: für Bratlinge, Aufläufe, als Beilage, für Salate, zum Füllen von Gemüse.

Honig

Hat eine höhere Süßkraft als Zucker, ist dickflüssig und klar; wird mit der Zeit fester. Blütenhonig ist weniger süß und dunkler und hat ein kräftigeres Aroma als Waldhonig. Stammt Honig überwiegend von einer bestimmten Pflanzenart, handelt es sich um einen Sortenhonig mit charakteristischer Farbe und typischem Geschmack.
Verwendung: zum Süßen, aber auch zum Würzen von herzhaften Gerichten (z. B. Currys).

Ingwer

Frischer Ingwer schmeckt würzig-scharf. Beim Trocknen verstärkt sich das Aroma, deshalb empfiehlt es sich, beim Dosieren vorsichtig zu sein. Beim Einkauf von frischem Ingwer sollte man darauf achten, dass die Haut der Rhizome prall und glatt ist. Frischen Ingwer bekommt man auch in Essig sowie in Sirup eingelegt.
Verwendung: zum Würzen von süßen und herzhaften Speisen; zum Einlegen und für Chutneys; für Gebäck.

Kapern

Die Blütenknospen des Kapernstrauches werden nach der Ernte nach Größe sortiert und müssen über Nacht kurz welken, bevor sie eingesalzen und evtl. noch in Essig oder Öl eingelegt werden. Gute Qualitäten erkennt man an vollständig geschlossenen Knospen. Zudem gilt: Je kleiner die Kapern sind, desto kräftiger, und je größer sie sind, desto würziger schmecken sie.
Verwendung: zum Würzen europäischer und mediterraner Gerichte.

Karden

Die Karde oder Cardy ist – auch im Geschmack – mit der → Artischocke verwandt. Aus Italien kommt sie im Herbst gebleicht auf den Markt.
Verwendung: zum Dünsten und Schmoren sowie für mediterrane Gerichte.

Kartoffeln

Der Ursprung der Kartoffel liegt in den Anden Südamerikas, wo sie auch heute noch in zahlreichen Wildformen vorkommt. In Europa ist die Kartoffel seit dem 16. Jahrhundert bekannt, als Nahrungsmittel populär wurde das »Gold der Inkas« jedoch erst etwa 200 Jahre später.

Heute ist die Kartoffel eines der wichtigsten Grundnahrungsmittel und wird in vielen Ländern der Erde angebaut. Aus botanischer Sicht handelt es sich bei den teils runden, teils mehr ovalen Knollen übrigens nicht um Früchte, sondern um die verdickten Teile von unterirdischen Sprossen der einjährigen Kartoffelpflanze, die darin Reservestoffe speichert. Kartoffeln sind ungeheuer vielseitig, und das nicht allein, was das Aussehen anbelangt – die auf den beiden folgenden Seiten exemplarisch vorgestellten Sorten zeigen die Unterschiede in Farbe und Form –, sondern auch im Hinblick auf Kocheigenschaft und Einsatz in der Küche.

Für Salate, Pell- oder Bratkartoffeln sollten es auf jeden Fall festkochende Sorten sein. Mittelfeste, vorwiegend festkochende Sorten sind von leicht mehliger Konsistenz und damit genau die richtige Wahl für Salz- oder Pellkartoffeln, Aufläufe und Gratins. Mehlige Sorten dagegen eignen sich besonders für Pürees, Klöße, Reibekuchen oder Kroketten.

Wichtig für Vegetarier: Die biologische Wertigkeit des Proteins der Kartoffel ist sehr hoch; kombiniert man Kartoffeln zudem mit → Eiern, nimmt die biologische Wertigkeit der Mahlzeit um gut ein Drittel zu.

Kartoffelsorten

Sieglinde
Eine langovale, festkochende Sorte mit festem Fleisch und feinem Geschmack. Eine der beliebtesten deutschen Kartoffeln.
Verwendung: als Pell- oder Salzkartoffel sowie für Kartoffelsalat und Eintöpfe.

Desiree
Eine rundovale mittelfrühe, vorwiegend festkochende Sorte aus den Niederlanden. Auffällig ist die rote Färbung der Schale.
Verwendung: sehr gut für Pommes frites geeignet, außerdem für Gratins und Pürees.

Bamberger Hörnle
Eine gelbfleischige, längliche, festkochende, alte Spätsorte mit hervorragendem Geschmack.
Verwendung: als Pellkartoffel und für Salate.

Bintje
Eine mehligkochende Sorte aus den Niederlanden und die vermutlich bekannteste und meistgekaufte Kartoffel.
Verwendung: für Pommes frites, Chips und Püree.

Granola
Eine mittelfrühe deutsche Sorte. Vorwiegend festkochend oder halbmehlig, im Geschmack sehr mild. Eignet sich gut für die Vorratshaltung.
Verwendung: für Pommes frites, Chips, Gratins und Püree.

Roseval
Diese länglich-ovale festkochende französische Sorte hat eine sehr dünne, glatte hellrote Schale und rosagelbes Fleisch. Guter Geschmack.
Verwendung: zum Braten, als Salzkartoffel und für Salate.

Käse

Das Prinzip der **Käseherstellung** ist dem Menschen seit mindestens 5000 Jahren vertraut. Entdeckt wurde es wohl zufällig: Milch war bekannt, und Milchsäurebakterien gab und gibt es in der Luft. Und eigentlich funktioniert das Käsen – das im Grunde ja nichts anderes ist als das schrittweise Abtrennen fester Milchinhaltsstoffe von Wasser beziehungsweise Molke – zumindest in der einfachsten Form auch heute noch wie damals: Die frische oder gereifte Milch wird durch Säuern dickgelegt. Jedoch sind nicht immer **Milchsäurebakterien** allein für die Gerinnung des Milcheiweißes zuständig. Manchmal wird dieser Prozess durch die Zugabe von **Lab** – so wird ein Enzym aus dem Magen von Kalb, Lamm oder Zicklein genannt – befördert. Viele Vegetarier lehnen es ab, einen solchen Käse zu essen. Für diese Personengruppe kann Käse, der mithilfe von mikrobiellem Lab dickgelegt wurde, eine Alternative sein. Für einige Käse verwendet man auch **Labaustauschstoffe** auf pflanzlicher Basis, wie sie aus dem Feigenbaum, dem Labkraut oder der Distel (Artischocke) gewonnen werden. Diese eignen sich allerdings vermutlich nicht für die Herstellung von Schnittkäse, sondern kommen höchstens für Quark zum Einsatz. Eine dritte Möglichkeit schließlich ist, die Milch nur mit Lab bzw. Labaustauschstoffen dickzulegen. Dementsprechend lassen sich drei Arten der Herstellung unterscheiden: Sauermilchkäse, Sauermilch-Labkäse und Labkäse.

Käse besteht hauptsächlich aus Eiweiß (Protein), Fett und Wasser. Sein **Fettgehalt** wird als »Fett in Trockenmasse« (F. i. Tr.) angegeben. Je mehr Wasser ein Käse also enthält, desto geringer ist sein absoluter Fettgehalt. In etwa ausrechnen lässt sich der absolute Fettgehalt, wenn man die angegebene Prozentzahl bei Hartkäse mit 0,6, bei Schnitt- und Schmelzkäse mit 0,5, bei Weich- und Sauermilchkäse mit 0,4 und bei Frischkäse mit 0,3 multipliziert. 100 g Schnittkäse mit 45 % F. i. Tr. enthalten also 22,5 g Fett, 100 g Doppelrahmfrischkäse mit 70 % F. i. Tr. dagegen »nur« 21 g.
Eine ausgewogene Ernährung sollte immer Käse enthalten, denn er enthält reichlich Kalzium sowie die Vitamine B_2 und B_{12}.

Käsesorten

Cheddar
Dieser Schnittkäse aus Kuhmilch ist der beliebteste Käse Englands. Je nach Reifedauer schmeckt er mild bis würzig und ist vielseitig verwendbar. Die orange Variante verdankt ihre Tönung Annatto, einem geschmacksfreien Pflanzenfarbstoff.

Feta
Ein in Lake eingelegter halbfester Schnittkäse mit geschützter Ursprungsbezeichnung. Nur Feta aus Schaf- und/oder Ziegenmilch, der auf dem griechischen Festland oder der Insel Lesbos hergestellt wurde, darf diesen Namen tragen. Halbfest bis weich in der Konsistenz.

Gorgonzola
Dieser klassische italienische Blauschimmelkäse aus Kuhmilch wurde nach der gleichnamigen Stadt in Norditalien benannt. Produziert wird er in der Lombardei sowie in den Provinzen Novara, Vercelli und Pavia. Der Gorgonzola dolce, die milde Variante, reift 2 bis 3 Monate, der würzige Gorgonzola piccante 3 bis 6 Monate.

Mozzarella
Mozzarella zählt zu den Filata-Käsen. Dafür wird die Käsemasse nach dem Dicklegen und Säuern mit kochend heißem Wasser überbrüht. Dabei schmilzt sie und zieht beim Durchrühren die typischen Fäden. Anschließend lässt sie sich kneten und formen. Der »echte« Mozzarella (siehe Bild) stammt aus Kampanien und wird aus reiner Büffelmilch hergestellt. Darüber hinaus gibt es Mozzarella aus Kuhmilch, der wie der Büffelmilchmozzarella in verschiedenen Formen und Größen im Handel ist.

Parmesan
Der Parmigiano-Reggiano ist wohl der berühmteste italienische Hartkäse. Er wird aus Kuhmilch hergestellt und ist durch das DOC-Siegel ursprungsgeschützt. Bei den Kristallen im Parmesan handelt es sich nicht um Salz, sondern um die Aminosäure Tyrosin. Parmesan ist in unterschiedlichen Reifegraden im Handel.

Ricotta
Ricotta ist ein Frischkäse, der aus dem Eiweiß der Molke hergestellt wird, die bei der Käseherstellung anfällt. Dabei kann es sich sowohl um Kuh- als auch um Schafkäsemolke (auf dem Bild ist ein »Ricotta tipo Moliterno« aus Schafkäsemolke zu sehen) handeln.
Der cremige Käse wird oft durch Trocknen, Salzen, Räuchern oder eine Kombination dieser Techniken haltbar gemacht. Bei »Ricotta salata al forno« handelt es sich um gesalzenen Kuhmilch-Ricotta, der im Ofen gebacken wurde.

Kerbel

Die Blättchen haben ein zartwürziges, süßlich frisches, leicht anisartiges Aroma. Damit es erhalten bleibt, sollten Kerbelblättchen nicht lange mitgekocht und auch nicht mit geschmacksintensiven Kräutern wie Rosmarin oder Thymian verwendet werden, diese würden dominieren. Kerbel eignet sich weder zum Trocknen noch zum Einfrieren. **Verwendung:** als Brotbelag und für Salate; für leichte Saucen und für Cremesuppen; zu Kartoffeln und jungem Gemüse.

Kichererbsen

Sie sind getrocknet (im Bild), aber auch in Dosen bereits gegart im Handel. Kichererbsen sollten 12–24 Stunden eingeweicht werden. Das Einweichwasser nicht weiterverwenden, es enthält Giftstoffe, die sich aus den Samen gelöst haben. Vor der Zubereitung die eingeweichten Kichererbsen gut abgespülen (gilt auch für Dosenware). In Indien besonders beliebt ist Channa Dal, das sind kleinsamige gelbe Kichererbsen, die halbiert in den Handel kommen.

Kirschen

Der Handel unterscheidet nur zwischen Süß-, Sauer- und Bastardkirschen. Obstbauern unterteilen die Süßkirschen in die weichen Herz- und die sehr festen Knorpelkirschen. Größe und Farbe können variieren – von gelbrot bis beinah schwarz. Bei den Sauerkirschen gibt es weichfleischige dunkle, »echte« Sorten (z. B. Weichseln), dann gibt es die Gruppe der Amarellen, deren Früchte gelb oder bunt sind.
Verwendung: zum Rohverzehr; für Süßspeisen, Kuchen, süße Hauptgerichte; zum Einlegen.

Kiwis

Die Früchte schmecken am besten, wenn sie sich weich anfühlen. Neben den grünfleischigen gibt es inzwischen auch gelbfleischige Varietäten. Kiwis sind das ganze Jahr über erhältlich.
Verwendung: zum Rohverzehr sowie für Salate; als Belag für Torten und Törtchen.
Wichtig: Kiwis nicht mit Milch und Milchprodukten kombinieren. Sie enthalten ein eiweißspaltendes Enzym, das Milch und Milchproukte bitter werden lässt.

Knoblauch

Weißer Knoblauch
Knoblauch ist frisch (im Bild) und getrocknet im Handel.
Verwendung: zum Würzen von Eintopf- und Bohnengerichten, eingelegtem Gemüse, Salaten und Saucen. Vorsicht beim Anbraten: Wird Knoblauch zu dunkel, wird er bitter.

Roter Knoblauch
Er unterscheidet sich in Aroma und Verwendung nicht vom weißen Knoblauch. Besonders milde oder scharfe Sorten werden im Handel gekennzeichnet.

Geräucherter Knoblauch
Er zeichnet sich durch einen milden Rauchgeschmack aus.
Verwendung: überall dort, wo ein feines Raucharoma zusätzlich gewünscht ist.

Knollensellerie

Knollen- oder Wurzelsellerie ist ein unverzichtbarer Bestandteil des klassischen Bouquet garni, aber auch für Sauerkonserven beliebt. Sein Aroma verdankt er seinem hohen Anteil an ätherischen Ölen, die ihn, zusammen mit reichlich Eisen, Kalzium, Karotin sowie Vitaminen der B-Gruppe und Vitamin C, ausgesprochen wertvoll machen.
Verwendung: für Suppen und deftige Eintöpfe, man kann Sellerieknollen auch in Scheiben schneiden, diese panieren und in der Pfanne braten.

Kohlrabi

Wird auch Rübkohl genannt und gehört, wie alle Kohlsorten, zur Familie der Kreuzblütler. Kohlrabi gibt es in Weiß (im Bild) und Blau. Doch gleich, welche Farbe er hat, das Fruchtfleisch ist immer knackig und weiß, und auch im Geschmack gibt es keine Unterschiede.
Verwendung: als Rohkost sowie zum Dünsten und Füllen (z. B. mit einer Getreidemischung).

Kokosfett

Reines Kokosfett in Plattenform (im Bild) ist gut portionierbar, geschmacksneutral und hoch erhitzbar. Dies gilt auch für geschmeidiges Kokosfett. Gut gekühlt sind beide Sorten relativ lange haltbar.
Verwendung: für alle Zubereitungsarten, bei denen Fett hoch erhitzt wird (zum Beispiel bei Fondue), insbesondere auch zum Frittieren.

Kokosmilch

Ungesüßte Kokosmilch wird in Dosen und im Tetrapack in unterschiedlichen Größen angeboten. Sie wird aus geraspeltem Kokosfleisch und Wasser hergestellt. Dehydrierte Kokosmilch ist eine gute Alternative zur flüssigen Kokosmilch. Sie wird als Pulver und im Block angeboten.
Verwendung: für südostasiatische Currys und andere Gerichte. Wird häufig zum Mildern der Schärfe eingesetzt.

Kokosnuss

Von Kokosnüssen kommt bei uns nur der innere braune Steinkern, von der ledrigen Schale und der bastartigen Hülle befreit, in den Handel. Unreife Früchte enthalten sehr viel Kokoswasser, aus dem sich bei zunehmender Reife das Fruchtfleisch bildet, aus dem dann Produkte wie Kokosmilch gewonnen werden. Die Flüssigkeit in der Kokosnuss ist ein erfrischender Durstlöscher.

DESIGN
VOLKER

Kräuter

Wer das Glück hat, in seinem Garten ein Stück für den Anbau von Kräutern reservieren zu können, sollte das unbedingt nutzen. Denn für die kreative Küche gibt es kaum etwas Besseres als eine reiche Auswahl an frischem würzigen Grün. Und hat man keinen Garten, lassen sich viele Kräuter schließlich auch in Balkonkästen oder in Töpfen ziehen. Ein paar Blättchen hiervon, einige Stängel davon, etwas Petersilie über den Salzkartoffeln oder ein paar Streifen Basilikum auf der Tomate – schon bekommen auch die einfachsten Speisen zusätzlichen Pfiff. Und für alle, die darauf achten müssen: Verwendet man üppig frische Kräuter als Würzmittel, kann man bei den meisten Speisen die Salzdosis reduzieren.

Um über die kräuterlose kalte Jahreszeit hinwegzukommen, gibt es verschiedene Möglichkeiten, darunter **Trocknen**, Tiefkühlen oder Einlegen. Doch nicht jedem Kraut bekommt jede dieser Methoden. Nicht alle Kräuter lassen sich trocknen; gut eignen sich dafür vor allem Majoran, Oregano, Bohnenkraut, Zitronenmelisse, Ysop, Liebstöckel, Thymian und Rosmarin; Majoran und Thymian steigern dabei sogar noch ihre Würzkraft. Das **Tiefkühlen** dagegen funktioniert bei fast allen Kräutersorten. Dazu zerkleinert man die Blätter und friert sie in kleinen Behältern oder Beuteln ein – nach Sorten getrennt oder bereits fertig gemischt –, oder man füllt sie in Eiswürfelschalen, übergießt sie mit Wasser und verpackt dann die gefrorenen Würfel einzeln. In beiden Fällen müssen sie vor der Verwendung nicht auftauen.

Die traditionelle Methode der Konservierung ist das **Einlegen** in Salz, Essig oder Öl. Letztere ist dabei die geschmacklich neutralste, denn: Kräuter, die zwischen Salzschichten – Faustregel: 4 Teile Kräuter auf 1 Teil Salz – aufbewahrt werden, büßen an Aroma ein und können wegen des hohen Salzanteils nur sparsam verwendet werden. Konserviert man Kräuter in Essig, bringen sie später eine Säure mit, die nicht für alle Speisen erwünscht ist. Beim Öl dagegen muss man lediglich darauf achten, dass man eine Sorte wählt, die nicht zu schnell ranzig wird.

Kräutersorten

Basilikum Die Blätter frisch verwenden, bei längerem Erhitzen verfliegt ein Teil des Aromas.

Bohnenkraut Stark aromatisch. Sein würziger Geschmack erinnert an Thymian und Oregano.

Dill Frisch verwenden und nicht in Gerichten mitgaren, um sein intensives Aroma zu erhalten.

Estragon Markanter, feinwürziger herber Geschmack, der sich beim Kochen entfaltet.

Koriandergrün Unbedingt frisch verwenden und erst zum Schluss an Speisen geben.

Liebstöckel Mit Vorsicht dosieren; sein Geschmack nach Sellerie und »Maggi« ist intensiv.

Lorbeerblätter passen zu sauren Speisen und Schmorgerichten; ein Muss für Bouquet garni.

Majoran kann frisch und getrocknet verwendet werden. Passt sehr gut in Hülsenfruchtgerichte.

Melisse duftet mild nach Zitrone; für Tee, Erfrischungsgetränke und Sirup; Garnitur für Süßspeisen.

Minze Erfrischendes Aroma; Verwendung wie Melisse; zum Würzen von Gemüsegerichten (Zucchini).

Oregano kann frisch und getrocknet verwendet werden. Oregano passt besonders gut zu Tomaten.

Petersilie Die glatte Variante ist aromatischer und milder als die krause, die oft als Garnitur dient.

Pimpinelle Ihr eigenwilliges, mildes Aroma verträgt sich gut mit Zitronensaft und Essig.

Rosmarin passt zu mediterranen Gerichten, kann frisch und getrocknet verwendet werden.

Salbei Sein leicht bitteres, intensives Aroma ist ideal für mediterrane Gerichte.

Schnittlauch Die hohlen Blätter haben ein Laucharoma und sind Vitamin-C-reich.

Thymian passt zu mediterranen Gerichten. Wegen seines intensiven Aromas sparsam verwenden.

Ysop Schwach bitteres, kräftigwürziges und minzeartiges Aroma; nur kurz mitgaren.

Kresse

Brunnenkresse
Wird auch Wasserkresse genannt. Ihr Aroma ist herb-pikant und erinnert an Rettich; im gut sortierten Gemüsehandel erhältlich, wächst aber auch wild (nur aus sauberen Gewässern pflücken).
Verwendung: für Salate (sparsam dosieren), Saucen und Suppen.

Gartenkresse
Das kräftig-würzige, pikant-scharfe Kraut lässt sich leicht selbst ziehen. Dafür feuchte Watte oder angefeuchtetes Filterpapier auf einen Teller oder in eine Schale geben und die Samen darauf verteilen. Keimzeit: bei Raumtemperatur 3–5 Tage.
Verwendung: als Brotbelag; für Saucen und Salate sowie für Kräuterquark und -butter.

Kapuzinerkresse
Die großen Blätter und farbenfrohen Blüten der Kapuzinerkresse, die sich hervorragend auch als Zierpflanze in Balkonkästen macht, schmecken scharf und leicht pfeffrig.
Verwendung: wie Gartenkresse.

Kürbis

Butternusskürbis
Das Kernhaus befindet sich nur im unteren Teil; Fruchtfleisch ist orangefarben, buttrig-weich und schmeckt süßlich-nussig.
Verwendung: für Rohkost und Suppen; zum Schmoren und Braten; für Gebäck. Der obere Teil kann ungeschält in Scheiben geschnitten und gebraten werden.

Moschuskürbis
in vielen Farben, Formen und Größen. Es gibt auch Sorten mit dunkelgrüner, gefleckter oder bereifter Schale und hell-/dunkelgelbem Fruchtfleisch. Vor der Verwendung: schälen (fast alle Sorten), Kerne und das wattige Innere entfernen; dann Fruchtfleisch zerkleinern.
Verwendung: wie Butternusskürbis; das Fruchtfleisch ist nach dem Rösten im Backofen besonders köstlich.

Spaghettikürbis
Verfärbt sich mit zunehmender Reife gelb und bildet langfaseriges Fruchtfleisch aus. Vor dem Genuss muss er gegart (gekocht oder geröstet) werden, bis sich ein Messer leicht durch die Schale stechen lässt. Kürbis halbieren, Kerne entfernen.
Verwendung: Das faserige Fruchtfleisch aus der Schale löffeln, dann pur leicht gesalzen mit Nudelsauce servieren.

Lauch

Auch Porree; gehört mit Knollensellerie, Möhre und Petersilienwurzel zum »Suppengrün«.
Verwendung: für Suppen und Eintöpfe, gekocht, gedämpft oder geschmort als Gemüse oder kalt als Vorspeise; für Quiches.

Leinsamen

Die Samen der Leinpflanze können ganz oder grob geschrotet verzehrt werden; liefern Omega-3-Fettsäuren. Leinsamen immer in Verbindung mit viel Flüssigkeit verzehren.
Verwendung: für Müslis und Gebäck; gekeimt für Salate.

Lauchzwiebeln → Frühlingszwiebeln

Linsen

Tellerlinsen
Die flach-runden braunen Linsen enthalten (wie auch → Bohnen und andere Hülsenfrüchte) wertvolles Eiweiß; sind kräftig im Geschmack; vor dem Kochen ist Einweichen nicht nötig.
Verwendung: für Salate und Eintöpfe.

Grüne Linsen (Puy-Linsen)
Die aromatischen grünen oder Puy-Linsen haben sehr zarte Schalen und brauchen deshalb vor dem Kochen nicht eingeweicht zu werden.
Verwendung: für Salate, Suppen und Eintöpfe.

Rote Linsen
Sie kommen geschält in den Handel. Daher sind sie leichter verdaulich und bekömmlicher als ungeschälte Linsen, zerfallen beim Kochen allerdings leichter.
Verwendung: für Saucen, Suppen und Currys.

Löwenzahn

Im Gemüseladen wird würzig-bitterer Kultur-Löwenzahn angeboten, der spitz zulaufende, aufrecht wachsende und nur mäßig gezahnte Blätter hat.
Verwendung: als Gemüse; für Suppen und Salate.

Mais

Mini- oder Baby-Mais
Darunter versteht man die unreif geernteten und nur etwa 10 cm langen Kolben des Zuckermais. Sauer eingelegt sind sie seit langem beliebt, zunehmend bekommt man sie auch frisch.
Verwendung: für asiatische Gerichte, Salate; zum Einlegen.

Zuckermais
Auch Gemüsemais. Die Kolben des Zuckermais sind kleiner als die des Futtermais, und die Körner haben einen hohen Zuckergehalt.
Verwendung: im Ganzen gegart mit Kräuterbutter.

Maisgrieß

Wird fast immer aus Hartmais hergestellt und in unterschiedlichen Zerkleinerungsgraden angeboten. Feiner Maisgrieß (im Bild) ist auch als »Polenta« im Handel, da er sich für diese italienische Spezialität gut eignet. Mittelfeiner Maisgrieß kann ebenso für Polenta verwendet werden, aber auch für Puddings und Fladenbrote. Grober Maisgrieß, auch Maisgrütze genannt, ist Ausgangsprodukt für die Herstellung von Maisflocken. Im Handel wird auch vorgegarter Maisgrieß (Instant-Polenta) angeboten.

Maismehl

Maismehl ist, wie Maisgrieß, glutenfrei und wird deshalb auch von Menschen mit Zöliakie vertragen. Es ist Grundlage für mexikanische Tortillas und andere Backwaren.

Mandarinen

Die Bezeichnung Mandarine steht für mindestens vier verschiedene Arten: die Gewöhnliche Mandarine, die Mittelmeer-Mandarine, die Satsuma und die King-Mandarine. Gelegentlich wird auch die Tangerine als eigene Art gezählt. Allen gemeinsam ist, dass sie sich leicht schälen lassen.
Verwendung: zum Rohverzehr; für Süßspeisen und Kuchen; für Salate.

Mandelmus

Wird aus → Mandeln hergestellt. Mandelmus ist reich an den Vitaminen B_2 und E und enthält Phosphor, Eisen und Kalzium.
Verwendung: als Brotaufstrich; für Müslis; für Saucen und Dressings; für Süßspeisen und Milchmischgetränke sowie als Beigabe zu Eierpfannkuchen und Crêpes.

Mandeln

Man unterscheidet süße Mandeln und Krachmandeln sowie Bittermandeln – letztere dürfen nicht roh verzehrt werden, weil sie Amygdalin enthalten, aus dem im Körper Blausäure entsteht. Durch Hitze (beim Kochen oder Backen) wird Amygdalin zerstört und somit unwirksam. Süße und Krachmandelkerne schmecken frisch geknackt am besten. Weil sie sehr fettreich sind, können Mandeln bei Kontakt mit Sauerstoff schnell ranzig werden. Auch in der Schale sollte man Mandeln kühl und luftig aufbewahren.

Mangold

Man unterscheidet Stielmangold (im Bild) und Blattmangold. Letzterer hat dünnere Stiele und kann wie Spinat zubereitet werden. Beim Stielmangold empfiehlt es sich, die groben Stiele abzutrennen und separat zu garen – oder man zerkleinert sie und fügt die Blattanteile erst zu, sobald die Stiele knapp gar sind. **Verwendung:** als Vorspeise oder Beilage; für Eintöpfe und für Quiches.

Mangos

Beim Einkauf einer Mango darauf achten, dass sie auf Fingerdruck ein wenig, aber nicht zu stark nachgibt, die Schale keine schwarzen Flecken (Bakterien- oder Pilzbefall) aufweist und die Frucht ein angenehmes Aroma verströmt. Die Farbe der Schale ist kein Reifekriterium – manche Mangosorten sind auch vollreif komplett grün. **Verwendung:** zum Rohverzehr; für Milchmischgetränke; Süßspeisen und Kuchen; für Salate; für Currys und Chutneys.

Maronen

Erst beim Garen entwickelt sich bei den stärkehaltigen Früchten der Ess- bzw. Edelkastanie die charakteristische Süße der Kerne. Diese sind gelblichweiß und von einer ledrigen Schale und einer dünnen Samenhaut umgeben, die beide vor dem Verzehr entfernt werden müssen. Frische Maronen haben eine glatte, glänzende, intakte Schale. Maronen werden auch zu Mehl vermahlen. **Verwendung:** für süße und pikante Pürees; für Füllungen.

Margarine

Wird aus pflanzlichen und tierischen Fetten hergestellt. Damit Margarine wegen des hohen Ölanteils nicht zerfließt, muss ein Teil des Fettes gehärtet werden. Dabei entstehen gesättigte Fettsäuren. Eine Ausnahme bildet Bio-Margarine. Sie erhält ihre Festigkeit ausschließlich durch Zugabe von Palm- und/oder Kokosfett, die beide allerdings etwas talgig schmecken. Fettreduzierte Margarine hat einen höheren Flüssigkeitsanteil (z. B. Wasser oder Buttermilch), sie ist nur als Brotaufstrich geeignet.

Meerrettich

Er ist der schärfste Vertreter der Rettichfamilie. Verantwortlich für seine Schärfe und auch die gesundheitsfördernde Wirkung sind in erster Linie die in ihm enthaltenen Senföle. Sie wirken verdauungsfördernd und appetitanregend. Außerdem ist Meerrettich reich an Vitamin C. Meerrettich kommt nur in geringen Mengen frisch auf den Markt, der Rest wird industriell verarbeitet.
Verwendung: als Gewürz; für kalte und warme Saucen.

Melonen

Wassermelone
Die meisten Wassermelonen sind rund, ihr Fruchtfleisch ist intensiv rot gefärbt, und sie sind extrem wasserreich. Wassermelonen bestehen zu 95 % aus Wasser und enthalten kaum Nährstoffe. Gut gekühlt sind diese Melonen ideale Durstlöscher.

Charentais
Die sehr aromatischen orangefleischigen Charentaismelonen gibt es mit glatter und genetzter Schale. Sie gehören zur Gruppe der Cantaloupemelonen, die wiederum eine Untergruppe der Zuckermelonen bilden.

Honigmelone
Eine weitere Untergruppe der Zuckermelonen sind die Honigmelonen. Sie weisen eine glatte Schale auf, im Gegensatz zu den Netzmelonen, die eine korkige Schale haben. Bekannte Honigmelonen sind z. B. die längliche Gelbe Honigmelone mit süßem, festem Fleisch und die runde Honey Dew mit gelbgrüner Schale.

Milch und Milchprodukte

Milch und die daraus gewonnenen Produkte sind (außer in Ostasien) für die menschliche, insbesondere die vegetarische, Ernährung von großer Bedeutung. Sie sind überwiegend leicht verdaulich. Als Kalziumlieferanten leisten sie einen wichtigen Beitrag zur Gesundheit.
Grundsätzlich ist hier zu Lande mit »Milch« Kuhmilch gemeint; Milch von Büffeln, Schafen, Ziegen oder anderen Tieren muss entsprechend gekennzeichnet sein. Im Handel sind entrahmte Milch mit 0,1–0,5 % Fett, fettarme Milch (1,5 %) und Vollmilch (mindestens 3,5 %; der Fettgehalt von Vollmilch mit natürlichem Fettgehalt liegt üblicherweise zwischen 3,5 und 3,8 %). Die meisten Milchtypen werden auch als länger haltbare (ESL-Milch) und haltbare Milch (H-Milch) angeboten. Außerdem gibt es laktosefreie Milch und Milchprodukte.

Crème fraîche
Leicht gesäuerte feste Sahne mit mindestens 30 % Fett; gut zum Kochen geeignet, weil sie beim Erhitzen nicht ausflockt.

Crème double
Süße Sahne mit einem Fettgehalt von mindestens 40 %.

Joghurt und Quark
Zur Herstellung von Joghurt wird Milch mit säuernden Bakterienkulturen versetzt. Joghurt wird mit unterschiedlichem Fettgehalt angeboten – von Magerjoghurt bis zu Sahnejoghurt.
Magerquark enthält nur 1–2 % F.i.Tr., sein Eiweißgehalt ist hoch. Speisequark gibt es außerdem mit 20 und 40 % F.i.Tr.

Kefir
Wird mithilfe von Bakterien und Hefen gesäuert. Kefir enthält etwa 0,6 Vol.-% Alkohol.

Kondensmilch
Es gibt sie ungezuckert (evaporierte Kondensmilch) und gezuckert; enthält 4–10 % Fett.

Molke
Fällt bei der Käseherstellung an. Eignet sich für süße und pikante, sehr erfrischende Getränke und ist fast fettfrei.

Sahne oder Rahm
Enthält zwischen 10 und 60 % Fett. Schlagbar ist Sahne erst ab etwa 25 % Fett, zum Mitkochen ohne Ausflocken sollte sie mindestens 30 % Fett aufweisen.

Saure Sahne und Schmand
Eine mehr oder weniger stark mit Milchsäurebakterien gesäuerte Sahne. Der Fettgehalt liegt zwischen 10 und 15 %. *Schmand* enthält 24 % Fett; flockt beim Erhitzen nicht aus.

Mirabellen

Die kleinen Früchte haben einen Durchmesser von 2–3 cm und gehören zu den Pflaumen. Sie sind gelbgrün, kugelig bis kugelig oval und haben saftiges gelbes Fruchtfleisch, das würzig und sehr süß schmeckt und sich leicht vom Stein lösen lässt.
Verwendung: zum Rohverzehr; für Süßspeisen, Torten und Törtchen sowie zum Einlegen.

Mohn

Die runden blaugrauen oder cremeweißen, ölhaltigen Samen des Schlafmohns schmecken angenehm nussig.
Verwendung: Schwarzer Mohn (im Bild) ist ganz oder gemahlen zum Bestreuen von Brotgebäck sowie für Beläge und Füllungen von Kuchen und Kleingebäck beliebt. In der indischen Küche wird (meist weißer) Mohn auch für herzhafte Gerichte, z. B. zum Andicken von Saucen, verwendet.

Möhren

Möhren gibt es nicht nur in Orange, sondern auch in Weiß, Rot und Violett. Sie verdanken ihre Farbe dem hohen Karotingehalt. Möhren, die mit Grün oder gewaschen verkauft werden, sind nicht lange haltbar. Zum längeren Einlagern eignen sich nur ungewaschene und vorsichtig vom Kraut befreite, unverletzte »Sandmöhren«.
Verwendung: für Rohkost und Salate; als Gemüse; für Suppen und Eintöpfe; für Pürees und Soufflés, auch für Süßspeisen und Gebäck.

Mung(o)bohnensprossen

Die Keimlinge der Mung(o)bohne werden fälschlicherweise auch als Sojasprossen bezeichnet. Sie enthalten u. a. wertvolles Eiweiß, zahlreiche Vitamine und Mineralstoffe sowie Ballaststoffe. Man sollte sie nur kurz erhitzen, damit sie ihre Knackigkeit nicht verlieren – sie müssen jedoch nicht erhitzt werden (im Gegensatz zu Sojabohnenkeimlingen, die hitzeempfindliche Giftstoffe enthalten).
Verwendung: roh für Salate und Müslis; als Zutat für Wokgemüse und Suppen.

Muskatblüte

Die auch Macis genannte Muskatblüte ist der leuchtend karmin- bis violettrote Samenmantel der → Muskatnuss. Die Muskatblüte verblasst beim Trocknen und wird orange bis gelbbraun. Sie wird meist gemahlen angeboten. Damit sie ihr Aroma optimal entfalten kann, muss sie immer mitgekocht werden.
Verwendung: zum Aromatisieren von Gebäck; zudem kann Macis immer dann verwendet werden, wenn eine besonders feine Muskatnote erwünscht ist.

Muskatnuss

Der bräunliche Samen vom Muskatbaum ist etwa 4 g schwer und hat eine netzartige Oberfläche. Der aromatische, süß-würzige, leicht harzig-bittere Geschmack verflüchtigt sich leicht, deshalb sollte man Muskatnuss stets kurz vor der Verwendung frisch reiben. Ab etwa 4 g wirkt Muskatnuss giftig.
Verwendung: zum Würzen von Saucen (Béchamel), Suppen, Eiergerichten, hellem Gemüse, Kohl, Kartoffeln und Spinat; auch zu Fleisch, Wurst, Pasteten und Gebäck.

Nudeln und Teigwaren

Wenn es um Nudeln geht, steht Italien an erster Stelle. Zwar haben sich in einigen anderen Regionen der Welt ebenfalls eigenständige Nudelküchen entwickelt, etwa in vielen Ländern Asiens oder auch in Mitteleuropa. Aber nirgends findet man eine solch große Vielfalt wie auf den Märkten in Italien und in italienischen Feinkostläden.

Man unterscheidet zwischen **Eiernudeln**, die meist aus Weichweizenmehl zubereitet werden, und **Pasta aus Hartweizengrieß ohne Ei**. Eiernudeln heißen zuweilen in Italien auch »Pasta fresca«, da sie meist nach Bedarf in den Familien oder aber von professionellen »Pastaie« frisch zubereitet werden – doch sind Eiernudeln auch getrocknet im Angebot. Aber überwiegend kommt »Pasta secca«, getrocknete Nudeln ohne Ei, in den Handel, auch außerhalb Italiens. Solche Hartweizennudeln werden überwiegend industriell hergestellt, da der schwere, elastische Teig extreme Anforderungen an das Kneten stellt. Nach dem Formen wird der Teig sofort getrocknet und abgepackt. So lässt sich Pasta secca ohne Qualitätsverlust lange aufbewahren und gut transportieren, was, zusammen mit der problemlosen Zubereitung, nicht unerheblich zur weltweiten Verbreitung der italienischen Nudeln beigetragen haben dürfte. Weiter unterscheidet man in Italien zwischen »Pasta corta«, den kurzen, und »Pasta lunga«, den langen Nudeln. Zu Letzteren zählen flache Bandnudeln, Spaghetti und Röhrennudeln wie Makkaroni oder Zite. Pasta corta gibt es in den unterschiedlichsten Formen: kurze Röhren, Spiralen oder Öhrchen, aber auch die dicken, zum Füllen geeigneten Sorten gehören dazu.

Die Formenvielfalt **asiatischer Teigwaren** steht derjenigen von italienischer Pasta deutlich nach – beschränkt man sich doch in Fernost weitgehend auf Faden-, Band- und lange spaghettiähnliche Nudeln. Wird westliche Pasta jedoch fast ausschließlich aus Weizenmehl oder -grieß zubereitet, verwendet man in Asien häufig auch Mehlsorten, die im Westen nicht oder nur selten gewählt werden, wie etwa Reis- oder Buchweizenmehl. Und die weißlichen Glasnudeln aus Mungbohnenstärke sind schließlich eine rein asiatische Spezialität. Auch in Asien werden Nudeln frisch ebenso wie getrocknet angeboten; darüber hinaus gibt es viele Instant-Sorten. In China gilt übrigens die Devise: Je länger die Nudeln, desto besser, denn man betrachtet sie als Symbol für langes Leben.

Nudeln und Teigwaren

Gnocchi werden meist aus Kartoffeln und Weizenmehl hergestellt; auch mit Maismehl/-grieß.

Grießklößchen werden vorwiegend aus Hartweizengrieß zubereitet. Suppeneinlage, Süßspeise.

Kartoffelklöße. Der Teig dafür wird aus gekochten und/oder rohen Kartoffeln hergestellt.

Maultaschen sind schwäbische Nudeltaschen. Die Füllung kann variieren.

Italienische Teigtaschen (z. B. Tortelloni oder Ravioli) können unterschiedliche Füllungen enthalten.

Semmelknödel. Bayerische Spezialität aus getrocknetem Weißbrot. Klassisch mit Pilzsauce.

Spätzle. Beliebte schwäbische Teigwaren, die in ihrer Heimat oft mit Linsen gegessen werden.

Asiatische Nudelteigblätter können gefüllt, dann gekocht oder frittiert werden.

Mais- oder Weizentortillas lassen sich füllen und beispielsweise zu Wraps aufrollen.

Öle

Pflanzenöle werden aus Samen (z. B. Sesamsamen), Nüssen (z. B. Walnüssen), Kernen (z. B. Kürbiskernen) und Früchten (z. B. Oliven) gewonnen. Hierfür wird die Rohware in der Regel zunächst zerkleinert und eventuell gedämpft oder geröstet, um die Zellen aufzuschließen. Erfolgt die Pressung ohne Hitzeeinwirkung, ist dies auf dem Etikett vermerkt; man bezeichnet solche Öle als »nativ«, »kaltgepresst« oder »naturbelassen«. Sie gelten aufgrund ihres hohen Anteils an ungesättigten Fettsäuren ernährungsphysiologisch als besonders wertvoll, andererseits sind sie deshalb auch hitzeempfindlich. Durch das schonende Herstellungsverfahren bleiben bei naturbelassenen Ölen u. a. empfindliche Aromastoffe erhalten. Diese Öle sollten am besten in der Salatküche oder zum Aromatisieren gekochter Speisen verwendet werden.

Erfolgt die Pressung oder Extraktion von Samen, Nüssen, Kernen oder Früchten dagegen unter Hitzeeinwirkung, entstehen im Öl teilweise ungenießbare und gesundheitsschädliche Stoffe, weshalb das durch Warmpressung gewonnene Rohöl vor dem Genuss erst noch gereinigt und raffiniert werden muss. Der Reinigungsvorgang umfasst die Entschleimung, Entsäuerung, Bleichung sowie Desodorierung. **Raffinierte Öle** können bei der Zubereitung von Speisen länger und stärker erhitzt werden als kalt gepresste. Sie eignen sich deshalb zum Braten, Backen, Schmoren oder Frittieren.

Naturbelassene Öle dienen nicht nur als Fettzugabe, sondern verleihen Speisen ein typisches Aroma. Öle mit intensivem Geschmack, wie Nussöle, sollten deshalb nur tropfenweise verwendet werden. Genügt die Ölmenge für das Gericht nicht, kann man das intensive Öl mit einem neutral schmeckenden oder milden mischen (z. B. Nussöl mit Sonnenblumenöl).

Öle

Öle aufbewahren

Öle, vor allem kaltgepresste mit einem hohen Anteil an ungesättigten Fettsäuren, werden relativ leicht ranzig, sobald sie mit Sauerstoff und Licht in Kontakt kommen. Aus diesem Grund sollten sie generell dunkel und kühl bei Temperaturen zwischen 6 und 10 °C gelagert werden. Angebrochene Flaschen mit Öl, das nicht so häufig verwendet wird, kann man verschlossen in den Kühlschrank stellen, um die Haltbarkeit sicherzustellen. Bei Kühlschranktemperaturen kann das Öl zwar fest werden oder ausflocken, doch das mindert die Qualität nicht, und bei Raumtemperatur wird es rasch wieder flüssig.

Bezeichnungen

Bei Ölen, die als Speiseöl, Pflanzenöl, Tafelöl, Salatöl oder Frittieröl bezeichnet sind, handelt es sich um Gemische verschiedender Öle.
Ist ein Öl nach einer Ölpflanze , z. B. Raps- oder Sonnenblumenöl benannt, dann besteht es zu mindestens 97 % aus dem entsprechenden Ausgangsprodukt; ist außerdem der Zusatz »rein« oder »sortenrein« vermerkt, enthält es zu 100 % das genannte Öl.

Verwendung: Zum Braten und Frittieren eignen sich raffinierte Öle mit neutralem Geschmack. Erdnussöl kann bis auf eine Temperatur von 220 °C über eine längere Zeit erhitzt werden. Zum Braten bietet sich darüber hinaus z. B. raffiniertes Sonnenblumen-, Maiskeim- oder Distelöl an.
Kalt gepresste Öle sollten, wenn überhaupt, möglichst nur kurz und nicht zu stark erhitzt werden. Geschmack und Inhaltsstoffe dieser Öle kommen in der kalten Küche am besten zur Geltung.
Mehr Informationen zu einzelnen Ölen erhalten Sie auf den Seiten 244 und 245.
Experten empfehlen, nicht immer das gleiche Speiseöl (z. B. Rapsöl) zu verwenden. Da jedes Öl eine andere Mischung an Fettsäuren bietet, sollte man Öle für den täglichen Gebrauch immer wieder abwechseln.

Oliven

Ob grün oder schwarz liegt nicht an der Sorte, sondern am Reifegrad der Oliven. Rohe Oliven, frisch vom Baum, sind ungenießbar. Erst ein Bad in Salzlake oder Natronlauge entzieht ihnen die Bitterstoffe. Danach werden sie abgespült und in frische Salzlake oder in Öl eingelegt, das man nach Belieben z. B. mit Essig, Zitrone, Kräutern oder Knoblauch würzt.
Verwendung: als Snack und für mediterrane Gerichte.

Olivenöl

Für die Ölgewinnung verarbeitet man Oliven in unterschiedlichen Reifestadien. Unreife Oliven ergeben ein Öl von meist grünlicher Farbe und intensivem, stark ausgeprägtem Geschmack, reife dunkle Oliven ein deutlich milderes Öl und eine größere Ausbeute. Generell stammen aus den nördlicheren Lagen leichtere, aus den heißeren Zonen Öle mit kräftigerem Geschmack. Das beste ist das kalt gepresste Olivenöl mit maximal 1 % Fettsäuren. In der EU wird es unter der Bezeichnung »natives Olivenöl extra« gehandelt.

Orangen

Man unterscheidet zwischen gewöhnlichen Orangen, Navel-, Blut- und Zuckerorangen; letztere spielen hierzulande am Markt keine Rolle. Die kernlosen Navels erkennt man durch den charakteristischen »Nabel« am Blütenansatz. Blutorangen zeichnen sich durch eine dunklere, manchmal tiefrote Pigmentierung des Fruchtfleisches, oft auch der Schale, aus. Je stärker die Färbung ist, desto mehr unterscheiden sie sich auch im Geschmack von den hellen, »blonden« Orangen: Sie sind kräftiger und ein wenig herber.

Papayas

Ihr Fruchtfleisch ist weich, süß und sehr saftig, die Kerne hingegen sind beißend scharf. Reife Früchte geben auf Fingerdruck nach. Unreife kann man in Papier wickeln und nachreifen lassen. Die Schalen der Papayas können gelb, grün und geflammt sein, das Fruchtfleisch variiert von gelb über rosa bis hin zu leuchtend orange.
Verwendung: unreif geerntet als Gemüse, für Kompotts, Chutneys und Konfitüren; vollreife Früchte eignen sich zum So-Essen und für exotische Obstsalate, passen aber auch in pikante Salate und Currys.

Paprikaschoten

Gemüsepaprika ist im Gegensatz zum Gewürzpaprika sehr mild. Die Farbe beim Gemüsepaprika ist ein Zeichen für den jeweiligen Reifegrad: Grüne Schoten sind unreif, rote und gelbe dagegen an der Pflanze ausgereift, was nicht nur den Geschmack, sondern auch den Vitamin-C-Gehalt positiv beeinflusst.
Verwendung: roh für Garnituren (insbesondere Mini-Paprika) und Salate; gegart als Gemüse, zum Füllen und für mediterrane Gerichte.

Pastinaken

Sie sind fast in Vergessenheit geraten, werden aber zunehmend wieder auf Gemüsemärkten angeboten. Pastinaken schmecken herb-süßlich und sind als typisches Wintergemüse frühestens ab Oktober im Handel. Sie lassen sich wie → Möhren aufbewahren, schälen und garen.
Verwendung: als Rohkost; als Gemüse; für Pürees, Suppen und Eintöpfe.

Petersilienwurzeln

Die weiße möhrenähnliche Rübe ist ein typisches Wintergemüse, daher ist sie vor Oktober kaum im Handel. Ihr Geschmack ähnelt dem der → Pastinake.
Verwendung: gehören zum klassischen Suppengrün; auch für Cremesuppen geeignet. Können wie Möhren geraspelt und als Rohkost gereicht werden. Petersiliengrün lässt sich wie Blattpetersilie einsetzen.

Pfifferlinge

Auch Reherl oder Eierschwammerl genannt. Sehr guter Speisepilz, der für zahlreiche Gerichte geeignet ist. Man sollte Pfifferlinge frisch verwenden, deshalb bieten sich Gerichte mit diesen Pilzen von Juni bis in den Herbst hinein an. Näheres zur Vorbereitung siehe Seite 139.
Verwendung: Beliebt sind Pfifferlinge in Rahmsauce zu Semmelknödeln, Nudeln und anderen Beilagen; ebenso eignen sie sich z. B. für Omelett und Rührei.

Pflanzencreme

Sie wird aus pflanzlichen Ölen hergestellt. Im Handel sind neutral schmeckende Pflanzencremes, solche mit Butteraroma und auch gewürzte Produkte erhältlich.
Verwendung: zum Braten, Backen, Kochen und Abschmelzen.

Pfirsiche

Es gibt Sorten mit weißem, gelbem und rotem Fruchtfleisch. Überwiegend werden runde Pfirsiche gehandelt, doch erfreuen sich Plattpfirsiche zunehmender Beliebtheit; sie haben einen kleineren Stein und sind etwas leichter als herkömmliche Pfirsiche. Der Rote Weinbergpfirsich wird wieder verstärkt in Deutschland in Weinbaugebieten gepflanzt.
Verwendung: zum Rohverzehr; für Desserts und Kuchen; für Konfitüre und Chutneys.

Pflaumen

Pflaumen gibt es in Gelb, Rot und Violett. Ihr Fleisch kann bernsteinfarben, gelb oder rötlich sein. Sie sind meist etwas runder als Zwetschen, und das Fruchtfleisch löst sich nicht so leicht vom Stein.
Verwendung: zum Rohverzehr; für Desserts und Kuchen; für Konfitüre und Chutneys und auch für herzhafte Gerichte.

Pinienkerne

Ungeschälte Pinienkerne (rechts oben im Bild) sind jahrelang, geschälte hingegen nur wenige Monate haltbar. Wegen ihres hohen Fettgehalts sollte man Pinienkerne kühl und trocken lagern, damit sie nicht ranzig werden. Sie schmecken geröstet besonders gut, verbrennen beim Rösten allerdings schnell.
Verwendung: Grundzutat für das klassische Pesto; roh oder geröstet als Knabberei; zum Bestreuen von Speisen; für süßes und herzhaftes Gebäck.

Pistazien

Die von einer dunklen Haut umhüllten grünlichen bis gelben Samen stecken jeweils in einem Steinkern. Bei reifen Pistazien öffnet er sich, bis die Samen sichtbar sind. Das bedeutendste Anbaugebiet für Pistazien ist der Iran.
Verwendung: geröstet und gesalzen als Knabberei; gehackt zum Garnieren.

Polenta → Maisgrieß

Portulak

Das Kraut hat meist leuchtend grüne, verkehrt eiförmige, rundliche, fleischige Blätter. Es schmeckt erfrischend säuerlich und leicht salzig. Portulak verliert durch Erhitzen an Aroma.
Verwendung: für Salate, Kräuterquark und Saucen; kann auch wie Spinat gedünstet oder in Suppen gegart werden.

Quinoa

Die etwa hirsekorngroßen, stärkehaltigen Samen eines Gänsefußgewächses zählen zu den »Pseudocerealien«, weil sie nicht zum Getreide zählen, aber wie dieses eingesetzt werden können. Der Mineralstoff- und Eiweißgehalt liegt über dem Durchschnittsgehalt von Getreide. Quinoa hat einen reisähnlichen Geschmack und ist glutenfrei, weshalb es bei Zöliakie gut vertragen wird.
Verwendung: für Salate, Suppen, Aufläufe, Bratlinge, Pfannkuchen; für Süßspeisen und Gebäck; als Beilage.

Radieschen

Die kleinen Verwandten des Rettichs gibt es in unterschiedlichen Farben, ihr Fruchtfleisch aber ist immer weiß. Die Schärfe verdanken sie Senfölen, die unter anderem appetitanregend und verdauungsfördernd wirken.
Verwendung: für Dips und Salate sowie als Brotbelag. Radieschen werden meist roh gegessen, eignen sich aber auch als Zutat für eine Cremesuppe.

Reis

Reis teilt man generell in **Rund-, Mittel-** und **Langkornreis** ein. Von diesen drei Typen wiederum gibt es klebende und nichtklebende Sorten. Eine weitere Angebotsform ist der **Parboiled Reis**. In Sachen Nährwert ist er keineswegs zu verachten, denn dieser enthält bis zu 80 % der Inhaltsstoffe des vollen Korns: Sie werden durch Einweichen der Reiskörner in Wasser und eine anschließende Behandlung mit Wasserdampf und hohem Druck ins Innere der Körner gepresst. Parboiled Reis gart schneller, die Körner sind nahezu versiegelt und geben beim Garen kaum noch Nährstoffe, aber auch keine Stärke mehr ab, sodass sie auf jeden Fall körnig kochen.

Wildreis mit seinen langen, schlanken dunklen Körnern ist botanisch betrachtet kein Reis, obwohl er wie dieser verwendet wird. Dabei handelt es sich vielmehr um die Samen eines Süßgrases. Die Farbe und den typisch nussigen Geschmack verdanken die Körner dem Darren, dem sie unterzogen werden, damit sie sich besser aus den Spelzen lösen lassen. Wildreis kommt stets ungeschält in den Handel; die robuste Schale verhindert allerdings, mehr noch als bei anderen unpolierten echten Reissorten, ein schnelles Garen. Schnellkoch-Varianten wurden angeritzt, vorgekocht und getrocknet; sie garen zwar schneller, verlieren jedoch beim Kochen ihre Form und bieten nicht mehr den vollen Geschmack.

Roggen

Roggenkörner
Roggen ist eines der wichtigsten Brotgetreide. Sein Geschmack ist herzhaft-würzig.
Verwendung: zum Backen (s. u.) von Brot und Brötchen. Roggenkörner eignen sich auch zum Keimen.

Roggenflocken
Für Roggenflocken werden die Roggenkörner gereinigt und entspelzt, dann gedämpft und gewalzt.
Verwendung: für Brei, Müslis, Bratlinge und zum Backen.

Roggenschrot
Dabei handelt es sich um grob zerkleinerte Roggenkörner.
Verwendung: zum Backen (dabei ist der Zusatz von Sauerteig nötig). Roggenbackschrot für Brote und Brötchen trägt die Typenbezeichnung 1800.

Rosenkohl

Der auch als Sprossenkohl bezeichnete Rosenkohl ist ein klassisches Wintergemüse und schmeckt am besten, wenn er bereits etwas Frost abbekommen hat – durch die Kälte erhöht sich der Zuckergehalt der Röschen.
Verwendung: für Salate und als Gemüse; für Suppen und Eintöpfe; zum Überbacken.

Rote Bete

Die dunklen, intensiv färbenden Knollen sind ganzjährig frisch, oft auch gegart und geschält in der Vakuumverpackung erhältlich. Die Knollen stets ungeschält und im Ganzen garen, dann erst schälen.
Verwendung: ungekocht für Rohkost und zur Saftgewinnung; gegart als Gemüse, für Suppen und Eintöpfe (bei jungen Knollen kann das zarte Grün mitverwendet werden) sowie zum Einlegen. Der Saft kann zum Färben (z. B. von Nudelteig) verwendet werden.

Rotkohl

Rotkohl, Rotkraut oder auch Blaukraut ist im Frühjahr zart und mild, im Sommer würziger und fester. Im Spätherbst ist der Rotkohlkopf am größten und hat die dicksten Blätter. Einige Sorten sind frostresistent.
Verwendung: für Rohkostsalate; als Gemüse und für Rouladen. Wird Rotkohl beim Kochen Säure zugesetzt (z. B. Rotwein oder etwas Essig), färbt er sich rot, ohne Säure wird er blau.

Rucola

Wird auch als Rauke bezeichnet und gehört zur Familie der Kreuzblütler. Sein Geschmack ist nussig-aromatisch, je älter die Blätter sind, desto schärfer werden sie. Man unterscheidet zwischen wildem Rucola (im Bild) und Senf- bzw. Ölrucola mit breiten, kaum gefiederten Blättern; letzterer wird meist im Handel angeboten.
Verwendung: als Vorspeise mit Parmesan; für Pesto und Salate; für Suppen und Saucen; gedünstet als Gemüse (dabei geht allerdings die Schärfe verloren).

Sauerampfer

Das wild wachsende Kraut kann man in der freien Natur ernten. Kulturformen (Gartensauerampfer) lassen sich im Garten anbauen. Sauerampfer enthält viel Vitamin C, aber auch Oxalsäure;schmeckt beißend-sauer und soll bei Verdauungsbeschwerden helfen.
Verwendung: junge Blätter für Salate, Suppen; wie Spinat gedünstet als Gemüse und als Brotbelag.

Sauerkraut

Zur Herstellung von Sauerkraut wird gehobelter frischer Weißkohl mit Salz in große Gefäße geschichtet, dann gestampft und gepresst. Nach wenigen Stunden setzt die Milchsäuregärung ein, bei der aus Zucker Milchsäure wird. Diese hemmt das Wachstum schädlicher Mikroorganismen, weshalb das Kraut haltbar ist, und schützt Vitamin C (Sauerkraut ist Vitamin-C-reich).
Wichtig für Vegetarier: Während der Milchsäuregärung entsteht im Sauerkraut Vitamin B_{12}, ein Vitamin, das überwiegend in tierischen Lebensmitteln enthalten ist und im menschlichen Organismus nicht in ausreichender Menge entsteht; es ist u. a. für den Eiweißstoffwechsel, das Nervensystem und die Blutbildung unerlässlich. Sauerkraut enthält darüber hinaus pflanzliches Eisen, das durch die Gärung für den menschlichen Körper besser verfügbar wird. Sauerkraut ist darüber hinaus ballaststoffreich und äußerst kalorienarm.

Frisches Sauerkraut kann man pur essen – was eine positive Wirkung auf die Darmflora hat, ebenso wie der Genuss von Sauerkrautsaft. Überwiegend wird Sauerkraut jedoch als Gemüse zubereitet. Damit die wertvollen Inhaltsstoffe nicht verloren gehen, sollte es nur kurz gedünstet werden. Das Kraut lässt sich vor der Zubereitung leicht mit einer Küchenschere kleinschneiden. Gegartes Sauerkraut eignet sich als Beilage, als Zutat für Suppen und Eintöpfe, auch als Belag für Quiches. Salzen ist meist überflüssig, da das Kraut bereits Salz enthält. Es verträgt sich jedoch bestens mit Gewürzen wie Wacholderbeeren, Kümmelsamen und Lorbeerblättern.

Schafkäse → Käse

Schalotten

Schalotten sind enge Verwandte der Speisezwiebel. Weil ihr Geschmack dezenter und milder ist, werden sie in der Feinschmeckerküche sehr geschätzt. Im Handel sind runde und längliche Schalotten, die braune, rötliche und graue Außenhäute haben können.
Verwendung: für Salate; als Würze für Saucen und Gemüse; zum Schmoren und zum Einlegen.

Schwarzwurzeln

Sie sind ein hochwertiges Wintergemüse mit spargelähnlichem und herb-säuerlichem Geschmack. Vor der Zubereitung die Wurzeln unter fließendem Wasser schälen (der Saft hinterlässt hartnäckige Flecken, deshalb Haushaltshandschuhe tragen), anschließend in gesäuertes Wasser legen, damit sie ihre cremeweiße Farbe behalten.
Verwendung: roh als Salat; gegart als Gemüse; Belag für Quiches und pikante Kuchen.

Sesammus

Das nussig schmeckende Mus wird aus gerösteten oder ungerösteten Sesamsamen hergestellt und im Handel meist als Tahin angeboten. Sesammus ist ein ausgezeichneter Kalziumlieferant.
Verwendung: als Brotaufstrich; für Dips (u. a. für Hummus, eine nordafrikanische Spezialität mit pürierten Kichererbsen), Dressings und Saucen; für die orientalische und asiatische Küche.

Sesamsamen

Bei schwarzem und braunem Sesam handelt es sich um ungeschälte Samen; geschält sind sie cremefarben. Sesamsamen enthalten nennenswerte Mengen an Kalzium, wertvollem Eiweiß, ungesättigten Fettsäuren und Vitaminen der B-Gruppe. Der feinnussige Geschmack wird durch Rösten intensiviert. (Vorsicht: Die Samen verbrennen rasch in der Pfanne.)
Verwendung: für Dressings; für herzhafte und süße Speisen; für Brot, Brötchen und Feingebäck.

Shiitakepilze

Ursprünglich wachsen Shiitakepilze in Japan auf Bäumen, hierzulande werden sie auf Substrat kultiviert. Sie sind hocharomatisch, ihr weißes bis bräunliches Fleisch ist fest und saftig. Bei frischen Pilzen ist der Hut gewölbt. Harte Stiele sollte man vor der Weiterverarbeitung (bei frischen oder eingeweichten getrockneten Pilzen) entfernen.
Verwendung: als Beilage; für Suppen, Saucen und Ragouts; Zutat für viele Gerichte der asiatischen Küche.

Sojabohnen

Fermentierte gesalzene Sojabohnen
Fermentierte gesalzene Sojabohnenkerne werden in China als Würzmittel geschätzt. Bei uns sind sie in Dosen erhältlich. Vor der Weiterverarbeitung der schrumpeligen Bohnen zuerst das Salz gründlich abspülen. Damit sich das salzig-scharfe Aroma entfalten kann, sollten die Kerne anschließend etwas zerdrückt oder zerkleinert werden.
Verwendung: zum Würzen asiatischer (vorwiegend chinesischer) Gerichte.

Halbierte getrocknete Sojabohnen
Sojabohnen sind hervorragende Eiweißlieferanten. Außerdem enthalten die Hülsenfrüchte reichlich ungesättigte Fettsäuren. Halbierte getrocknete Sojabohnenkerne (im Bild) sind, kühl und trocken gelagert, fast unbegrenzt haltbar. Vor dem Garen müssen sie einige Stunden eingeweicht werden.
Verwendung: Die getrockneten Kerne eignen sich für die Herstellung von Sojamilch sowie für die Zubereitung von Suppen, Saucen und Eintöpfen.

Sojaflocken
Sie werden aus Sojabohnenkernen hergestellt, die nach dem Entbittern zu Flocken gewalzt und geröstet werden. Sojaflocken schmecken nussig und lassen sich gut mit Getreide kombinieren.
Verwendung: für Müslis; für Bratlinge und Aufläufe; für süßes und pikantes Gebäck.

Spargel

Weißer Spargel (Bleichspargel) wächst unter, grüner über der Erde. Frischer Spargel hat feste Stangen, die Spitzen sind fest geschlossen und die Enden nicht ausgetrocknet. Beim Eindrücken mit dem Fingernagel soll Wasser austreten. Reibt man zwei Spargelstangen aneinander, muss es quietschen.
Verwendung: als Gemüse; für Suppen, Eintöpfe und Frikassees; zum Ausbacken. Grüner Spargel ergibt mit Zitronensaft, Olivenöl und Parmesan eine elegante Vorspeise.

Spinat

Am zartesten ist junger Frühlingsspinat, gefolgt von dem etwas derberen Sommerspinat. Beide können roh verzehrt werden. Kräftiger Winterspinat muss dagegen immer gegart werden. Wurzelspinat wird maschinell, Blattspinat von Hand geerntet. Spinat ist relativ nitratreich, durch Blanchieren lässt sich der Nitratgehalt der Blätter senken; die Garflüssigkeit nicht verwenden.
Verwendung: für Salate; als Gemüse sowie für Saucen und Suppen, Eierspeisen, Pizzas und Quiches.

Sprossen

Aus jedem keimfähigen Samen können unter Zugabe von Wasser, Wärme und Sauerstoff innerhalb weniger Tage **Sprossen** entstehen. Sie sind so gesund, weil sie meist roh verzehrt werden können, während die entsprechenden Samen ungekeimt (z. B. Hülsenfruchtsamen) nur gekocht genießbar sind. Außerdem vervielfacht sich während des Keimens der **Gehalt an Mineralstoffen und Vitaminen**. Für Vegetarier interessant ist zudem der Gehalt an hochwertigem Eiweiß in Sprossen von Hülsenfrüchten. Sprossen können den Speiseplan vor allem im Winter in geradezu idealer Weise bereichern: etwa als zusätzlicher Vitaminspender im Salat oder auch als Gemüse – meist genügen ½–1 EL Samen pro Portion. Nicht fehlen dürfen Sprossen auch (vornehmlich gekeimte Mungbohnen) bei den bunten Gemüsegerichten aus dem Wok oder Frühlingsrollen. Die asiatischen Esskulturen nutzen Sprossen und Keime schon seit jeher als **wertvolle Nährstoffquelle**, weshalb diese dort einen entsprechenden Stellenwert haben. Frische Keime und Sprossen kann man im Frischhaltebeutel im Bioladen und auch im Kühlregal des Supermarkts kaufen. Wer **Sprossen** und **Keimlinge** lieber **selbst ziehen** möchte, erfährt auf den Seiten 146 und 147 worauf man dabei achten muss und erhält nützliche Informationen über die unterschiedlichen Ansprüche verschiedener Kerne und Samen.

Sprossen aufbewahren
Ob fertig gekauft oder selbst gezogen – werden Keimlinge und Sprossen nicht sachgemäß aufbewahrt, können sie rasch durch Schimmel und Bakterien verunreinigt werden. Der richtige Ort zum Aufbewahren ist der Kühlschrank. Dafür die Sprossen am besten in eine verschließbare Dose geben und über dem Gemüsefach im Kühlschrank lagern. Im Durchschnitt sind die Keimlinge auf diese Weise 1 Woche haltbar, während des Lagerns sollten sie alle 2 Tage befeuchtet werden, damit sie nicht austrocknen. Wenn Sie Sprossen einfrieren möchten, sollten Sie sie vorher blanchieren. Durch das Einfrieren verlieren die Sprossen allerdings einen Teil ihrer wertvollen Inhaltsstoffe. Außerdem verändert sich ihr Geschmack. Zarte Sprossen von kleinen Samen (z. B. Rettich- oder Alfalfasprossen) eignen sich keinesfalls zum Einfrieren. **Gefrorene Sprossen** kurz vor Ende der Garzeit unter Eintöpfe oder andere Gerichte mischen. Aufgetaute Sprossen eignen sich nicht zum Rohessen.
Kresse (siehe Bild oben) und andere Sprossen, die auf einer Unterlage wachsen, nach Bedarf mit einer Schere abschneiden.

Stangensellerie

Grüner Stangensellerie ist ungebleicht, gelber bis hellgrüner Bleichsellerie wurde früher gebleicht, indem man Erde um die Pflanzen häufelte, heutzutage handelt es sich bei den hellen Stangen um Züchtungen. Stangensellerie schmeckt ähnlich wie Knollensellerie, aber milder. Frische Stangen erkennt man daran, dass sie beim Versuch, sie zu biegen, brechen.
Verwendung: Zum Rohverzehr (z. B. mit Dips oder als Salatzutat); für Suppen, als Gemüse.

Steinpilze

Auch Herrenpilz genannt; gilt wegen seines ausgezeichneten nussähnlichen Geschmacks und seiner angenehm festen Konsistenz als einer der besten Speisepilze überhaupt. Beim Kauf die Pilze aufschneiden lassen, um zu prüfen, ob sie einwandfrei sind (Steinpilze sind sehr anfällig für Wurmbefall). Steinpilze müssen von Hand in der Natur gesammelt werden, was den recht hohen Preis erklärt.
Verwendung: in hauchdünne Scheiben geschnitten roh im Salat; für Saucen und Suppen; für Pilzgerichte und Eierspeisen.

Süßkartoffeln

Auch Bataten genannt; können wie Kartoffeln zubereitet werden, sind mit diesen jedoch nicht verwandt. Die Schalen der Süßkartoffeln variieren von cremefarben über braun und orange bis zu violett. Das Fruchtfleisch kann cremeweiß oder gelb, orangefarben oder lila sein. Je intensiver es gefärbt ist, desto mehr Karotin enthält die Knolle.
Verwendung: als Beilage; ideal zum Backen im Ofen und zum Frittieren; für Suppen, Pürees und Eintöpfe; für Bratlinge und Puffer.

Tofu

Den japanischen Sojaquark gibt es gepresst in Blockform (vorn im Bild). Geräucherter Tofu (hinten im Bild) ist etwas dunkler, bräunlicher und weist einen deutlichen Rauchgeschmack auf. Besonders für cremige Süßspeisen geeignet ist der weiche, wasserreichere Seidentofu. Beim getrockneten Tofu handelt es sich um die Haut der Sojamilch, die abgeschöpft und getrocknet wird.
Verwendung: Tofu in Stücke, Würfel oder Scheiben schneiden, dann kochen, braten oder roh (nach Belieben mariniert) in Salate geben.

Tomaten

Grundsätzlich lassen sich drei Gruppen unterscheiden: die »normalen« **runden Tomaten** (oben im Bild), die meist einen vergleichsweise hohen Anteil an Fruchtsäuren sowie relativ viele Samen aufweisen, die länglichen **Eier-**, **Pflaumen-** oder **Flaschentomaten** (unten im Bild die Sorte »Roma«), die demgegenüber einen höheren Fleisch- und Zuckeranteil aufweisen und sich leichter schälen lassen, und zu guter Letzt die **Fleischtomaten**, die mehr oder weniger stark gerippt und von unregelmäßiger Form sind. Wachsender Beliebtheit erfreuen sich außerdem die kleinen **Kirschtomaten**, auch Cherry- oder Cocktailtomaten genannt. Von nahezu allen Gruppen gibt es leuchtend gelbe und orangefarbene Züchtungen. Sie zeichnen sich generell durch eine dickere Schale und damit durch bessere Haltbarkeit aus, sie schmecken teilweise genauso intensiv und süß wie ihre roten Verwandten, teils sind sie sogar noch süßer. Gelegentlich sind auch grüne, rotgrün, grüngelb oder rotgelb gestreifte Früchte im Handel. Bis auf die Fleischtomaten kommen viele Sorten auch als Strauchtomaten, also an der Rispe, in den Handel.

Tahin → Sesammus

Topinambur

Die oft bizarr geformten Knollen können hellbraune bis violette Schalen haben, das Fleisch ist weiß, gelb, rot oder violett gefärbt. Je heller die Schalenfarbe ist, desto feiner ist der Geschmack der Knollen. Roh schmecken sie nussartig, nach dem Garen leicht süßlich. Topinambur möglichst ungeschält garen, so bleibt das Aroma gut erhalten. Rohen Topinambur blanchieren, anschließend lassen sich die Knollen leicht schälen.
Verwendung: als Rohkost; für Suppen, Salate, Aufläufe und Gratins.

Trockenfrüchte

Haben eine hohe Nährstoffdichte und sind lange haltbar. Um die helle Farbe zu erhalten und Trockenfrüchte vor Insektenbefall zu schützen, werden sie konventionell mit Schwefeldioxid behandelt, was bei empfindlichen Menschen zu Kopfschmerzen, Übelkeit und Durchfall führen kann; alternativ gibt es sie auch unbehandelt.
Verwendung: pur z. B. als Snack; für Süßspeisen, Kuchen und anderes Gebäck; für herzhafte Eintöpfe.

Walnüsse

Walnüsse mit dunkel gefärbter Schale weisen darauf hin, dass sie nicht chemisch gebleicht worden sind. Es gibt zahreiche Sorten mit unterschiedlichem Geschmack. Walnusskerne halten sich eingefroren mindestens 1 Jahr lang, ohne dass sich ihr Geschmack ändert.
Verwendung: pur zum Knabbern; mit Käse; für Saucen und Suppen; für Panaden (z. B. für Selleriescheiben); für Gebäck. Junge (grüne) Walnüsse kann man in Zuckersirup einlegen (Schwarze Nüsse).

Weintrauben

Man unterscheidet zwischen Wein- und Tafeltrauben, nach Farbe und zwischen kernhaltigen und kernlosen Sorten. Trauben enthalten reichlich wertvolle Inhaltsstoffe, wobei die roten den weißen Beeren überlegen sind.
Verwendung: hauptsächlich als Frischobst; in pikanten Salaten, in Kombination mit Käse.

Weißkohl

Gibt es in vielen Variationen und ist eines der beliebtesten Gemüse. Je nach Sorte können die Kohlköpfe spitz bis rund sein. Eine besonders zarte frühe Sorte ist der Spitzkohl. Alle Weißkohlsorten sind mineralstoff- und Vitamin-C-reich. Ausgangsprodukt für → Sauerkraut.
Verwendung: roh und gegart vielseitig verwendbar, z. B. für Salate, Suppen, Eintöpfe, Schmorgerichte (Rouladen mit Getreidefüllung); als Beilage.

Weizen

Weizenkörner
In Kombination mit Ei, Hülsenfrüchten, Hefe und Nüssen wird Weizeneiweiß (Protein) hochwertiger. Weizen enthält Gluten, das für Menschen mit Zöliakie unverträglich ist.
Verwendung: wie Risotto; gegarte Körner für Salate, Bratlinge, Brot u. a. Gebäck.

Weizenflocken
Dafür werden gereinigte Weizenkörner durch unterschiedliche Verfahren aufgeweicht und anschließend zu Flocken gewalzt.
Verwendung: für Brot und anderes Gebäck, für Müsli, Bratlinge und anderes.

Weizengrieß
Man unterscheidet zwischen Weichweizen- und Hartweizengrieß. Ersterer wird meist aus der Weizensorte Vulgaris hergestellt, Letzterer aus Durum-Hartweizen.
Verwendung: Weichweizengrieß für cremige Füllungen und Süßspeisen; Hartweizengrieß für Grießschnitten, Grießklößchen und Aufläufe.

Bulgur
Ein Grieß, der aus gedämpften und getrockneten Hartweizenkörnern hergestellt wird. Bulgur muss nur in Wasser quellen und ist rasch zubereitet.
Verwendung: pur als Beilage, als Zutat für Salat (z. B. Tabouleh); für Füllungen und für Bratlinge.

Weizenkeime
Der wertvollste Teil des Weizenkorns. Weizenkeime sind u. a. eiweißreich, enthalten die Vitamine E, B_1, B_3 und Folsäure sowie Mineralstoffe.
Verwendung: für Suppen; in Brot und Brötchen; für Müslis.

Weizenvollkornmehl
wird aus dem ganzen Weizenkorn gemahlen und enthält deshalb alle Nährstoffe des vollen Korns.
Verwendung: für Brote und herzhaftes Gebäck; zum Binden von Getreidemassen (z. B. Bratlingen).

Wirsing

Beliebte zarte Kopfkohlart, die je nach Sorte mehr oder weniger stark gekrauste Blätter und lockere, runde, ovale oder spitz zulaufende Köpfe ausbildet. Man unterscheidet frühe, mittelfrühe, Herbst- und Wintersorten; die frühen Sorten sind am zartesten. Im Gemüsefach des Kühlschranks bis zu 2 Wochen haltbar.
Verwendung: für Suppen und Eintöpfe; für Rouladen mit Getreidefüllung; als Rohkost eher ungeeignet.

Zucchini

Die gurkenähnlichen Früchte gehören zu den Kürbisgewächsen. Werden in unterschiedlichen Größen und Farben angeboten. Je kleiner Zucchini sind, desto besser schmecken sie. Halten sich bis zu 3 Wochen im Gemüsefach des Kühlschranks frisch.
Verwendung: zum Braten, Grillen, Füllen, Schmoren.

Zuckerschoten → Erbsen

Zwiebeln

Die aus Mittelasien stammende und zur Familie der Liliengewächse (Liliaceae) zählende Zwiebel ist aufgrund ihrer Schärfe Gewürz und Gemüse zugleich. Seit mehr als 5000 Jahren schätzt man zudem ihre Heilwirkung, etwa als natürliches Antibiotikum. Die Formenvielfalt der Speisezwiebel ist enorm, die Unterschiede liegen in der Größe, der Farbe, vor allem aber in der Schärfe.

Rote Zwiebeln werden aufgrund ihrer geringen Schärfe gern für Salate verwendet. Noch milder als diese sind die großen, teils über 200 g schweren, in Spanien kultivierten **Gemüsezwiebeln**, die sich mit ihrem mild-süßen Aroma hervorragend zum Füllen oder Schmoren eignen. Generell gilt: Kleine, dunklere Zwiebeln sind schärfer als große, helle Exemplare.

Verantwortlich für den mehr oder minder scharfen, beißenden Geschmack ist das ätherische Öl Allizin. Daneben enthalten Speisezwiebeln Eiweißstoffe, schwefel- und fluorhaltige Verbindungen sowie Kalzium, Karotin, Vitamine der B-Gruppe und Vitamin C.

Botanisch gesehen ist die Zwiebel ein unterirdischer Spross mit dicht übereinanderliegenden, fleischig verdickten Blättern, den Zwiebelschuppen, die von mehreren trockenen Häuten umhüllt werden. Als die feinste unter den Zwiebeln gilt die **Schalotte**. Sie findet vor allem in der gehobenen Küche Verwendung. Aufbewahren lassen sich alle Zwiebelarten, sofern die Hälse gut abgetrocknet sind, am besten in luftdurchlässigen Säcken oder Behältnissen, bei Raumtemperatur 2–3 Wochen, bei einer Temperatur von 1–2 °C etwa 6 Monate.

Küchenpraxis

von Artischocken bis Zwiebeln

Artischocken vorbereiten

Die noch geschlossenen Knospen eines Distelgewächses gedeihen in unterschiedlichen Größen und Farben (je nach Sorte) überwiegend in den Ländern rund ums Mittelmeer. Aufgrund unterschiedlicher Erntezeiten sind sie bei uns das ganze Jahr erhältlich. Angebotsschwerpunkte (und damit auch etwas günstigere Preise) gibt es im Spätherbst und Frühsommer.
Die Blütenkospen werden immer vor dem Aufblühen, also noch geschlossen, geerntet, um den feinen Geschmack der Artischocken zu gewährleisten. Bereits geöffnete Blütenknospen schmecken streng und faserig. Normalerweise werden nur der Blütenboden, auch Herz genannt, und die fleischigen Verdickungen der Hüllblätter zubereitet und verzehrt. Kleine Artischocken kann man jedoch im Ganzen zubereiten und beispielsweise füllen (Rezept siehe Seite 254).

Artischockenböden auslösen und garen

Um Artischockenböden auszulösen, bedarf es ein wenig Arbeit, denn dafür müssen zunächst Blätter und Heu entfernt werden, wie in der Bildfolge rechts gezeigt und beschrieben. Anschließend kann man die Artischockenböden garen und zum Beispiel mit Zitronenmayonnaise, Vinaigrette oder Sauce hollandaise als Vorspeise servieren.

Mit Frischkäsecreme füllen

Für eine besondere Vorspeise die zarten Böden beispielsweise mit einer pikanten Frischkäsecreme füllen, anschließend im Ofen überbacken und dann mit Salat servieren (siehe Bild unten links).

Für die Füllung 1 Tomate (ca. 150 g) häuten, entkernen und sehr fein würfeln. 200 g Doppelrahmfrischkäse mit 1 EL Milch glatt rühren; falls nötig, Semmelbrösel untermischen, bis die Masse die Form behält; mit Cayennepfeffer und Zitronensaft abschmecken. 1 EL sehr kleine Kapern (Nonpareilles) abspülen und trocken tupfen. Mit den Tomatenwürfeln unter die Käsemasse heben. Die Frischkäsemasse auf ca. 10 gegarte Artischockenböden spritzen. Mit Tomatenstreifen garnieren, mit Olivenöl beträufeln und mit Paprikapulver bestreuen. Die Artischockenböden 10–12 Minuten im 230 °C heißen Backofen goldgelb gratinieren.

Zuerst den Stiel aus der Artischocke brechen oder mit einem scharfen Messer abtrennen. Dabei lösen sich die harten Fasern.

Den Blütenboden sofort mit Zitronensaft einreiben, damit er sich nicht braun verfärbt. Statt Zitrone kann man auch Essig verwenden.

Sollen ausschließlich die Böden verarbeitet werden, zu zwei Drittel die Hüllblätter mit einem schweren, scharfen Messer abschneiden.

Schließlich mithilfe eines kleinen Gemüsemessers die noch verbliebenen Blattansätze und harten Stellen an der Unterseite entfernen.

Noch verbliebene Blattansätze mit einem kleinen Messer entfernen. Anschließend lässt sich das »Heu« aus der Mitte mit einem Kugelausstecher oder einem scharfkantigen Teelöffel herauslösen.

Artischockenböden in sprudelnd kochendem Zitronen- oder Essigwasser in 5–10 Minuten bissfest garen. Herausheben und abtropfen lassen.

Avocados vorbereiten

Das leicht nussige Aroma der reifen weichen birnen-, apfel- oder gurkenförmigen Früchte kommt am besten frisch zur Geltung (mit Lachs, Garnelen, Thunfisch, Schinken oder als Salat). Ganz kurz gegart, z. B. als Zutat in Cremesuppen, lassen sich Avocados ebenfalls köstlich zubereiten, ohne dass das empfindliche Aroma dabei zerstört wird.

Die geschälten Avocadohälften können je nach Rezept, und je nachdem wie weich sie sind, mit einer Gabel fein zerdrückt, mit dem Stabmixer püriert, aber auch in Würfel oder quer in Scheiben geschnitten werden. Wichtig ist, das zerkleinerte Fruchtfleisch mit Zitronensaft zu beträufeln, um eine Oxidation mit Luftsauerstoff zu verhindern, wodurch sich das Avocadofleisch verfärben würde. Eine Möglichkeit, den Verfärbungsprozess zu verlangsamen, besteht darin, den Avocadokern z. B. in die Creme zu stecken – der Kern enthält Enzyme mit antioxidativer Wirkung.

Die Avocado mit einem scharfen Messer rund um den Kern einschneiden.

Die Fruchthälften behutsam gegeneinander drehen, bis sich eine Hälfte abheben lässt.

Den Kern mithilfe eines spitzen Küchenmessers, wie im Bild gezeigt, herausnehmen.

Die Schnittflächen mit Zitronen- oder Limettensaft bepinseln, damit sie sich nicht verfärben.

Ist das Fruchtfleisch sehr weich, lässt es sich mit einem Löffel leicht aus der Schale heben.

Von festeren Avocados kann man die Schale nach Belieben auch mit einem Sparschäler entfernen.

Blumenkohl und Brokkoli vorbereiten

Blumenkohl Der helle Kohlkopf kann im Ganzen oder in Röschen geteilt zubereitet werden. Stammt er aus Unterglasanbau, genügt es, ihn kurz zu waschen, stammt er dagegen aus dem Freiland, sollte man ihn vor der Zubereitung mit dem Kopf nach unten für etwa 15 Minuten in kaltes Essigwasser legen. Auf diese Weise werden sämtliche eventuell im Kohlkopf versteckten Insekten entfernt. Anschließend den Blumenkohl vorbereiten, wie unten in der oberen Bildfolge gezeigt.

Brokkoli Im Gegensatz zu Blumenkohl bildet Brokkoli keinen geschlossenen Blütenkopf aus, sondern grün bis bläulich schimmernde Blütenknospen (es gibt auch violette Sorten), die auf den fleischigen Stielen und etlichen Seitentrieben sitzen. Zubereitung siehe Bildfolge unten.

Nach dem ersten Schnitt lassen sich die Hüllblätter vom Blumenkohl leicht ablösen.

Den Strunk kreuzweise einschneiden und den Kopf im Ganzen garen. Für Röschen den Ansatz abtrennen.

Röschen abbrechen und gründlich waschen. Dann nach Rezept weiterverarbeiten.

Von Brokkoli das untere Strunkende, dann die kleinen Seitentriebe abschneiden.

Die Brokkolistängel dünn schälen und anschließend mit den Blättern in Stücke hacken.

Stängel kurz in Salzwasser kochen, dann die Röschen und zuletzt die Blättchen zugeben.

Eier zubereiten

Schwimmtest

Sinkt ein Ei in einem Glas mit 10%iger Kochsalzlösung (10 g Salz auf 100 ml Wasser) zu Boden, ist es frisch.

Bei einem etwa 7 Tage alten Ei ist die Luftkammer schon größer, deshalb richtet sich das Ei mit dem stumpfen Ende auf.

Beim vollständig schwimmenden Ei ist die Luftkammer noch größer – das bedeutet: Es kann schon mehrere Monate alt sein.

Eier trennen

Das Ei an einer scharfen Kante aufschlagen und mit dem Daumen aufbrechen. Einen Teil des Eiklars herauslaufen lassen.

Den Dotter mehrmals von einer Schalenhälfte in die andere gleiten lassen. Die Dottermembran dabei nicht verletzen.

Zuletzt die Hagelschnüre mit den Fingern entfernen, den Dotter in eine separate Schüssel gleiten lassen. Eventuell kühl stellen.

Eier pochieren

1 l Wasser mit 50 ml Essig in einem flachen Topf bis kurz vor dem Siedepunkt erhitzen. Ein Ei in eine Tasse aufschlagen. Eine Schöpfkelle in das Essigwasser tauchen und das Ei hineingleiten lassen; es behält so seine Form.

Das Ei in 3–4 Minuten im Essigwasser gar ziehen lassen (pochieren). Anschließend mit der Schaumkelle herausheben und in lauwarmes Salzwasser legen, damit es die gewünschte Konsistenz behält.

Vor dem Servieren ungleichmäßige Ränder und Eiweißfäden mit einem Messer oder der Küchenschere abschneiden. Die Eier in heißem, leicht gesalzenem Wasser erwärmen bzw. warm halten.

Rührei zubereiten

Für eine Portion Rührei 2–3 Eier in eine Schüssel aufschlagen; mit 2 EL Sahne oder Crème fraîche leicht verquirlen. Mit Salz und Muskatnuss würzen.

In einer beschichteten Pfanne 1 TL Butter bei schwacher Hitze zerlassen. Die Eiermasse hineingießen und bei schwacher Hitze unter gelegentlichem Rühren stocken lassen.

Das fertige Rührei auf einen Teller geben, mit Schnittlauch bestreuen und nach Belieben mit Bauernbrot servieren.

Eier zubereiten

Omelett backen

Ein perfektes Omelett sollte außen fest und innen noch cremig und feucht sein. Oft werden Omeletts mit unterschiedlichsten Füllungen zubereitet – sowohl süßen als auch herzhaften. Man kann die Omelettmasse vor dem Backen auch mit geriebenem Käse, fein gewürfeltem Gemüse oder gehackten Kräutern würzen.

Grundrezept

3 Eier
Salz
frisch geriebene Muskatnuss
10 g Butter

Die Eier mit Salz und Muskat nur leicht verquirlen; wie in der Bildfolge unten gezeigt, in Butter ausbacken. Die angegebenen Mengen reichen für 1 Omelett.

Füllungen

Gebratene Pilze, geraspelter Käse, gewürfeltes und gedünstetes Gemüse, frische Tomatenwürfel mit Basilikum, eine Sprossenmischung und anderes bietet sich als Füllung für ein Omelett an. Entscheidend ist, dass die Füllung nicht zu feucht ist, damit das Omelett nicht durchweicht. Das fertige Omelett sofort servieren.

Eier in eine Schüssel aufschlagen und mit Salz und Muskat verquirlen. Die Butter in einer beschichteten Pfanne zerlassen, die Eimasse hineingießen.

Die Eimasse in der Pfanne mit einer Gabel vorsichtig rühren, bis die Eier zu stocken beginnen – die Bodenschicht dabei nicht verletzen.

Die Pfanne etwas schräg halten, damit das Omelett an den Rand rutscht, und mithilfe der Gabel in der Mitte zusammenklappen.

Das Omelett aus der Pfanne auf einen Teller gleiten lassen und servieren.

Crêpes backen

Die superdünnen Pfannkuchen eignen sich als Hülle für süße und pikante Füllungen. Man kann sie mit einer Füllung in eine Form schichten und das Ganze überbacken, oder man rollt oder faltet die Crêpes mit der Füllung zusammen. Das folgende Grundrezept reicht für 14–16 Crêpes.

Grundrezept

125 g Mehl
175 ml Milch, 75 ml Wasser (eventuell mehr)
1 Prise Salz, 1 EL Zucker
3 Eier, 30 g zerlassene Butter
geklärte Butter oder Butterschmalz zum Ausbacken

Das Mehl in eine Schüssel sieben. Die Milch mit dem Wasser mischen; mit einem Schneebesen unter das Mehl rühren. Salz, Zucker, Eier und Butter zufügen und alles verrühren (siehe 1. Bild unten). Den Teig 1 Stunde zugedeckt quellen lassen. Anschließend aus dem Teig nacheinander Crêpes backen, wie im 2. bis 4. Bild unten gezeigt. Fertig gebackene Crêpes übereinanderschichten und im 80 °C heißen Backofen warm halten.

Salz, Zucker, Eier und zerlassene Butter in die Schüssel zur Mehlmischung geben und alles zu einem glatten Teig verrühren.

Den Pfannenboden dünn mit geklärter Butter oder Butterschmalz benetzen. Am besten geht das mit einem Pinsel.

Etwas Teig in die Pfanne geben. Die Pfanne schwenken, um den Teig darin gleichmäßig und hauchdünn zu verteilen.

Die Crêpe mit einer Palette wenden oder aber durch einen eleganten Schwung mit der Pfanne in der Luft umdrehen.

Eier zubereiten

Eierguss herstellen

Ein Eierguss ist eine Sauce für süße und pikante Quiches und Tartes sowie Aufläufe und Gratins. Er stockt während des Backens im Ofen.

Die Zutaten

Grundsätzlich besteht ein Eierguss aus Eiern und Milch oder süßer oder saurer Sahne. Mit Gewürzen und/oder anderen würzenden Zutaten (z. B. geraspeltem Käse, gehackten Kräutern oder Gemüsejuliennes) lässt sich ein Eierguss aromatisieren. Die einfachste Variante besteht aus Eiern, Sahne, Salz, Pfeffer und Muskatnuss. Die Mengen im Grundrezept reichen für eine große pikante Torte oder für 4 Tarteletts.

Grundrezept

2 Eier
250 g Sahne
Salz, frisch gemahlener weißer Pfeffer
frisch geriebene Muskatnuss

Die Eier mit der Sahne in einem Rührbecher gründlich verquirlen. Die Eiersahne anschließend mit Salz, Pfeffer und Muskat würzen. Gleichmäßig über die vorbereiteten Zutaten in der Form gießen und den Kuchen nach Rezept backen.

Tipps Den Basis-Eierguss können Sie nach Belieben abwandeln, indem Sie die Sahne ganz oder teilweise durch Crème fraîche, saure Sahne oder Schmand ersetzen und die Mischung statt mit Muskatnuss mit edelsüßem Paprikapulver würzen. Durch Currypulver erhält der Guss eine asiatische Geschmacksnote, und geriebener Käse verleiht ihm mehr Würze.
Zucker und Zimt sind beliebte Gewürze für einen süßen Eierguss, wie er beispielsweise für Apfelkuchen verwendet wird. Wer mag, kann die Eier trennen, die Eiweiße anschließend steif schlagen und zum Schluss unter den Eierguss heben; so wird der Guss besonders locker.

Die Eier in eine Schüssel aufschlagen und mit der Sahne mit einem Schneebesen verquirlen.

Die Eiersahne mit Salz, Pfeffer und frisch geriebener Muskatnuss würzen.

Die Eiersahne gleichmäßig über die Zutaten in den Formen gießen; sofort backen.

Gemüse garen

Auf welche Weise Gemüse gegart wird, hängt von dessen Struktur und Konsistenz ab, aber auch vom persönlichen Geschmack. Grundsätzlich lässt sich Gemüse in reichlich Wasser kochen, dünsten, schmoren, blanchieren oder dämpfen, aber auch im Backofen rösten (siehe Seite 118).

In Wasser kochen

Ungeschälte feste ganze Knollen wie Pellkartoffeln oder Rote Bete kocht man am besten in reichlich sprudelndem Wasser gar. Weil die Knollen ungeschält sind, gelangen nicht zu viele Nährstoffe in das Kochwasser, das zum Schluss abgegossen wird. Das Kochwasser von zerkleinertem Gemüse sollte nach Möglichkeit weiterverwendet werden, z. B. für die Zubereitung einer Sauce (Ausnahmen: Spinat, Mangold).

Dünsten & Schmoren

Werden zarte Gemüsesorten in kurzer Zeit in wenig Fett oder Flüssigkeit gegart, handelt es sich um Dünsten. Feste Gemüsesorten wie Möhren benötigen längere Zeit, um weich zu werden. Sie schmoren im geschlossenen Topf nach kurzem Anbraten in Flüssigkeit. Dafür etwa 1 cm hoch Wasser oder Gemüsebrühe mit etwas Öl oder Butter in einem breiten flachen Topf erhitzen; Gemüse hineingeben und bei schwacher Hitze zugedeckt schmoren. Bei dieser Garmethode entwickelt sich ein besonders gutes Aroma.

Dämpfen

Das Gemüse gart in einem Siebeinsatz oder Dämpfkorb im Wasserdampf, ohne mit dem Wasser in Berührung zu kommen. So behält es fast alle wertvollen Inhaltsstoffe sowie Farbe, Form und Eigengeschmack. Wichtig: Topf während des Garens nicht öffnen, damit der Dampf nicht entweicht. Beim sog. Aromadämpfen werden zusätzlich Kräuter, Gewürze oder Wein ins Wasser gegeben.

Blanchieren

Soll Gemüse nur vorgegart oder eingefroren werden, bietet sich als Garmethode das Blanchieren an. Dadurch werden Enzyme zerstört, die z. B. Farbveränderungen verursachen.

Die besten Garmethoden

Kochen in viel Wasser Festes Knollen- und Wurzelgemüse (z. B. Kartoffeln) kann man in der Schale in reichlich sprudelnd kochendem Wasser weich garen.

Vor dem Abgießen des Gemüses mit einer Messerspitze prüfen, ob die Knollen weich genug gegart sind. Falls nötig, die Kochzeit verlängern.

Schmoren Das Gemüse in Öl oder Butter anbraten, dann mit Flüssigkeit (z. B. Wasser, Brühe, Wein) ablöschen. Zugedeckt bei schwacher Hitze garen.

Am Ende der Garzeit sollen die Möhren weich und aromatisch sein. Die Flüssigkeit kann, ganz nach Geschmack, fast eingekocht sein.

Zum Blanchieren das vorbereitete Gemüse in sprudelnd kochendes Wasser geben. Je nach Sorte nur einige Sekunden oder wenige Minuten darin kochen.

Das vorgegarte Gemüse mit einem Schaumlöffel aus dem heißen Wasser heben, kurz in Eiswasser abschrecken und anschließend abtropfen lassen.

Zum Dämpfen das Gemüse putzen, waschen und, falls gewünscht, zerkleinern. Danach in einen Dämpf- bzw. Siebeinsatz geben.

Den Boden des Dämpftopfes einige Millimeter mit Flüssigkeit bedecken. Den gefüllten Einsatz daraufsetzen, den Topf fest verschließen und die Flüssigkeit aufkochen, damit sich Dampf entwickeln kann.

Gemüse garen

Glasieren

20 g Butter in einem Topf zerlassen, 1 EL Zucker und 1 Prise Salz zufügen. 500 g geschälte junge Möhren (etwas Grün soll noch daran sein) unter Wenden in der gewürzten Butter andünsten.

125 ml Gemüsefond zugießen und alles im offenen Topf köcheln lassen, bis die Flüssigkeit verdampft ist und das Gemüse glänzt. Mit Petersilie bestreuen und servieren.

Im Backofen rösten

Eine Garmethode, die ganz ohne Flüssigkeit auskommt und bei der sich köstliche Röststoffe entwickeln. Dafür vorbereitetes zerkleinertes Gemüse in einer Schicht in dem tiefen Backblech verteilen.

Das Gemüse großzügig mit Olivenöl beträufeln und mit Salz und Pfeffer bestreuen. Kräuterzweige (Rosmarin, Thymian, Oregano) darauflegen. Gemüse bei 150 °C im Ofen mindestens 1 Stunde rösten; falls nötig, vor Ende der Garzeit mit Alufolie bedecken.

Gemüse vorbereiten

Knollensellerie

Knollensellerie mit einer Bürste unter fließendem Wasser gründlich waschen. Falls viel Erde anhaftet, den Sellerie für kurze Zeit ins Wasser legen.

Kleinere Knollen im Ganzen mit einem scharfen Messer in dicken Streifen abschälen. Große Exemplare vorher vierteln oder in Scheiben schneiden.

Kohlrabi

Vom Kohlrabi zuerst die Blattstiele abschneiden. Die zarten Blättchen eventuell zum Würzen oder Dekorieren verwenden.

Bei sehr jungen Exemplaren die Haut einfach abziehen. Dabei immer vom Blattansatz ausgehen. Größere Knollen sollte man besser schälen.

Stielmangold

Vom Stielmangold zuerst den Wurzelansatz mit einem großen scharfen Messer gerade abschneiden.

Einzelne Blätter flach auf eine Arbeitsfläche legen und den hellen Stiel mitsamt der Blattrippe herausschneiden.

Den Mangoldstiel quer einschneiden, dann lässt sich die zarte Schale in Richtung Wurzelansatz leicht abziehen.

Schwarzwurzeln

Schwarzwurzeln einzeln mit einer Gemüsebürste unter fließend kaltem Wasser gründlich säubern.

Die Stangen mit einem Sparschäler schälen. Dabei die braunschwarze Schale von den Enden zur Spitze hin dünn abschälen.

Die in Stücke geschnittenen Schwarzwurzeln sofort nach dem Schälen in mit Mehl und Essig versetztes Wasser legen, damit sie sich nicht verfärben.

Gemüse schneiden

Grob oder fein schneiden, hacken, würfeln oder tournieren – wer Gemüse in die richtige Form bringen möchte, muss wissen, wozu es verwendet werden soll. Feine Würfel werden etwa für Saucen oder Schmorgerichte gebraucht, tourniertes Gemüse dagegen normalerweise als Beilage. Kohl und Wirsing schneidet man meist in Streifen. Und mit dem so genannten Rollschnitt, wie er aus den asiatischen Küchen bekannt ist, bekommt man ideale Stücke für das Braten im Wok. Wichtig dabei ist, dass alle Gemüsestücke gleichmäßig groß sind, damit sie gleichzeitig gar werden.
Für Mirepoix oder Soffritto – die klassische Gemüsemischung aus der französischen Küche und ihr italienisches Gegenstück – wird Wurzelgemüse in kleine bis sehr kleine Würfel geschnitten.

Grob geschnittenes Gemüse eignet sich dagegen beispielsweise als Einlage für deftige Suppen oder herzhafte Eintöpfe.
Am besten sollte Gemüse erst kurz vor der Verwendung zerkleinert werden, damit möglichst wenig wertvolle Inhaltsstoffe verloren gehen. Falls es unvermeidlich ist, Gemüse im Voraus zu zerkleinern, empfiehlt es sich, das Gemüse mit Folie zu bedecken und kühl zu stellen.

Gemüse tournieren

Beim Tournieren bringt man Wurzel-, Knollen- oder Fruchtgemüse in gefällige Formen, so dass sie auch als Dekoration dienen können. Dabei anfallende Reste können für Füllungen, Pürees, Cremesuppen oder für eine bunte Gemüsebeilage weiterverwendet werden.

Viel Spezialwerkzeug benötigen Sie nicht: Ein Buntmesser erzeugt schon beim In-Scheiben-Schneiden ein schönes Rillenmuster. Für Kugeln gibt es einen speziellen Kugel- oder Melonenausstecher, und für die meisten anderen Formen reicht ein kleines Küchenmesser mit scharfer, leicht gebogener Klinge, auch Tourniermesser genannt.

Möhren würfeln Dafür die Möhren mit einem scharfen Messer zuerst längs in dünne Scheiben schneiden.

Die Scheiben übereinander legen und der Länge nach in Streifen oder Julienne, wie der Fachmann sagt, schneiden.

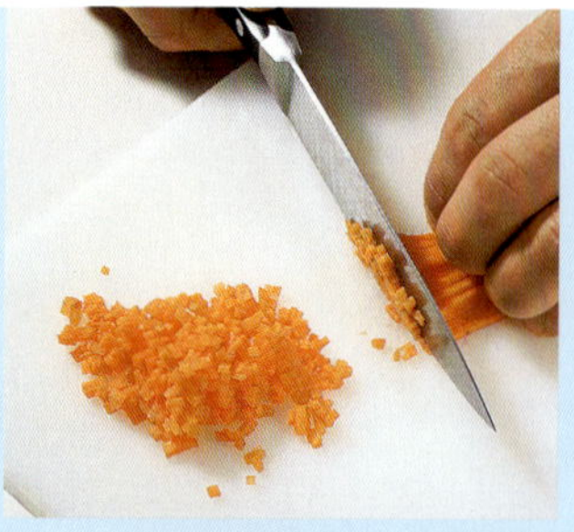

Die Streifen quer in feine Würfel schneiden, wie man sie zum Beispiel für Saucen oder Mirepoix benötigt.

Tournieren Große Gemüsestücke zunächst grob zurechtschneiden, zum Beispiel vierteln.

Die Viertel mit einem Tourniermesser oval zuschneiden, zum Ende hin spitz zulaufen lassen.

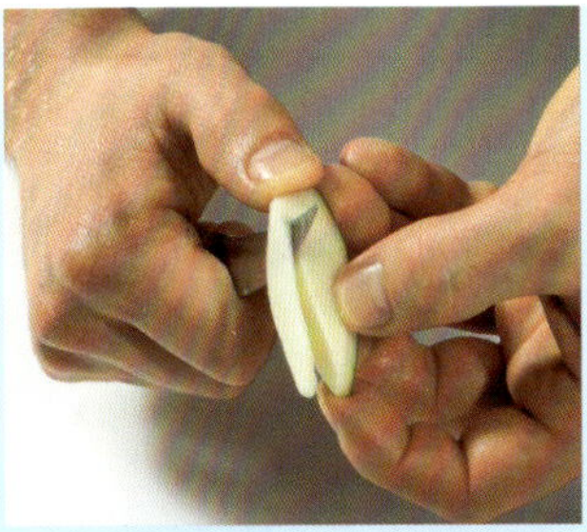

Fruchtfleischstücke auf den Innenseiten beidseitig etwas abflachen, damit sie gleichmäßig garen.

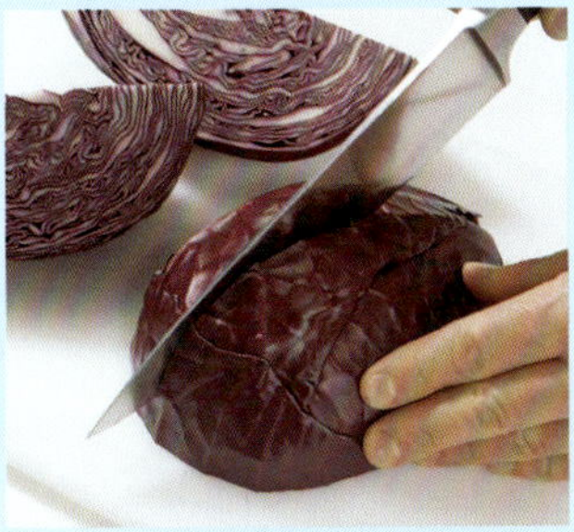

Rotkohl schneiden Außenblätter entfernen und den Rotkohl mit einem großen Messer vierteln.

Den Strunk mit einem schweren Messer großzügig keilförmig aus den Kohlvierteln schneiden.

Die Viertel quer in dünne Scheiben schneiden; sie zerfallen dabei von selbst in Streifen.

Runde Gemüse wie Mairüben, Rote Bete oder Kohlrabi in gleichmäßig große Viertel, Achtel oder Spalten schneiden.

Rollschnitt Längliche Gemüse schräg in Stücke schneiden, dabei nach jedem Schnitt um ein Viertel drehen.

Rillenmuster Mit dem Buntmesser bekommen Gemüsescheiben (z. B. Zucchini, Gurken, Möhren) ein dekoratives Muster.

Gemüsebrühe oder -fond kochen

Fonds und Brühen sind Grundlage vieler Saucen und Suppen in der vegetarischen Küche. Gemüsefond ist leicht, schmeckt aromatisch und ist fettarm. Gemüsebrühe ist ebenfalls leicht und fettarm, aber nicht ganz so geschmacksintensiv wie Gemüsefond. Verzichtet man auf das Reduzieren in Schritt 3 des folgenden Grundrezepts erhält man eine Brühe.
Um stets einen Vorrat an Gemüsebrühe oder -fond zu haben, sollten Sie am besten gleich eine größere Menge davon kochen und die nicht sofort benötigte Menge in kleinen Portionen (z. B. in Joghurtbechern) einfrieren.
Da Gemüsebrühe und -fond sehr wenig Fett enthalten, können sie bis zu einem Jahr im Tiefkühlgerät gelagert werden. Salzen sollte man grundsätzlich erst nach dem Auftauen und bei der Weiterverarbeitung.

Grundrezept

Ergibt 1,5–2 Liter
2 Gemüsezwiebeln
20 g Butter
100 g Brokkolistiele
250 g Lauch
300 g Möhren
200 g Stangensellerie
150 g Zucchini
250 ml Weißwein
je 1 Zweig Thymian und Rosmarin
1 Lorbeerblatt
½ Knoblauchzehe
1 Gewürznelke
½ gebräunte Zwiebel

1 Die Gemüsezwiebeln schälen und in grobe Ringe schneiden. Die Butter in einem großen Topf zerlassen und die Zwiebelringe darin hell andünsten.

2 Brokkolistiele, Lauch, Möhren, Stangensellerie und Zucchini waschen und klein schneiden. Das Gemüse zu den Zwiebeln geben und kurz mitdünsten. Den Fond weiterbearbeiten, wie in der Bildfolge unten beschrieben und gezeigt.

3 Die Gemüsebrühe aus dem Topf durch ein sauberes Tuch in einen zweiten Topf gießen, um eine klare Brühe zu erhalten. Die Brühe aufkochen lassen und bis auf 1,5 l reduzieren, um einen Fond zu erhalten.

Für Gemüsebrühe bzw. -fond die Gemüsemischung mit dem Weißwein sowie 3 l Wasser ablöschen.

Kräuter, Gewürze und gebräunte Zwiebel zufügen und alles bei mittlerer Hitze erhitzen.

Diese Mischung 30–40 Minuten köcheln lassen, dabei mehrmals den Schaum abnehmen.

Getreide zubereiten

Zum Getreide zählen nicht nur Weizen, Roggen, Gerste, Hafer, Reis und Mais, sondern auch die so genannten Pseudozerealien. Darunter versteht man stärke- und eiweißreiche Pflanzensamen, die in verschiedenen Regionen der Welt wie Getreide verwendet werden, beispielsweise Quinoa, Amarant und Buchweizen.

Getreide garen

Auf welche Weise Getreide gegart wird, hängt von seiner Verarbeitungsform ab. Die Körner mancher Getreidesorten (z. B. Roggen) müssen vor dem Garen in Wasser über Nacht eingeweicht und am nächsten Tag in etwa 30 Minuten gegart werden, wie in den Bildern links und Mitte unten gezeigt. Anschließend kann man die Körner als Beilage servieren (Bild rechts unten) oder als Basis für Füllungen oder Aufläufe weiterverwenden. Andere Körner, wie beispielsweise Hirse und Reis, garen dagegen in der doppelten Menge Flüssigkeit (Hirse: 20 Minuten; Naturreis: 40–50 Minuten). Geschrotetes Getreide, wie Grünkernschrot und auch Bulgur, braucht üblicherweise nur einmal in der doppelten Menge Flüssigkeit aufgekocht zu werden, um dann auszuquellen. Auch diese Getreidezubereitung kann als Beilage oder als Grundlage für weitere Gerichte, wie in der Bildfolge auf Seite 127 unten gezeigt, verwendet werden. Besonders schnell ist Grieß (z. B. Couscous oder Polenta) gegart. Beides gart bzw. quillt in nur wenigen Minuten in kochend heißem Wasser auf. Couscous muss anschließend noch mit einer Gabel aufgelockert werden. (Polentazubereitung siehe Seite 140–141.)

Tipps Garen Sie Getreide bzw. Getreideprodukte in Gemüsebrühe oder in einer Wein-Wasser-Mischung, statt nur in Wasser. Wenn Sie ein Getreide durch ein anderes ersetzen, die Garzeiten beachten. (Hirse kann z. B. statt Reis verwendet werden.)

Roggenkörner garen

Roggenkörner in einen Topf füllen, mit der doppelten Menge Wasser übergießen und über Nacht einweichen.

Am nächsten Tag die Körner im Einweichwasser aufkochen und zugedeckt bei schwacher Hitze in etwa 30 Minuten weich kochen.

Die Getreidekörner mit Salz und Pfeffer würzen, gehackte Petersilie und etwas Butter untermischen; als Beilage servieren.

Couscous garen

400 ml Wasser mit Salz oder Gemüsebrühe in einem Topf aufkochen. Topf vom Herd nehmen, 200 g Couscous in die Flüssigkeit rühren. 2–5 Minuten quellen lassen. Wichtig: Packungsangabe für Mengen und Zeit beachten.

Den aufgequollenen Couscous mit einer Gabel auflockern. Damit er nicht zusammenklebt, etwas Butter untermischen. Nach Belieben gehackte Petersilie oder Minze unter den Couscous rühren. Als Beilage servieren.

Für einen Salat den Couscous abkühlen lassen, zwischendurch immer wieder mit einer Gabel auflockern. Weitere Zutaten nach Rezept untermischen (siehe Seite 166, Bulgursalat; Couscous statt Bulgur verwenden).

Grünkernfrikadellen zubereiten

Je 1 gewürfelte Zwiebel, Lauchstange und Möhre 5 Minuten in Butter dünsten. 450 ml Gemüsebrühe zugießen und aufkochen.

275 g Grünkernschrot in die kochende Brühe rieseln lassen; so lange rühren, bis der Brei einmal aufkocht. Vom Herd nehmen.

Brei abkühlen lassen. 2 EL gehackte Petersilie, 2 Eier (S), Pfeffer und Salz untermischen. Frikadellen formen und braten.

Hülsenfrüchte zubereiten

Generell unterscheidet man zwischen frischen und getrockneten Hülsenfrüchten. Zu den frischen gehören sämtliche grüne Bohnen (Stangen-, Busch-, Spargel- und Dicke Bohnen) sowie Mark- und Schälerbsen und Zuckerschoten. Es gibt unterschiedlichste Sorten getrockneter Hülsenfrüchte (Bohnen, Erbsen, Linsen).

Hülsenfrüchte garen

Frische Hülsenfrüchte muss man lediglich putzen (siehe Seite 130/131), bevor sie gekocht werden, getrocknete müssen dagegen vor dem Kochen eingeweicht werden, wie in der Bildfolge unten beschrieben. Eine Ausnahme bilden Linsen. Sie benötigen keine Einweichzeit und garen in kurzer Zeit. Bei großen Tellerlinsen kann das Einweichen die Garzeit auf wenige Minuten senken. Eingeweichte Hülsenfrüchte können in frischem Wasser oder im Einweichwasser mit Kräutern (z. B. Rosmarin) gegart werden, wie im Bild rechts gezeigt. Das Einweichwasser enthält einen Teil der Substanzen, die bei Menschen, die nur selten Hülsenfrüchte essen, zu Blähungen führen können (allerdings enthält es auch wertvolle Inhaltsstoffe). Die Garzeit von Hülsenfrüchten hängt von ihrer Größe, aber auch von ihrem Alter ab – je älter sie sind, desto mehr Zeit benötigen sie, bis sie weich sind. Auch Salz beeinflusst den Garprozess: in Salzwasdauert es etwas länger, bis Hülsenfrüchte ganz weich sind. Deshalb sollte man sie erst nach dem Garen salzen.

Tipp Hülsenfrüchte enthalten Substanzen mit für Menschen giftigen Wirkungen. Durch hinreichendes Kochen können diese unschädlich gemacht werden. Experten empfehlen Kochzeiten bis zu 15 Minuten. Frische Hülsenfrüchte sollten zumindest blanchiert werden, um die Giftstoffe zu inaktivieren. Roh sind Hülsenfrüchte, wenn sie in größeren Mengen und häufig gegessen werden, gesundheitsschädlich.

Getrocknete Hülsenfrüchte einweichen

Getrocknete Bohnen und Erbsen vor dem Garen in eine Schüssel füllen, mit kaltem Wasser bedecken und einweichen.

Die Hülsenfrüchte am nächsten Tag oder nach 8–12 Stunden in ein Sieb abgießen, das Einweichwasser wegschütten (siehe oben).

Lange genug eigeweicht und somit kochfertig sind Hülsenfrüchte, wenn sich ihr Volumen verdoppelt oder verdreifacht hat.

Hülsenfrüchte zubereiten

Grüne Bohnen vorbereiten

Beim Putzen von grünen Bohnen fällt kaum Abfall an, solange das Gemüse noch jung und zart ist. Es genügt, die Enden abzuknipsen. Besonders schnell gelingt dies, indem man eine Handvoll Bohnen mit den Spitzen nach oben umfasst, alle auf die gleiche Höhe bringt und die Spitzen mit einer Küchenschere auf einmal abschneidet.

Ältere Bohnen, also Bohnen, die später geerntet werden, haben eventuell zähe Fäden, die vor der weiteren Zubereitung der Bohnen abgezogen werden müssen. Nicht alle Bohnensorten weisen Fäden auf.

Frische Erbsen vorbereiten

Frische Erbsenschoten an der Nahtstelle öffnen und die Erbsen herauslösen. In der Fachsprache heißt dies »auspalen«.

Die Erbsen in sprudelnd kochendes Wasser geben und darin 2 Minuten kochen. In ein Sieb schütten und in Eiswasser abschrecken. Anschließend nach Rezept weiterverarbeiten.

Exotische Hülsenfrüchte: Okraschoten

Die grünen Schoten sind in Äthiopien beheimatet und zählen zu den ältesten Gemüsesorten der Welt. Mittlerweile sind sie vor allem in Afrika, aber auch in Indien, Thailand, Amerika, im Orient und in den Mittelmeerländern ein geschätztes Gemüse. Okras werden unreif geernetet, solange sie noch grün, zart und saftig sind. Ausgewachsen verlieren die Schoten an Farbe, Geschmack und Vitaminen. Achten Sie beim Kauf auf unbeschädigte und grüne Schoten, die Sie 2–3 Tage kühl aufbewahren können. (Das Gemüsefach des Kühlschranks kann bereits zu kalt sein.)
Okras können roh als Salat, vor allem in Kombination mit Tomaten, zubereitet werden. Meist werden sie jedoch gedünstet oder gekocht und als Gemüse oder Eintopf serviert.
Damit die Schoten während des Garens keinen Schleim absondern, sollten sie wie unten in der Bildfolge beschrieben vorbereitet werden.
Die relativ geschmacksneutralen Okraschoten vertragen Gewürze wie Knoblauch, Pfeffer, Chili, Zitronenschale bzw. -saft sowie Koriander und Curry.

Okra mit Tomaten

500 g Okraschoten
20 g Butter, 1 Schalotte
Salz, frisch gemahlener Pfeffer
80 ml Gemüsefond
250 g Kirschtomaten, gehäutet und halbiert
Majoran zum Bestreuen

Okras wie unten beschrieben vorbereiten. Butter in einem Topf zerlassen, Schalottenwürfel darin glasig dünsten. Okras mitdünsten; Gemüse salzen und pfeffern, Fond zugießen. 6–8 Minuten dünsten. 2 Minuten vor Ende der Garzeit die Tomaten untermischen. Gericht mit Majoran bestreuen.

Okraschoten vorbereiten

Okraschoten mit einem kleinen Küchenmesser am Stielansatz bleistiftartig zuschneiden, ohne die Schoten dabei zu verletzen.

So zugespitzt bleibt die Okraschote geschlossen. Bei einem geraden Schnitt würde die im Inneren enthaltene schleimige Flüssigkeit austreten.

Die vorbereiteten Okraschoten bis zur Weiterverwendung in mit Zitronensaft versetztes Wasser legen, um ein Aufplatzen während des Kochens zu verhindern.

Kartoffeln vorbereiten

Wie alle stärkehaltigen Gemüsesorten eignen sich Kartoffeln hervorragend zum Braten und Frittieren.
In der Schale gegart sind sie als Pellkartoffeln hoch geschätzt. Dafür müssen die möglichst kleinen und gleichmäßig großen Knollen vor dem Garen gründlich mit einer Gemüsebürste unter fließendem Wasser gereinigt werden.

Sollen die Kartoffeln für Salzkartoffeln oder zum Frittieren oder Braten vorbereitet werden, ist das Waschen und Schälen der erste Schritt, wie in den ersten drei Bildern unten gezeigt. Anschließend können die Knollen je nach weiterem Verwendungszweck zerkleinert werden.

Tipp Wählen Sie Kartoffeln dem Verwendungszweck entsprechend (siehe Seite 43–45). Festkochende Sorten eignen sich z. B. gut für Salate, Bratkartoffeln und Aufläufe. Vorwiegend festkochende Sorten sind als Kartoffelbeilage für Gerichte mit viel Sauce empfehlenswert (als Salz-, Pell- oder Bratkartoffeln). Für Suppen und Beilagen wie Pürees, Klöße, Kartoffelpuffer oder Rösti sollten Sie stärkereiche, mehligkochende Kartoffeln verwenden.

Kartoffeln entweder vorher waschen, und dann schälen, oder unter fließendem Wasser schälen

Kartoffelaugen lassen sich am besten mit dem am Sparschäler sitzenden Dorn entfernen.

Die geschälten Kartoffeln bis zur Verwendung in Wasser legen, damit sie sich nicht verfärben.

Für Pommes allumettes mehligkochende Kartoffeln am besten auf der Mandoline in streichholzdicke Stifte schneiden.

Für Pommes frites mehligkochende Kartoffeln in dicke Stifte schneiden – per Hand oder ebenfalls auf der Mandoline.

Für ein Gratin festkochende Kartoffeln auf dem Gemüsehobel oder mit einem schweren Messer in dünne Scheiben schneiden.

Kartoffelpüree zubereiten

Ein luftiges Kartoffelpüree bildet nicht nur eine ausgezeichnete Beilage zu Getreidefrikadellen, sondern eignet sich auch als Haube für einen saftigen Auflauf.

Grundrezept

700 g mehligkochende Kartoffeln
Salz, je 100 ml Milch und Sahne
40 g Butter, gemahlener Pfeffer
frisch geriebene Muskatnuss

1 Die Kartoffeln waschen, schälen und halbieren. In sprudelnd kochendem Salzwasser in etwa 20 Minuten weich kochen.

2 Die Knollen abgießen und ausdampfen lassen, dann weiterverfahren, wie im ersten Bild unten gezeigt.

3 Die Milch mit der Sahne schwach erhitzen und die Butter darin zerlassen. Die Mischung mit Salz, Pfeffer und Muskatnuss würzen.

4 Das Püree fertigstellen, wie in den letzten 3 Bildern der Bildfolge unten beschrieben. Es soll locker und cremig sein.

Tipp Das Püree mit Kräutern oder geriebenem Käse würzen oder mit Möhrenpüree färben.

Die weich gekochten und gut abgedämpften Kartoffeln mit dem Stampfer zerdrücken.

Die Milchmischung vorsichtig mit einem Schneebesen unter die Kartoffelmasse ziehen.

Das Püree kräftig durchschlagen, aber auch nicht zu kräftig, damit es nicht zäh wird.

Kartoffelpüree ist perfekt, wenn es locker und cremig, aber nicht zu fein in der Konsistenz ist.

Kürbis vorbereiten

Ist bei uns von Kürbissen die Rede, versteht man darunter meist die Winter-, Speise- oder Riesenkürbisse, die bis zu 75 kg schwer werden können und im Herbst auf unseren Märkten angeboten werden.
Ein Qualitätsmerkmal für Winterkürbisse ist der verholzte Stiel. Er deutet darauf hin, dass der Kürbis nicht zu früh geerntet wurde und deshalb lange haltbar ist. Darüber hinaus weist eine glatte, saubere Schale ohne Flecken auf gute Qualität hin. Das gelbe bis gelborange, weiche und faserige Kürbisfruchtfleisch ist äußerst vielseitig verwendbar – ob gekocht und zu Püree verarbeitet (siehe Seite 135), gedünstet, geschmort oder gebacken (Rezepte siehe u. a. auf den Seiten 162, 200, 226, 262, 287, 324). Als süßsauer eingelegte Beilage und als Kompott wird Kürbis seit jeher in unseren Breitengraden geschätzt. Kürbisfruchtfleisch kann gut mit Möhren und Kartoffeln kombiniert werden. Eine asiatische Note erhält es durch die Zugabe von Kokos und/oder Currypulver.

Einen ganzen Kürbis mit einem langen scharfen Messer zunächst halbieren, dann in Spalten teilen.

Mit einem scharfkantigen Löffel das faserige Innere mitsamt den darin befindlichen Kernen entfernen.

Zum Schluss die Schale mit einem kleinen scharfen Messer von den Spalten abschälen.

Kürbispüree zubereiten

Das aromatische orangefarbene Püree bietet sich als köstliche Vorspeise oder als Beilage zu anderem Gemüse oder Getreidegerichten an.

Grundrezept

1 Kürbisspalte (etwa 700 g)
je etwas unbehandelte Orangen- und Zitronenschale
5 cm Zimtstange
2 Gewürznelken
2 cl weißer Portwein
80 g frisch geriebener Parmesan
50 g zerbröselte Amaretti
Salz, frisch gemahlener Pfeffer
40 g Butter, zerlassen

1 Den Backofen auf 200 °C vorheizen. Die Kürbisspalte von Fasern und Kernen befreien. Mit Gewürzen und Port auf ein Stück Alufolie geben, die Folie zu einem Päckchen verschließen wie unten in der Bildfolge im 1. Bild gezeigt. Den Kürbis im Ofen etwa 50 Minuten garen, bis das Fruchtfleisch weich ist (Garprobe mit einer Messerspitze machen).

2 Die Kürbisspalte abkühlen lassen, aus der Folie nehmen und das Püree fertigstellen, wie in der Bildfolge unten im 2. bis 4. Bild gezeigt und beschrieben.

Die Gewürze auf die Kürbisspalte geben und den Portwein dazugießen. Das Ganze in die Alufolie einpacken.

Das gegarte Fruchtfleisch mit einem scharfkantigen Löffel von der Schale lösen.

Anschließend mit einem Schaber das Fruchtfleisch durch ein feinmaschiges Sieb streichen.

Parmesan, Amaretti, Salz, Pfeffer und Butter zugeben und alles verrühren, bis das Püree cremig ist.

Paprikaschoten vorbereiten

Paprikaschoten häuten

Paprikaschoten aushöhlen Stielansatz kreisförmig herausschneiden. Mit einem Kugelausstecher die Kerne und die weißen Trennwände herausziehen. Nun kann man die Frucht nach Belieben füllen oder mit einem scharfen Messer in Ringe schneiden.

Paprika entkernen Die Frucht quer oder der Länge nach halbieren. Mit einem spitzen Küchenmesser die Samen und die bitteren Trennwände herausschneiden. Die Paprikahälften kurz waschen und in Würfel, Rauten oder Streifen schneiden.

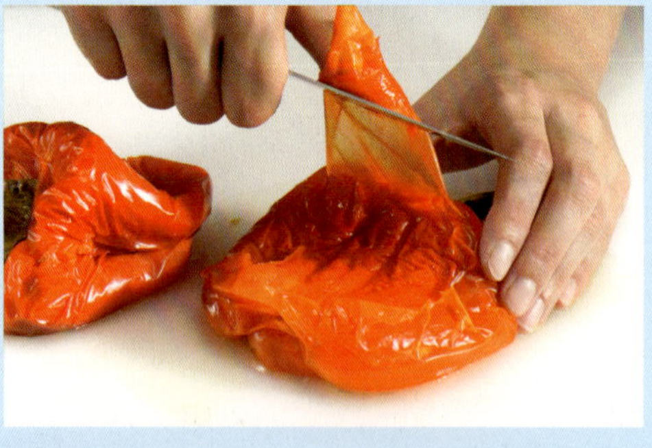

Paprika häuten Die Schoten im 200 °C heißen Ofen backen, bis die Haut angekohlt ist und Blasen wirft (siehe rechts, Seite 137). Anschließend unter einem feuchten Tuch abkühlen lassen, danach von oben nach unten häuten.

Paprika schneiden Die gehäuteten Schoten der Länge nach mit einem scharfen Messer halbieren, das gegarte Fruchtfleisch dabei nicht zerdrücken. Die Paprika entkernen, in Streifen oder Stücke schneiden und nach Rezept weiterverwenden.

Pilze vorbereiten

Champignons

Champignons am besten mit trockenem Küchenpapier säubern. Nur falls nötig, unter fließendem Wasser abbrausen, damit sich die Lamellen nicht mit Wasser vollsaugen. Anschließend die Stielenden von den Pilzen abschneiden.

Die Champignons nach Belieben zerkleinern. Tipp: Mithilfe eines Eierschneiders lassen sich Champignons leicht in gleichmäßig dünne Scheiben schneiden. Zerkleinerte Champignons rasch weiterverarbeiten, ansonsten mit Zitronensaft mischen, damit sie sich nicht verfärben.

Austernpilze

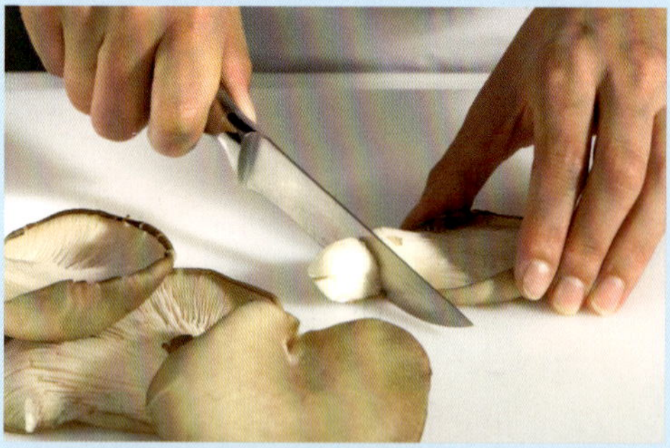

Diese Zuchtpilze brauchen nicht gewaschen, sondern nur von Wachstumsresten befreit zu werden. Anschließend den unteren Teil der Stiele und zähe Stiele abschneiden.

Kleine Pilze im Ganzen weiterverarbeiten, große Exemplare halbieren, vierteln oder in Streifen schneiden. Zarte Stiele nach Belieben abtrennen und in dünne Scheiben scneiden.

Shiitakepilze

Von den Shiitakepilzen die Stiele abschneiden, diese nicht weiterverwenden: sie schmecken nicht gut und werden beim Garen leicht zäh.

Die Pilze mit den flachen Hüten eignen sich gut zum Füllen. Dafür große Exemplare wählen, diese mit den Hüten nach unten in eine ofenfeste Form setzen, füllen und im heißen Ofen garen.

Pfifferlinge

Leicht verschmutzte Pilze mit einer Pilzbürste säubern. Die Stielenden von den Pilzen schneiden und große Exemplare nach Belieben zerkleinern.

Stark verschmutzte Pfifferlinge kann man folgendermaßen reinigen: In eine mit Wasser gefüllte Schüssel 2–3 EL Mehl rühren. Pilze in der Mischung kurz waschen, dann abgießen. Das Mehl verhindert, dass sich die Pilze mit Wasser vollsaugen.

Polenta herstellen

Die aus Maisgrieß (siehe Seite 65) hergestellte Polenta ist in Italien eine traditionelle Beilage zu Gerichten mit Sauce (z. B. zu Pilzsauce). In Italien und von Profis wird für die Zubereitung einer echten Polenta feiner Maisgrieß verwendet, in dem folgenden Rezept jedoch mittelfeiner. Der Grund: Letzterer lässt sich einfacher zu einer glatten, klümpchenfreien Masse verarbeiten als der feine Grieß.

Weicher Brei oder feste Schnitten

Polenta lässt sich in Form eines weichen Breis servieren, aber aber auch fest als Schnitten oder runde Plätzchen. Diese können noch mit Käse überbacken oder geschichtet und gefüllt werden, wie »Gnocchi alla romana« (siehe Seite 284/285).
Auf diese Weise zubereitet, bildet Polenta eine Beilage zu Salaten und Suppen oder wird als eigenständiges kleines Gericht serviert.

Grundrezept: Polenta

1 TL Salz
200 g mittelfeiner Maisgrieß (Polenta)

In einem Topf 1 l Wasser mit dem Salz aufkochen und weiterverfahren, wie in der Bildfolge rechts vom ersten bis zum vierten Bild gezeigt.

Tipps Soll die Polenta als weicher Brei serviert werden, etwas mehr Wasser verwenden, in die Grießmassse noch 50 g Butter einrühren und die fertige Polenta mit frisch geriebenem Parmesan bestreuen. Ansonsten weiterverfahren, wie im fünften und sechsten Bild rechts beschrieben. Polentabrei können Sie nicht im Voraus zubereiten und anschließend aufbewahren. Die feste Polentamasse hält sich dagegen, in Frischhaltefolie gewickelt, 2–3 Tage im Kühlschrank frisch. In Form geschnitten kann die feste Masse auch eingefroren werden.

Für die Polenta den Maisgrieß unter ständigem Rühren mit dem Schneebesen in das kochende Salzwasser einrieseln lassen.

Anschließend mit einem Kochlöffel weiterrühren. Dabei ein Tuch über den Topf legen, damit die heiße Polenta nicht herausspritzen kann.

Die Polentamasse bei ganz schwacher Hitze mindestens 20 Minuten im Uhrzeigersinn weiterrühren.

So lange im Uhrzeigersinn weiterrühren, bis sich die Grießmasse als Kloß vom Topfboden löst.

Den Polentakloß sofort auf ein angefeuchtetes Brett oder in eine flache Form geben und etwa 1 cm dick ausrollen.

Die Polentaplatte mit Frischhaltefolie bedecken und 30 Minuten ruhen lassen, bis sie schnittfest ist. Anschließend lässt sie sich in beliebige Formen schneiden.

Risotto herstellen

Für die Zubereitung von Risotto benötigt man eine Reissorte mit ganz speziellen Kocheigenschaften: Zum einen muss sich ein Teil der Stärke aus den Körnern lösen – sie ist nämlich für die Bindung verantwortlich –, zum anderen müssen die Reiskörner während des Garens Flüssigkeit aufnehmen können und dabei im Kern noch bissfest bleiben.

Italienischer Rundkornreis erfüllt diese Ansprüche perfekt. Die Sorten Arborio, Vialone und Carnaroli sind hervorragend für die Risotto-Zubereitung geeignet. Falls Sie keinen italienischen Risotto-Reis zur Verfügung haben sollten, können Sie es einmal mit spanischem Paella-Reis, im Notfall auch mit Milchreis (Rundkornreis) versuchen.

Radicchio-Risotto

30 g Butter
30 g Schalotte, fein gewürfelt
¼ Knoblauchzehe, fein gewürfelt
200 g Risottoreis
150 ml Weißwein
etwa 700 ml heißer Gemüsefond
20 g Parmesan, gerieben
Salz, frisch gemahlener Pfeffer
40 g kalte Butter, in 4 Scheiben geschnitten
200 g Radicchio, in Streifen geschnitten
20 g Parmesan, gehobelt, zum Bestreuen

1 Die Butter in einem Topf zerlassen, fein gewürfelte Schalotte und Knoblauch darin glasig dünsten. Weiterverfahren, wie in der Bildfolge unten beschrieben. Anschließend den Risotto unter Rühren etwa 15 Minuten im offenen Topf köcheln lassen, bis alle Flüssigkeit aufgebraucht ist.

2 Radicchio und geriebenen Parmesan unter den Risotto mischen (siehe Bild rechts). Den Risotto mit Salz und Pfeffer würzen, auf vier vorgewärmten Tellern anrichten, mit je einer Scheibe Butter belegen und mit gehobeltem Parmesan bestreuen.

Tipp Die benötigte Flüssigkeitsmenge lässt sich in einem Risottorezept nicht exakt bestimmen. Falls ein Risotto zu trocken zu werden scheint, noch etwas Brühe oder Wasser zugeben. Nur schwach gesalzene Brühe verwenden, denn durch das Verdampfen und den Parmesan erhält Risotto genügend Salz.

Risotto zubereiten

Den Reis auf einmal in den Topf schütten und rühren, bis die Körner glasig sind.

Den Reis mit dem Weißwein ablöschen und die Flüssigkeit auf die Hälfte einkochen lassen.

Den heißen Fond nach und nach zugießen, jeweils nur so viel, dass der Reis knapp bedeckt ist.

Spargel zubereiten

Spargel schälen

Weiße Spargelstangen müssen, im Gegensatz zu den grünen, sorgfältig geschält werden, sehr gut gelingt dies mit einem Sparschäler. Im Handel werden darüber hinaus Spargelschäler in unterschiedlichen Ausführungen angeboten.
Um weißen Spargel vorzubereiten, die Stangen von oben nach unten schälen und das untere Stangenende dünn abschneiden. Anschließend mit den Stangen weiterverfahren, wie jeweils in den beiden Bilden unten und auf der nächsten Seite oben gezeigt.

Tipp Aus Spargelschalen kann man einen aromatischen Spargelsud kochen, der eine hervorragende Basis für Spargelsuppen, -saucen oder Spargelrisottos bildet. Dafür die gewaschenen Spargelschalen in einem Topf mit Wasser bedecken. Salz und 1 Prise Zucker sowie 1 EL Zitronensaft zugeben. Alles zum Kochen bringen, dann 15–20 Minuten im geschlossenen Topf kochen lassen. Anschließend die Spargelschalen in eine Sieb abgießen, den Sud dabei auffangen und weiterverwenden.

Spargelsuppe aus Spargelsud

30 g Butter
30 g Mehl
1 l Spargelsud
2 Eigelbe
125 g Sahne
Zitronensaft zum Abschmecken

Die Butter in einem Topf zerlassen, das Mehl hinzufügen und unter Rühren hell anschwitzen. Den Spargelsud unter Rühren dazugießen; alles 15 Minuten köcheln lassen. Inzwischen die Eigelbe mit der Sahne verquirlen. Die Mischung langsam in die Suppe gießen, um sie zu legieren. Nicht mehr kochen lassen. Mit Zitronensaft abschmecken. Nach Belieben gegarte Spargelstücke und Kerbel in die Suppe geben.

Spargel vorbereiten und garen

Geschälte Spargelstangen in kaltes Wasser legen oder in feuchte Tücher wickeln, damit sie bis zur weiteren Verwendung nicht austrocknen.

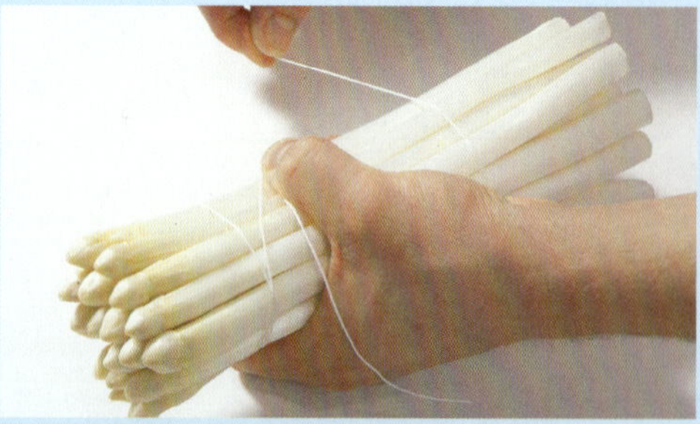

Größere Mengen gart man am besten portionsweise. Dafür die Spargelstangen mit Küchengarn zu Bündeln von je 500 g schnüren.

Sollten die Spargelstangen unterschiedlich lang sein, empfiehlt es sich, sie an den Enden auf gleiche Länge zu schneiden.

Die Spargelbündel nacheinander in mit Salz, Zucker und etwas Zitrone gewürztem, kochendem Wasser 8–15 Minuten (je nach Dicke der Stangen) garen.

Spezielle Spargelkochtöpfe eignen sich hervorragend zum Kochen von Spargel, weil dabei die zarten Köpfe besonders geschont werden.

Hierfür den Spargel nach Belieben bündeln oder die Stangen lose in den Siebeinsatz stellen und aufrecht garen.

Grünen Spargel schälen Im Gegensatz zum weißen Spargel muss grüner Spargel nur dann geschält werden, wenn die Schale sehr dick und unansehnlich ist.

In der Regel genügt es, die unteren Enden frisch abzuschneiden und und nur die unteren Drittel der Stangen dünn zu schälen.

Sprossen selber ziehen

Aufgrund ihrer Inhaltsstoffe sind Sprossen eine wertvolle Bereicherung des Speiseplans, etwa als zusätzlicher Vitaminspender im Salat oder auch als Zutat in einem Pfannengemüse.

Wer Sprossen nicht selber ziehen möchte, kann sie im Bioladen und auch in den Gemüseabteilungen der Supermärkte kaufen. Doch wer in punkto Qualität sicher gehen will, züchtet seine Sprossen am besten selbst.
Die einfachste Methode besteht darin, die gewünschte Menge an Samen in ein **Einmachglas** zu füllen, sie darin mit lauwarmem Wasser zu bedecken und das Glas mit einem Mulltuch luftdurchlässig zu verschließen. Nach der (je nach Samenart unterschiedlichen) Einweichzeit (siehe Bilder rechts) gießt man das Wasser ab, spült die Sprossen mehrmals durch und füllt frisches Wasser in das Glas. Nach 10 Minuten das Wasser abgießen und die Samen gut abtropfen lassen. Sie sollen feucht sein, da sie sonst vertrocknen, jedoch keinesfalls zu feucht bleiben, sonst verschimmeln sie. Bei ausreichender, konstanter Wärme (etwa 20 °C) und genügend Licht wird der Wachstumsprozess in Gang gesetzt. Schon nach ein paar Tagen können die selbst gezüchteten Sprossen geerntet werden.

Der Handel bietet eine Reihe unterschiedlicher **Keimgeräte** an, die sich in der Funktion aber alle gleichen: Sie sollen die Samen gleichmäßig mit Feuchtigkeit versorgen und gleichzeitig Staunässe vermeiden. Stapelbare, lichtdurchlässige Schalen aus Kunststoff sorgen dafür, dass die Feuchtigkeit stimmt und überschüssiges Wasser in einem Extrabehälter aufgefangen wird.

Auch bei den so genannten **Keimfrischboxen** (siehe Bildfolge unten) kann überschüssiges Wasser durch einen Sieb-Schraubverschluss gut abtropfen.
Zum Keimen geeignet sind alle unbehandelten Getreide-, Kräuter- oder Gemüsesamen. Auch Hülsenfrüchte können als Keimlinge verzehrt werden. Manche Samen (z. B. Senf, Leinsamen oder Kresse) sondern nach dem Anfeuchten Schleim ab, der die Schlitze des Keimapparats verstopfen würde. Solche Samen am besten auf einem flachen Teller verteilen und drei- bis viermal täglich mit Wasser besprühen. Getreide- und Gemüsesamen nach dem Treiben gründlich mit kaltem oder heißem Wasser abspülen. Sie können dann (ohne weitere Bearbeitung) verzehrt werden. Sprossen von Hülsenfrüchten blanchieren, um unverträgliche Stoffe zu neutralisieren.

Um Sprossen zu keimen zuerst die eingeweichten Samen (hier Weizen) in ein Sieb geben und kalt abbrausen.

Die gewünschte Menge in die Keimfrischbox füllen, die auf beiden Seiten einen Sieb-Schraubverschluss hat.

Die Samen mit Wasser bedecken. Überschüssiges Wasser kann durch den Verschluss ablaufen.

Adzukibohnensprossen Keimdauer: etwa 5 Tage, die Samen 2-mal täglich wässern.

Alfalfa-, Luzernesamen Nicht einweichen. Keimdauer: 4–5 Tage; 1- bis 2-mal täglich befeuchten.

Kichererbsen 6–12 Stunden einweichen. Keimdauer: bis zu 5 Tage; 2- bis 3-mal täglich wässern.

Leinsamen 4 Stunden einweichen. Keimdauer: 3–6 Tage; 1- bis 2-mal täglich wässern.

Linsensamen 6–12 Stunden einweichen. Keimdauer: 3–4 Tage; 1- bis 2-mal täglich wässern.

Senfsamen 4 Stunden einweichen. Keimdauer: 3–5 Tage; einmal alle 1 bis 2 Tage wässern.

Sesamsamen 4 Stunden einweichen. Keimdauer: 3–6 Tage an einem dunklen Ort; einmal täglich wässern.

Sonnenblumenkerne 4 Stunden einweichen. Keimdauer: 3–5 Tage; täglich einmal wässern.

Weizenkörner 6–12 Stunden einweichen. Keimdauer: 2–5 Tage; einmal täglich wässern.

Tofu vorbereiten

Der japanische Sojaquark ist kulinarisch vielseitig verwendbar. Schnittfester, geschmacksneutraler Tofu kann in Würfel oder in Scheiben geschnitten und beispielsweise als Salatzutat, als Einlage in Suppen oder in Öl gebraten als Schnitzel oder Burger verwendet werden. Weicher Tofu (Seidentofu) bietet sich als Basis für pikante oder süße Cremes gleichermaßen an.

Um schnittfestem Tofu Aroma und Geschmack zu verleihen, sollte man ihn vor der Zubereitung zerkleinern (in Würfel oder Scheiben schneiden) und marinieren. Die einfachste Marinade ist Sojasauce, in der der Tofu mindestens 30 Minuten durchziehen sollte – je länger, desto intensiver schmeckt er später.

Knoblauch-Ingwer-Marinade

1 Knoblauchzehe, gehackt
2 EL Maiskeimöl
10 g frischer Ingwer, gehackt
200 g schnittfester Tofu, in Scheiben geschnitten
2 EL Fischsauce
1 EL Sojasauce
1 EL Limettensaft
1 TL brauner Zucker
1 frische rote Chilischote, von den Samen befreit und gehackt

Fisch- und Sojasauce, Limettensaft und Zucker in einer Schale verrühren, bis sich der Zucker aufgelöst hat. Knoblauch, Ingwer und Chili untermischen. Tofu zugedeckt in der Marinade 1 Stunde ziehen lassen, zwischendurch die Scheiben hin und wieder wenden.

Tofucremes

Wird weicher Tofu mit Gewürzen oder anderen aromagebenden Zutaten cremig gemixt, entstehen daraus pikante Dips, Brotaufstriche oder auch süße Cremes.

Für eine **Kräuter-Tofucreme** 250 g Seidentofu mit 4 EL Öl, 4 EL Zitronensaft, Salz nach Geschmack, 2–3 EL gehackten frischen Kräutern und 1–2 Knoblauchzehen pürieren. Falls nötig, etwas Sojacreme zugeben.

Für eine **Pfirsichcreme** 1 Pfirsich häuten und zerkleinern. Mit etwa 100 ml frisch gepresstem Orangensaft, 2 EL Honig und 200 g Tofu im Mixer zu einer glatten Creme verarbeiten. Falls nötig, mehr Orangensaft zugeben.

Festen Tofu in Wasser im Kühlschrank aufbewahren. Das Wasser dabei täglich wechseln, so hält sich Tofu bis zu 1 Woche.

Der geschmacksneutrale Tofu nimmt Aromen leicht an. Durch Marinieren lässt er sich individuell würzen.

Tofuscheiben beim Braten erst wenden, sobald sie auf der unteren Seite knusprig sind. Ansonsten könnten sie beim Wenden zerbrechen.

Tomaten vorbereiten

Für die Herstellung von glatten Suppen und Saucen, aber auch für feine oder grobe Tomatenwürfelchen (beispielsweise als Garnitur oder als Zutat für eine Vinaigrette) werden Tomaten häufig gehäutet und entkernt, um das reine Fruchtfleisch zu erhalten. In der Bildfolge unten wird die gängigste Methode beschrieben.

Tomaten überbrühen

Wer einen Wasserkocher in der Küche griffbereit hat, kann darin Wasser zum Kochen bringen, die eingeritzten Tomaten damit in einer hitzebeständigen Schüssel überbrühen und kurz darin ziehen lassen, anstatt das Wasser in einem Topf aufzukochen und die Tomaten hineinzutauchen – das spart Zeit und Energie.

Um Tomaten zu entkernen, gibt es zwei Methoden. Die etwas aufwendigere Methode (Bild rechts) bietet sich an, wenn man feine Tomatenwürfelchen (z. B. zum Garnieren) benötigt. Schneller geht es, wenn man die gehäuteten Tomaten quer halbiert, mit einem Teelöffel entkernt und das Fruchtfleisch grob hackt. Diese Methode bietet sich an, wenn die Tomatenwürfel weiterverarbeitet werden.

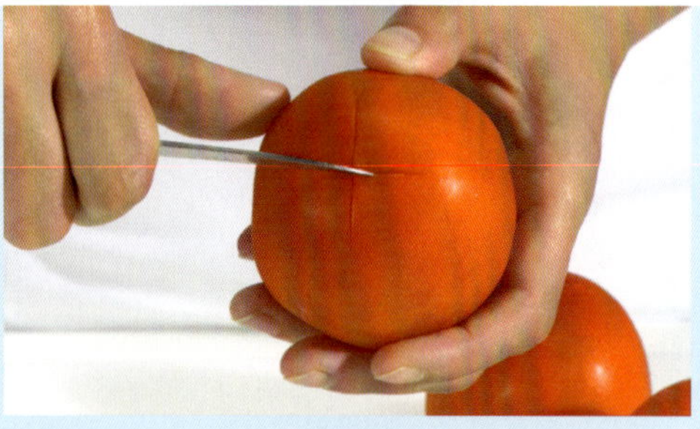

Tomaten häuten Den Stielansatz keilförmig aus der Tomate schneiden. Die Tomate mit einem scharfen Messer auf der unteren Seite kreuzförmig einritzen.

Die Tomate in kochendes Wasser geben und darin lassen, bis die Haut aufplatzt – das dauert nur 10–20 Sekunden.

Die Tomate mit einem Schaumlöffel aus dem Wasser heben und sofort in Eiswasser oder sehr kaltes Wasser tauchen, um sie abzuschrecken.

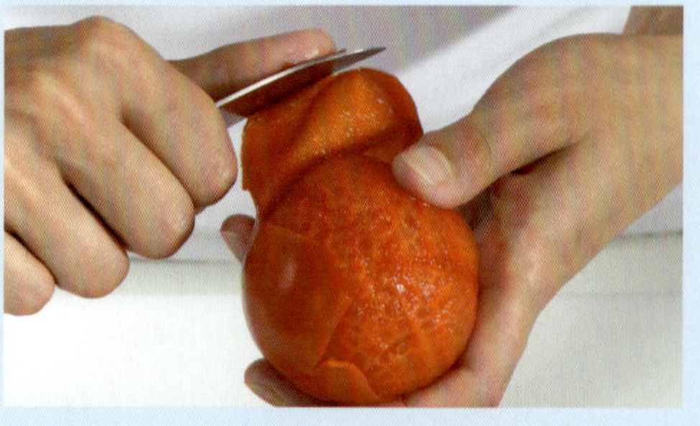

Nun lässt sich die Haut mit einem Messer leicht von der Tomate abziehen. Danach die Tomate vierteln, entkernen (siehe Bild rechts) und anschließend nach Rezept weiterverarbeiten.

Zwiebeln vorbereiten

Zwiebeln würfeln

Die Zwiebel schälen, dabei den Wurzelansatz nicht entfernen, damit die Zwiebelschichten beim Würfeln zusammenhalten. Anschließend die Zwiebel längs halbieren.

Eine geschälte Zwiebelhälfte mit der Schnittfläche nach unten auf die Arbeitsfläche legen und parallel bis zum Wurzelansatz eng einschneiden.

Nun die Zwiebelhälfte ein- bis zweimal parallel zur Arbeitsfläche einschneiden. Darauf achten, dass die sie am Wurzelansatz zusammenhält.

Die Zwiebel bis zum Wurzelansatz quer in Scheiben schneiden, durch die vorher gesetzten Schnitte fällt sie jetzt in feinen Würfeln auseinander. Den Wurzelansatz wegwerfen.

Zwiebeln in Ringe schneiden

Die Zwiebel schälen, dabei die Enden abschneiden. Anschließend die Zwiebel von einem zum anderen Ende quer in Scheiben schneiden. Scheiben auseinanderdrücken, damit Ringe entstehen. Sehr dünne Scheiben erhält man auf der Mandoline.

Für Halbringe die geschälte Zwiebel längs halbieren. Die Hälften mit den Schnittflächen nach unten auf das Schneidbrett legen und jeweils in halbe Scheiben schneiden. Die Zwiebelschichten auseinanderdrücken, damit Halbringe entstehen.

Zwiebelringe lassen sich in einer beschichteten Pfanne bei schwacher Hitze unter Rühren in Öl und Butter langsam glasig und weich dünsten.

Alternativ kann man Zwiebelringe in einer Edelstahlpfanne oder im Wok in heißem Öl bei starker Hitze knusprig braten oder frittieren. So zubereitete Röstzwiebeln eignen sich zum Bestreuen von Gerichten.

Rezepte

Salate, Vorspeisen, Hauptgerichte

Salate
und Vorspeisen

Warmer Auberginensalat

mit Schafkäse

2 rote Paprikaschoten
400 g Tomaten
1 große Aubergine
1 Zucchini
1 weiße Zwiebel
2 Knoblauchzehen
1 oder 2 milde Peperoni
6 EL Olivenöl
1 TL Salz
frisch gemahlener Pfeffer
2 TL edelsüßes Paprikapulver
1 TL gemahlener Kreuzkümmel
Saft von 1 Zitrone
3 EL gehackte Minzeblättchen
200 g Schafkäse (Feta)

1 Den Backofen auf 200 °C vorheizen. Die Paprikaschoten im heißen Ofen so lange backen, bis die Haut Blasen wirft. Herausnehmen und unter einem feuchten Tuch oder in einem Gefrierbeutel 10 Minuten abkühlen lassen. Anschließend die Schoten von oben nach unten häuten, dann vierteln, von Samen und Trennwänden befreien und in feine Streifen schneiden.

2 Die Tomaten von den Stielansätzen befreien, dann mit kochend heißem Wasser übergießen, abschrecken und häuten. Die Früchte vierteln, die Samen entfernen und das Fruchtfleisch würfeln.

3 Die Aubergine und die Zucchini waschen, Stiel- und Blütenansätze entfernen und das Fruchtfleisch in etwa 1 cm große Würfel schneiden. Die Zwiebel und die Knoblauchzehen schälen und fein hacken. Die Peperoni von Stielansatz und Samen befreien und in feine Ringe schneiden.

4 Das Olivenöl in einer großen Pfanne erhitzen und die Auberginenwürfel darin 5 Minuten unter Rühren anbraten. Die Zucchiniwürfel nach 3 Minuten mitbraten. Die Zwiebel- und Knoblauchwürfel zufügen und 1 Minute mitbraten. Die Gemüsemischung mit Salz, Pfeffer, Paprikapulver und Kreuzkümmel würzen, die Peperoniringe einstreuen und den Zitronensaft unterrühren.

5 Paprikastreifen und Tomatenwürfel zur Gemüsemischung in die Pfanne geben und kurz dünsten. Zum Schluss die gehackten Minzeblättchen untermischen und den Salat abschmecken. Den Schafkäse über den warmen Auberginensalat bröseln.

6 Den Salat auf vier Schalen verteilen und mit warmem Fladenbrot servieren.

Paprika-Gurken-Salat

1 rote Spitzpaprika
1 grüne Spitzpaprika
200 g Bio-Salatgurke
1 Gemüsezwiebel
1 Fleischtomate

Für die Salatsauce
2 Knoblauchzehen
3 EL Rotweinessig
5 EL Olivenöl
Salz
frisch gemahlener Pfeffer

Außerdem
Minzeblättchen zum Garnieren

1 Die Paprikaschoten halbieren, dann von Stielansätzen, Samen und Trennwänden befreien. Die Gurke waschen und die Gemüsezwiebel schälen.

2 Paprika, Gurke und Zwiebel in ½ cm große Würfel schneiden. Die Tomate von den Stielansätzen befreien, mit kochend heißem Wasser übergießen, kalt abschrecken und häuten. Die Frucht vierteln, die Samen entfernen und das Fruchtfleisch ebenfalls in etwa ½ cm große Würfel schneiden. Die Gemüsewürfel in eine Schüssel füllen.

3 Für die Salatsauce die Knoblauchzehen schälen und sehr fein hacken. Rotweinessig, Salz und Pfeffer in einer kleinen Schüssel verquirlen, bis sich das Salz aufgelöst hat. Dann erst das Öl unterschlagen.

4 Die Salatsauce über die Gemüsewürfel gießen und alles mischen. Den Salat zugedeckt im Kühlschrank 20 Minuten durchziehen lassen. Anschließend noch einmal durchmischen und mit Salz und Pfeffer abschmecken. Auf vier Tellern anrichten, mit Minzeblättchen garnieren und servieren. Dazu passt Stangenweißbrot.

Griechischer Bohnensalat

mit Kalamata-Oliven

250 g kleine weiße Bohnenkerne
300 g grüne Bohnen
Salz
2 Knoblauchzehen
100 g weiße Zwiebeln
5 EL Olivenöl
Zesten von ½ Bio-Zitrone
1 EL Zitronensaft
2 EL Weißweinessig
frisch gemahlener Pfeffer
1 EL gehackter Majoran
50 g Kalamata-Oliven

Außerdem
einige Blättchen Majoran zum Bestreuen

1 Die weißen Bohnenkerne über Nacht in kaltem Wasser einweichen. Am nächsten Tag abgießen und in frischem Wasser oder im Einweichwasser kochen, bis sie gar sind, aber noch Biss haben. In ein Sieb abgießen und abkühlen lassen.

2 Die grünen Bohnen putzen und schräg in etwa 3 cm lange Stücke schneiden. In kochendem Salzwasser 10–12 Minuten garen, in ein Sieb abgießen, mit kaltem Wasser abschrecken und gut abtropfen lassen. Weiße und grüne Bohnen in eine Schüssel geben.

3 Für die Salatsauce Knoblauch und Zwiebeln schälen und fein hacken. Das Olivenöl in einer Pfanne erhitzen, Zwiebeln und Knoblauch darin andünsten. Zitronenzesten und -saft sowie Weißweinessig, Salz, Pfeffer und Majoran einrühren und die Mischung abkühlen lassen.

4 Die Oliven zu den Bohnen geben, alles mit dem Dressing begießen und mischen. Den Salat 2 Stunden im Kühlschrank durchziehen lassen. Mit Majoran bestreuen; den Salat nach Belieben auf Salatblättern servieren.

Avocado mit zweierlei Saucen

2 Avocados, etwas Limettensaft

Für die grüne Salsa mit Tomatillos

1 Dose Tomatillos (Abtropfgewicht etwa 220 g)
2 Knoblauchzehen
3 Chilischoten (Serrano)
2 EL gehacktes Koriandergrün
Salz nach Belieben

Für die rote Salsa mit Tomaten

4 Chilischoten (Serrano)
250 g Flaschentomaten
2 Knoblauchzehen
2 EL gehacktes Koriandergrün
Salz
1 Spritzer Weinessig nach Belieben

Außerdem

2 Eier, 1 rote Zwiebel
einige Blätter Friséesalat
frisch gemahlener Pfeffer

1 Für die grüne Salsa die Tomatillos in einem Sieb abtropfen lassen, dabei 80 ml Sud auffangen. Die Knoblauchzehen schälen und fein hacken. Die Chilischoten halbieren, von Stielansätzen und Samen befreien.

2 Den Tomatillo-Sud erhitzen, die Chilischoten darin 5 Minuten köcheln und in der Flüssigkeit abkühlen lassen. Anschließend durch ein feines Sieb gießen. Die Chilis (aus dem Sieb) mit der Hälfte des Suds, den Tomatillos und dem Knoblauch pürieren. Koriandergrün untermischen; die Salsa nach Belieben salzen.

3 Für die rote Salsa die Chilis halbieren, von Stielansätzen und Samen befreien. In einem Topf Wasser zum Kochen bringen. Die halbierten Chilis hineingeben und 2 Minuten kochen, dann die Tomaten hinzufügen und alles zusammen noch 3 Minuten kochen. Chilis und Tomaten abgießen, kalt abschrecken und abkühlen lassen.

4 Tomaten von den Stielansätzen befreien, häuten, halbieren und die Samen herausnehmen. Knoblauch schälen und grob zerkleinern. Tomaten, Chilis und Knoblauch im Mixer pürieren. Koriandergrün dazugeben, Mischung salzen und nach Belieben mit Weinessig würzen.

5 Die Eier etwa 7 Minuten kochen (das Eigelb sollte wachsweich sein), abschrecken und pellen. Die Zwiebel schälen und in dünne Ringe schneiden.

6 Die Avocados der Länge nach halbieren, den Kern entfernen und das Fruchtfleisch mit Limettensaft einpinseln. Die Avocadohälften mit einem Sparschäler dünn schälen und das Fruchtfleisch längs in etwa ½ cm dicke Spalten schneiden.

7 Die Avocadospalten fächerförmig auf vier Tellern arrangieren. Die Eier quer halbieren und jeweils eine Hälfte neben den Avocadospalten anrichten. Die beiden Saucen auf bzw. neben den Avocados verteilen, mit Salatblättern und Zwiebelringen garnieren, mit Pfeffer bestreuen und die Avocados sofort servieren. Nach Belieben Tortilla-Chips dazu reichen.

Wildkräutersalat

mit Eiern und Oliven

Für den Salat
250 g junger Löwenzahn
100 g Sauerampfer
1 kleine Zwiebel

Für das Dressing
1 Knoblauchzehe
3 EL Aceto Balsamico
2 EL trockener Weißwein
½ TL Salz
6 EL Olivenöl

Außerdem
2 hart gekochte Eier
etwa 100 g entsteinte schwarze Oliven

1 Wildkräuter putzen, gründlich waschen und trocken schleudern. Größere Blätter halbieren.

2 Die Zwiebel schälen und fein hacken. Die Wildkräuter in einer großen Schüssel mit der Zwiebel vermischen und auf einer flachen Schale oder auf einem großen Teller anrichten.

3 Für das Dressing den Knoblauch schälen und fein hacken. Aceto Balsamico mit Weißwein und Salz in einer Schüssel verrühren, bis sich das Salz aufgelöst hat. Den Knoblauch dazugeben. Zum Schluss das Olivenöl hinzufügen und alles gut miteinander verrühren.

4 Das Dressing mit einem Esslöffel gleichmäßig über die Wildkräuter träufeln. Den Salat einige Minuten durchziehen lassen. Inzwischen die Eier pellen und grob hacken. Die schwarzen Oliven der Länge nach vierteln.

5 Die gehackten Eier auf dem Wildkräutersalat anrichten und die Oliven darüber verteilen. Dazu passt frisches italienisches Landbrot oder Ciabatta.

Linsensalat mit Tomaten

250 g kleine braune Linsen
3 Zwiebeln
1 Lorbeerblatt
4 Gewürznelken
Salz
1 kleine Stange Lauch
1 große Möhre
250 g Tomaten
1 EL gehackte Petersilie

Für das Dressing
6 EL Rotweinessig
1 EL Kräutersenf
Salz
frisch gemahlener weißer Pfeffer
1 Prise Zucker
4 EL Öl

1 Die Linsen in einem Sieb abspülen und gut abtropfen lassen. Die Zwiebeln schälen, 1 Zwiebel mit dem Lorbeerblatt und den Nelken spicken.

2 Die Linsen mit der gespickten Zwiebel in 750 ml kochendem Salzwasser in etwa 25 Minuten weich garen. In ein Sieb abgießen; die Zwiebel entfernen. Die Linsen in eine Schüssel füllen.

3 Für das Dressing die Zutaten verrühren, über die lauwarmen Linsen gießen und untermischen. Den Salat zugedeckt etwa 20 Minuten durchziehen lassen.

4 Inzwischen Lauch und Möhre waschen und putzen bzw. schälen. Die Lauchstange halbieren und in Streifen schneiden, die Möhre ½ cm groß würfeln. Tomaten waschen und entkernen.

5 Möhrenwürfel in kochendem Salzwasser 5 Minuten garen, dann den Lauch zugeben und 3 Minuten mitkochen. Gemüse abgießen und kalt abschrecken.

6 Die beiden übrigen Zwiebeln in Ringe schneiden und das Tomatenfruchtfleisch 1 cm groß würfeln. Gemüse und Petersilie unter die Linsen mischen.

Linsensalat mit Kürbis

200 g kleine grüne Linsen
(z. B. Puy-Linsen)
3 Zwiebeln
1 Lorbeerblatt
2 Gewürznelken
Salz
100 g Zucchini
400 g Kürbisfruchtfleisch
1 Stange Sellerie
1 EL Sonnenblumenöl
80 ml Gemüsefond

Für das Dressing
3 EL Sonnenblumenöl
3 EL Apfelessig
Salz, frisch gemahlener Pfeffer
1 Prise Zucker
1 Knoblauchzehe, fein gehackt
1 EL gehackte Kräuter
(Petersilie, Schnittlauch)

1 Die Linsen waschen und die Zwiebeln schälen. 1 Zwiebel spicken, wie im Rezept oben in Schritt 1 beschrieben. Die Linsen mit der gespickten Zwiebel in etwa 25 Minuten in etwa 500 ml Salzwasser weich kochen.

2 Inzwischen die Zutaten für das Dressing gut verrühren. Die Linsen in ein Sieb abgießen, die gespickte Zwiebel entfernen und die Linsen in eine Schüssel füllen. Sofort mit dem Dressing mischen und die lauwarmen Linsen 20 Minuten zugedeckt durchziehen lassen.

3 Die restlichen Zwiebeln, die Zucchini und das Kürbisfruchtfleisch würfeln. Die Selleriestange in Scheiben schneiden.

4 Das Öl in einer Pfanne erhitzen. Die Zwiebelwürfel darin glasig dünsten, Kürbis und Stangensellerie hinzufügen und kurz mitdünsten. Den Fond zugießen und das Gemüse bei schwacher Hitze 10 Minuten köcheln lassen. Anschließend die Zucchini zugeben und 3–4 Minuten mitgaren. Vom Herd nehmen, das Gemüse etwas abkühlen lassen und unter die Linsen mischen.

5 Den Salat noch 10 Minuten durchziehen lassen, dann mit Salz und Pfeffer abschmecken und servieren.

Nudelsalat mit zweierlei Käse

200 g Penne, Salz
100 g frisch ausgepalte Erbsen (entspricht etwa 300 g Erbsenschoten)
1 Möhre
250 g Tomaten
50 g Frühlingszwiebeln
1 EL Öl
80 g Greyerzer
80 g Gorgonzola
1 EL gehackte glatte Petersilie

Für die Sauce
100 g Mayonnaise
50 g Joghurt
Salz
frisch gemahlener Pfeffer
1 Prise Cayennepfeffer
etwas Weinessig nach Bedarf

1 Die Nudeln in sprudelnd kochendem Salzwasser nach Packungsanleitung bissfest garen. Abgießen, kalt abschrecken, gut abtropfen lassen und in eine Schüssel geben.

2 Die Erbsen in kochendem Salzwasser 8 Minuten garen, eiskalt abschrecken und gut abtropfen lassen. Die Möhre putzen, schälen und fein würfeln.

3 Die Tomaten von den Stielansätzen befreien und blanchieren. Dann häuten, vierteln und entkernen. Das Fruchtfleisch etwa ½ cm groß würfeln. Frühlingszwiebeln putzen und in feine Ringe schneiden.

4 Das Öl in einer Pfanne erhitzen und die Möhrenwürfel darin 5 Minuten bissfest dünsten. Die Pfanne vom Herd nehmen und die Möhren abkühlen lassen. Inzwischen den Greyerzer in etwa 5 cm lange, dünne Stifte und den Gorgonzola in etwa 1 cm große Würfel schneiden.

5 Möhren- und Tomatenwürfel sowie Erbsen, Frühlingszwiebeln, Petersilie und Käse zu den Nudeln in die Schüssel geben. Alle Zutaten für die Sauce verrühren. Die Sauce über Nudeln und Gemüse gießen und alles vermischen. Den Salat kräftig mit Salz und Pfeffer abschmecken und servieren.

Kartoffelsalat

mit Oliven und Kapern

Für den Salat
800 g festkochende Kartoffeln
Salz
1 Knoblauchzehe
30 g in Salz eingelegte Kapern
8 EL Olivenöl
frisch gemahlener Pfeffer
80 g Kalamata-Oliven

Für den Sud
3 Zwiebeln
2 EL Weißweinessig
1 Messerspitze Zucker

Außerdem
1 EL gehackte Petersilie

1 Die Kartoffeln waschen und in leicht gesalzenem Wasser etwa 20 Minuten garen. Inzwischen für den Sud die Zwiebeln schälen und in feine Ringe schneiden. Den Essig mit dem Zucker in einem Topf erhitzen. Die Zwiebelringe darin zugedeckt bei schwacher Hitze 4–6 Minuten köcheln lassen. Vom Herd nehmen; abkühlen lassen.

2 Den Knoblauch schälen und sehr fein hacken. Die Kapern in ein Sieb schütten, unter kaltem Wasser abspülen und gut abtropfen lassen.

3 Die Zwiebeln mit dem Essigsud, das Olivenöl, den Knoblauch, die Kapern, Salz und Pfeffer in eine große Schüssel füllen und alles gründlich miteinander vermischen.

4 Die Kartoffeln schälen und in 3 mm dicke Scheiben schneiden. Die Scheiben zur Sudmischung in die Schüssel geben. Die Oliven hinzufügen und alles vorsichtig mischen. Den Kartoffelsalat mit Salz und Pfeffer abschmecken. Zugedeckt etwa 10 Minuten durchziehen lassen. Mit Petersilie bestreuen und servieren.

Bunter Bulgursalat mit Trauben

100 g Bulgur
1 gelbe Paprikaschote
1 grüne Paprikaschote
1 Tomate
150 g Bio-Salatgurke
1 weiße Zwiebel
1 Radicchio
¼ Kopf Friséesalat
125 g helle Trauben

Für das Dressing
Saft von ½ Zitrone
Salz
frisch gemahlener Pfeffer
4–5 EL Olivenöl
1 EL gehackte Kräuter (Petersilie und Minze)

Außerdem
einige Minzeblättchen zum Garnieren

1 Den Bulgur in einer hitzebeständigen Schüssel mit 200 ml kochendem Wasser übergießen, durchrühren und 10 Minuten quellen lassen, bis alle Flüssigkeit aufgesogen ist.

2 Inzwischen die Paprika mit einem Sparschäler dünn abschälen. Schoten vierteln, Stielansätze, Samen und Trennwände entfernen. Das Fruchtfleisch in etwa ½ cm große Würfel schneiden. Die Tomate blanchieren und häuten, vom Stielansatz befreien, halbieren und entkernen; das Fruchtfleisch würfeln. Die Gurke streifig schälen und in dünne Scheiben schneiden. Die Zwiebel schälen und in Ringe schneiden. Radicchio und Friséesalat putzen, waschen, trocken schleudern und in mundgerechte Stücke zerpflücken. Trauben gründlich waschen, halbieren und die Kerne entfernen.

3 Für das Dressing Zitronensaft, Salz und Pfeffer verrühren, bis sich das Salz aufgelöst hat. Olivenöl und Kräuter untermischen. Paprika- und Tomatenwürfel, Zwiebelringe und die Hälfte des Dressings zum Bulgur geben und alles mischen.

4 Salatblätter und Gurkenscheiben auf vier Tellern anrichten. Bulgurmischung und Trauben darauf verteilen. Mit dem restlichen Dressing beträufeln und mit Minzeblättchen garnieren.

Auberginen-Reis-Salat

200 g Basmatireis
1 kleine längliche lilafarbene Aubergine
1 kleine runde gelbe Aubergine
1 kleine runde grüne Aubergine
100 g Erbsenauberginen (Pea aubergines)
4 EL Erdnussöl

Für die Sauce
2 TL Currypulver
4 EL Reisessig
5–6 EL Erdnussöl
Salz
frisch gemahlener Pfeffer
2 Schalotten
1 Knoblauchzehe

Außerdem
Koriandergrün zum Garnieren

1 Den Reis in reichlich Wasser in etwa 15 Minuten garen. Abgießen, den Reis kalt abschrecken und in einem Sieb gut abtropfen lassen. Beiseitestellen.

2 Für die Salatsauce das Currypulver mit dem Reisessig in einer Schüssel vermischen, das Öl unterrühren und die Mischung mit Salz und Pfeffer würzen. Schalotten und Knoblauchzehe schälen. Sehr fein hacken und unter die Salatsauce mischen.

3 Die lilafarbene, gelbe und grüne Aubergine (nicht die kleinen Erbsenauberginen) von den Stielansätzen befreien und quer in etwa ½ cm dicke Scheiben schneiden. Die Erbsenauberginen in kochendem, leicht gesalzenem Wasser etwa 2 Minuten garen, herausnehmen, kalt abschrecken und abtropfen lassen.

4 Alle Auberginen im heißen Öl 2–3 Minuten braten; salzen und pfeffern. In die Schüssel zur Currysauce geben und alles vorsichtig durchmischen; Schüssel zudecken und die Mischung 10 Minuten ziehen lassen. Den Reis untermischen, den Salat mit Salz und Pfeffer abschmecken, auf Tellern anrichten und mit Koriander garnieren.

Tipp Falls Sie keine kleinen asiatischen Auberginen bekommen, können Sie 300 g europäische nehmen; die Scheiben ggf. halbieren.

Rote-Bete-Salat mit Kartoffeln

800 g Rote Bete
Salz
500 g festkochende Kartoffeln
350 g Tomaten
1 weiße Zwiebel
2 Knoblauchzehen
1 EL gehackte Petersilie

Für das Dressing
2 EL Weinessig
1 EL Zitronensaft
Salz
frisch gemahlener Pfeffer
4–5 EL Olivenöl

Außerdem
50 g grüne Oliven

1 Die Roten Beten von Wurzeln und Blättern befreien, ohne die Knollen dabei zu verletzen. Die Knollen waschen, mit leicht gesalzenem Wasser bedecken und in 45–60 Minuten weich garen. Gegen Ende der Garzeit mit einer Messerspitze prüfen, ob sie weich sind.

2 Inzwischen die Kartoffeln waschen und in etwa 20 Minuten in der Schale gar kochen. Rote Beten und Kartoffeln abgießen und abschrecken.

3 Tomaten blanchieren und häuten. Die Stielansätze entfernen, die Früchte vierteln und die Samen herausnehmen. Das Fruchtfleisch in ½ cm große Würfel schneiden. Zwiebel und Knoblauch schälen und fein hacken. Rote Bete und Kartoffeln schälen und ebenfalls etwa ½ cm groß würfeln. Rote Bete, Kartoffeln, Tomaten, Zwiebel, Knoblauch und Petersilie in eine große Schüssel füllen.

4 Für das Dressing Essig, Zitronensaft, Salz und Pfeffer verrühren, bis sich das Salz aufgelöst hat, dann erst das Öl unterschlagen. Das Dressing zu den Zutaten in der Schüssel gießen und unterheben. Den Salat zugedeckt 20 Minuten ziehen lassen. Mit Salz und Pfeffer abschmecken und mit Oliven garnieren.

Zucchinisalat

800 g Zucchini
4 EL Olivenöl
½ TL gemahlener Kreuzkümmel
¼ TL Cayennepfeffer
200 ml Gemüsefond
grob gemahlener Pfeffer
Salz

Für das Dressing
2 EL Zitronensaft
Salz
frisch gemahlener Pfeffer
4 EL Olivenöl

Außerdem
Minze zum Garnieren

1 Die Zucchini putzen und quer in knapp ½ cm dicke Scheiben schneiden.

2 Das Olivenöl in einem Topf erhitzen. Die Gewürze darin anrösten, den Fond dazugießen und alles aufkochen. Die Zucchinischeiben in die kochende Flüssigkeit geben und in 3–4 Minuten bei schwacher Hitze bissfest garen. Im Sud abkühlen lassen.

3 Die Zucchini mit einem Schaumlöffel aus der Garflüssigkeit heben, abtropfen lassen und auf einer Servierplatte anrichten. Mit Salz und Pfeffer bestreuen.

4 Die Zutaten für das Dressing in einer kleinen Schale gründlich miteinander verrühren. Die Zucchinischeiben damit beträufeln, mit Minze garnieren und als Vorspeise servieren.

Brunnenkresse

mit Sprossen und Himbeeren

300 g Brunnenkresse
100 g Mungbohnenkeimlinge
50 g Himbeeren

Für die Vinaigrette
1 EL Honig
Salz
frisch gemahlener Pfeffer
20 ml Himbeeressig
1–2 EL Zitronensaft
60 ml Traubenkernöl

1 Die Brunnenkresse verlesen, putzen, waschen und in einem Sieb gut abtropfen lassen oder trocken schleudern.

2 Für die Vinaigrette den Honig mit Salz, Pfeffer und Himbeeressig verquirlen, bis sich das Salz aufgelöst hat. Den Zitronensaft unterrühren, dann das Traubenkernöl einrühren.

3 Die Bohnenkeimlinge in einem Sieb kalt abbrausen und gut abtropfen lassen. Mit der Brunnenkresse in eine große Schüssel geben; alles vermischen.

4 Die Brunnenkresse-Sprossen-Mischung auf vier Teller verteilen und die Vinaigrette auf die Portionen träufeln. Den Salat mit den Himbeeren garnieren und sofort servieren.

Tipp Die milde Süße der Himbeeren harmoniert sehr gut mit der leichten Schärfe der Brunnenkresse. Die Kresse können Sie auch durch Portulak oder einfach durch Feldsalat ersetzen.

Blattspinat

in Sesam-Vinaigrette

250 g junger Blattspinat

Für die Sesam-Vinaigrette
40 ml roter Reisessig
Salz
80 ml Sesamöl
frisch gemahlener weißer Pfeffer
abgeriebene Bio-Zitronenschale
2 EL geschälte Sesamsamen

1 Den Spinat putzen, waschen und in einem Sieb gut abtropfen lassen oder trocken schleudern. Die Blätter in eine große Salatschüssel geben.

2 Für die Vinaigrette den Reisessig mit dem Salz verrühren, bis es sich aufgelöst hat. Anschließend das Sesamöl mit einem kleinen Schneebesen darunterschlagen. Die Vinaigrette mit Pfeffer und Zitronenschale würzen.

3 Die Sesamsamen in einer Pfanne ohne Fett hell rösten und sofort aus der Pfanne nehmen, damit sie nicht verbrennen. Sesam zur Vinaigrette geben und untermischen. Die Vinaigrette über den Spinat träufeln und den Spinatsalat sofort servieren.

Tipp Roter Reisessig ist bernsteinfarben und schmeckt leicht scharf. Vom Geschmack her kann man als Ersatz Aceto Balsamico verwenden, doch färbt dieser die Sesam-Vinaigrette sehr dunkel.

Bohnensalat

mit Sprossen, Algen und Tofu

20 g getrocknete Wakame-Algen
200 g grüne Bohnen
100 g Mungbohnensprossen
Salz
50 g Frühlingszwiebeln
350 g schnittfester Tofu
2 EL Sesamöl
frisch gemahlener Pfeffer

Für die Sauce
5 g frische Ingwerwurzel
2 EL dunkle Sojasauce
2 EL Fischsauce
1 TL Chiliöl
1 EL Sesamöl
1 EL Mirin
1 EL gehackte japanische Steinpetersilie (ersatzweise Petersilie)
Salz
frisch gemahlener Pfeffer

1 Die getrockneten Algen in eine Schüssel geben, mit kaltem Wasser bedecken und 5 Minuten einweichen. Anschließend die eingeweichten Algen in kochendes Wasser geben und 10 Minuten kochen. Herausnehmen und in Eiswasser abschrecken.

2 Während die Algen garen, die grünen Bohnen waschen, die Enden abschneiden und eventuell vorhandene Fäden abziehen. Die Bohnen in kochendes Salzwasser geben und etwa 10 Minuten garen. Mit einem Schaumlöffel aus dem Wasser nehmen und sofort in Eiswasser abschrecken.

3 Die Mungbohnensprossen verlesen, in einem Sieb kalt abbrausen, in kochendes Salzwasser geben und nur 30 Sekunden darin garen, dann abgießen und sofort mit kaltem Wasser abschrecken. Die Frühlingszwiebeln putzen und in feine Ringe schneiden.

4 Den Tofu in etwa 2 cm große Würfel schneiden; die Würfel leicht salzen und pfeffern. In einer Pfanne das Sesamöl erhitzen und die Tofuwürfel darin rundherum anbraten.

5 Für die Sauce den Ingwer schälen und sehr fein hacken. Die Sojasauce mit der Fischsauce, den beiden Ölsorten und Mirin in einer Schüssel verrühren. Ingwer und Petersilie zugeben und alles gründlich verrühren. Die Sauce mit Salz und Pfeffer würzen.

6 Algen, Frühlingszwiebeln und Bohnensprossen in eine große Schüssel geben und alles miteinander mischen.

7 Zum Anrichten die gebratenen Tofuwürfel, die grünen Bohnen und die Sprossen-Algen-Mischung nebeneinander auf eine ovale Servierplatte verteilen. Mit der Sauce beträufeln und als Vorspeise servieren.

Frische Eigelbe, etwas Senf, Pfeffer und Öl sowie Zitronensaft, Salz und Pfeffer – das sind die Zutaten für eine klassische Mayonnaise. Entscheidend für das perfekte Gelingen ist, dass das Öl unter ständigem Rühren in dünnem Strahl zu den Eigelben gegeben wird.

Dips und Salatsaucen

Saucen für Gemüse und Salate

Delikate Saucen, Vinaigretten und Dips sind die perfekten Begleiter für rohes und gegartes Gemüse sowie für Salate aller Art – sie verleihen ihnen eine individuelle Geschmacksnote und unterstreichen ihr Aroma. Mit der passenden Sauce werden schlichte vegetarische Gerichte ohne großen Aufwand zu etwas ganz Besonderem. Zur Herstellung benötigen Sie lediglich einen Schneebesen, einen Mixer oder einen Stabmixer und etwas Knowhow.

Mayonnaise zubereiten

Der Klassiker unter den Salatsaucen ist die Mayonnaise, die Sie pur oder auch zur Abrundung anderer Saucen und Dips verwenden können. Bei Mayonnaise handelt es sich um eine kalt geschlagene Eigelb-Öl-Emulsion. Eine Voraussetzung für das gute Gelingen ist, dass Eigelb und Öl Raumtemperatur haben. Verwenden Sie außerdem hochwertiges, geschmacksneutrales Öl wie Distel- oder Sonnenblumenöl. Sie können Mayonnaise manuell mit dem Schneebesen oder mit den Quirlen des Handrührgeräts, in der Küchenmaschine oder im Mixer zubereiten. Verwenden Sie ausschließlich frische Eier (Salmonellenrisiko!) und stellen Sie die fertige Mayonnaise bis zur Verwendung in den Kühlschrank. Mayonnaise lässt sich vielfältig mit wenigen Zutaten abwandeln. Die Zubereitung ist ganz einfach, so dass man nicht unbedingt auf Fertigprodukte zurückgreifen muss.

Grundrezept Mayonnaise

1–2 frische Eigelbe mit 1–2 TL Senf im Mixer verrühren; erst tropfenweise, dann in dünnem Strahl 175 ml neutralschmeckendes Öl darunterschlagen, bis eine homogene glatte Creme entstanden ist. Mit wenig Zitronensaft, Salz und Pfeffer abschmecken.

Vinaigretten

Eine klassische Vinaigrette besteht aus Öl, Essig oder Zitronensaft, etwas Senf, Salz und Pfeffer. Sie ist das Standard-Dressing für alle Salate und lässt sich variantenreich verfeinern. Probieren Sie die verschiedenen im Handel angebotenen Öle (siehe Seite 244) und Essige aus.

Grundrezept Vinaigrette

½ TL Senf mit 2 EL Essig (Weißwein-, Rotwein- oder Obstessig), Salz und Pfeffer verrühren. 4 EL Öl (Sonnenblumen-, Oliven-, Raps-, Distelöl oder ein Nussöl) untermischen; die Vinaigrette abschmecken.

Vanille-Vinaigrette

Das Mark von ½ Vanilleschote mit 250 ml Orangensaft kurz aufkochen und in 5–8 Minuten auf die Hälfte einkochen lassen. Die Schote entfernen, 1 TL Zucker sowie Salz und Pfeffer unterrühren, dann 3 EL Nussöl darunterschlagen.

Tomaten-Vinaigrette

500 g Fleischtomaten würfeln, dabei die Stielansätze entfernen. 1 Schalotte und ½ Knoblauchzehe fein würfeln und in 1 EL Butter andünsten. Tomatenwürfel, ½ entkernte und gehackte Chilischote, 1 TL Thymianblättchen sowie Salz und Pfeffer zufügen und alles 6–8 Minuten bei schwacher Hitze garen. Die Mischung durch ein Sieb streichen, die Sauce dabei auffangen. Abkühlen lassen, anschließend 2 EL Rotweinessig und 3–4 EL Olivenöl in die Sauce rühren; nochmals abschmecken. Zum Schluss 1 EL frische Tomatenwürfel und 1 EL Schnittlauchröllchen unter die Vinaigrette mischen.

Dips

Sie sind cremiger und meist gehaltvoller als Salatsaucen und Vinaigretten und eignen sich (wie die Bezeichnung bereits sagt) hervorragend zum Dippen, also zum Eintunken von beispielsweise rohem Gemüse. So ensteht etwa aus in Stiften geschnittenen rohen Möhren, Stangensellerie oder Kohlrabi zusammen mit einem feinen Dip eine unkomplizierte köstliche Vorspeise.

Kräuter-Quark-Dip

500 g Sahnequark mit 2 EL Zitronensaft verrühren und die Creme mit Salz, Pfeffer und Paprikapulver würzen. Je ½ Bund Petersilie, Rucola und Schnittlauch zerkleinern und unterrühren.

Gurkendip

1 Salatgurke schälen, langs halbieren und die Kerne mit einem Löffel entfernen. Die Fruchthälften auf einer Gemüsereibe grob raspeln; die Raspeln in einem Sieb abtropfen lassen. 250 g Joghurt untermischen und 2 Knoblauchzehen durch die Presse dazudrücken. ½ Bund Minze und etwas Dill fein hacken und mit 4 EL Olivenöl unterrühren. Mit Salz und Pfeffer würzen; nach Belieben noch 50 g gewürfelte schwarze Oliven über den Dip streuen.

Eier-Senf-Dip

250 g saure Sahne mit 2 EL Senf mischen. 4 gehackte, hart gekochte Eier mit 2 gehackten Frühlingszwiebeln und 4 gewürfelten kleinen Gewürzgurken in die Sahnesauce rühren. Salzen und pfeffern.

Die orangefarbene Tomaten-Vinaigrette hat eine fruchtige und dezent scharfe Note. Sie passt hervorragend zu frisch gegarten Spargelstangen.

Ausgebackene Artischocken

mit Guacamole

8 Artischocken mit Stiel (je 150 g)
Saft von 1 Zitrone, Salz

Für den Ausbackteig
¼ Chilischote (Habanero), von den Samen befreit, 200 g Mehl
125 ml Weißwein, 100 ml Milch
2 Eier, Salz

Für die Guacamole
1 Tomate, 1 kleine weiße Zwiebel
½ Chilischote (Habanero), von den Samen befreit
2 Avocados
Salz, Saft von ½ Limette, Pfeffer
3 EL Öl
1 EL gehacktes Koriandergrün

Außerdem
Öl zum Frittieren

1 Von den Artischocken den Stiel direkt unterhalb des Blütenansatzes abschneiden, die Böden sofort mit Zitronensaft bestreichen. Die kleinen, harten Blätter rund um den Stielansatz abzupfen und von den äußeren Blättern die stacheligen Spitzen mit einer Küchenschere abschneiden. Die Spitze der Artischocke mit einem Messer gerade abtrennen.

2 Reichlich Salzwasser mit dem restlichen Zitronensaft aufkochen. Artischocken darin 15 Minuten garen. Aus dem Wasser heben und kopfüber gut abtropfen lassen, dann längs halbieren und das »Heu« mit einem Kugelausstecher entfernen.

3 Für den Ausbackteig das Chiliviertel fein hacken. In einer Schüssel das Mehl mit dem Wein und der Milch glatt rühren. Eier, Salz und Chiliwürfel mit dem Schneebesen unterrühren. Den Teig 20 Minuten quellen lassen.

4 Für die Guacamole die Tomate blanchieren, häuten, Stielansatz und Samen entfernen und das Fruchtfleisch hacken. Die Zwiebel schälen und fein hacken. Chili fein würfeln. Die Avocados längs halbieren und die Kerne entfernen. Das weiche Fruchtfleisch mit einem Löffel auslösen und mit einer Gabel nicht zu fein zerdrücken.

5 Gehackte Tomate, Zwiebel, Chili und zerdrückte Avocados miteinander vermischen. Die Masse mit Salz, Limettensaft und mit Pfeffer würzen. Öl und Koriandergrün unterrühren.

6 In einem Topf oder in der Fritteuse das Öl zum Frittieren auf 180 °C erhitzen. Die Artischockenhälften einzeln in den Ausbackteig tauchen, etwas abtropfen lassen und im heißen Fett goldbraun frittieren.

7 Die Artischocken aus dem Fett heben und gut auf Küchenpapier abtropfen lassen. Die warmen Artischocken mit der Guacamole anrichten.

Frittierter Curry-Blumenkohl

1 Blumenkohl (etwa 1,5 kg), Salz
Saft von ½ Limette

Für den Ausbackteig
150 g Buchweizenmehl, 50 g Mehl
1 TL Salz, 2 TL Currypulver
1 TL gemahlene Kurkuma
15 g Ingwerwurzel, gerieben
1 Eigelb

Für die Joghurtsauce
50 g Frühlingszwiebeln
2 rote Chilischoten
200 g Joghurt, 50 g Crème fraîche
1 Knoblauchzehe, fein gehackt
½ TL Salz, 1 EL gehackte Petersilie, 1 EL gehacktes Koriandergrün, 1 EL Limettensaft

Außerdem
Öl zum Frittieren

1 Den Blumenkohl putzen und in mittelgroße Röschen teilen (ergibt etwa 800 g).

2 In einem großen Topf Wasser mit Salz und Limettensaft zum Kochen bringen und die Blumenkohlröschen darin 5 Minuten garen. Mit der Schöpfkelle herausheben, sofort kalt abschrecken und gut abtropfen lassen. Die Röschen in einer Schüssel beiseitestellen.

3 Für den Ausbackteig beide Mehlsorten mit den Gewürzen in einer Schüssel vermischen. 250 ml Wasser und Eigelb zufügen und alles zu einem glatten Teig verrühren. Zudecken und 30 Minuten ruhen lassen.

4 Für die Joghurtsauce die Frühlingszwiebeln in feine Ringe schneiden. Die Chilischoten halbieren, Samen und Trennwände entfernen und das Fruchtfleisch fein hacken. Den Joghurt mit der Crème fraîche cremig rühren.

5 Die Frühlingszwiebelringe, Chilischoten- und Knoblauchwürfel, Salz, Petersilie, Koriandergrün und Limettensaft zufügen; alles gut verrühren.

6 Das Öl in einem Wok oder in einer Fritteuse auf 180 °C erhitzen. Die Blumenkohlröschen in den Ausbackteig tauchen, abtropfen lassen und frittieren. Auf Küchenpapier entfetten und mit der Joghurtsauce servieren.

Falafel

Für die Falafel
300 g getrocknete Kichererbsen
1 Zwiebel, 2 Knoblauchzehen
½ TL gemahlener Kreuzkümmel
½ TL gemahlener Koriander
¼ TL Chilipulver
Salz, frisch gemahlener Pfeffer
1 TL Zitronensaft
2 EL gehackte Petersilie, 1 Ei

Für die Sauce
250 g Sahnejoghurt
150 g Salatgurke
Salz, frisch gemahlener Pfeffer
¼ TL gemahlener Kreuzkümmel
1 Messerspitze Paprikapulver
1 Prise Zucker
1 TL gehacktes Koriandergün

Außerdem
Öl zum Frittieren

1 Die Kichererbsen mit kaltem Wasser bedecken und über Nacht einweichen. Abgießen und abspülen. In einem Topf mit 1,5 l Wasser zum Kochen bringen und bei schwacher Hitze im geschlossenen Topf in 50–55 Minuten weich kochen. Kochwasser abgießen, dabei 80 ml auffangen und beiseitestellen. Die Kichererbsen gut abtropfen lassen.

2 Zwiebel schälen und fein hacken. Mit den Kichererbsen und dem aufgefangenen Kochwasser pürieren. Knoblauch schälen, fein hacken und zum Kichererbsenpüree geben. Dieses mit den Gewürzen, Zitronensaft, Petersilie und Ei vermengen. Aus der Masse mit angefeuchteten Händen 24 Kugeln von je etwa 30 g formen.

3 In einem Topf oder in einer Fritteuse das Öl auf 180 °C erhitzen. Die Falafel darin portionsweise in 3–4 Minuten knusprig ausbacken. Mit einem Schaumlöffel herausheben und auf Küchenpapier abtropfen lassen.

4 Für die Sauce den Joghurt in eine Schüssel geben und mit dem Schneebesen glatt rühren. Die Gurke schälen, in sehr feine Würfel schneiden und zum Joghurt geben. Gewürze, Zucker und Koriandergrün zugeben und untermischen. Die Falafel mit der Sauce und beliebigem Blattsalat servieren.

Bulgurküchlein mit Salat

100 g Bulgur
60 g Frühlingszwiebeln
2 kleine Knoblauchzehen
1 grüne Chilischote (etwa 10 g)
1 EL gehackte glatte Petersilie
1 EL gehackte Minze
50 g Tomatenmark
1 Ei
20–30 g Semmelbrösel
Salz
frisch gemahlener Pfeffer
2 EL Olivenöl

Für den Salat
¼ Kopf Novita-Salat
1 rote Spitzpaprikaschote
1 hellgrüne Spitzpaprikaschote
50 g kleine kernlose weiße Weintrauben

Für die Vinaigrette
2 EL Weißweinessig
2 EL Gemüsebrühe
Salz
frisch gemahlener Pfeffer
4 EL Olivenöl
1 Frühlingszwiebel, in Ringe geschnitten

Außerdem
Weintrauben zum Garnieren

1 Den Bulgur in einer Schüssel mit 200 ml kochendheißem Wasser übergießen und 10 Minuten oder nach Packungsanleitung quellen lassen.

2 Frühlingszwiebeln putzen, Knoblauchzehen schälen; beides fein hacken. Chilischote waschen, halbieren, Stielansatz, Samen und Trennwände entfernen und das Fruchtfleisch fein würfeln.

3 Die zerkleinerten Zutaten zum Bulgur in die Schüssel geben. Petersilie, Minze, Tomatenmark, Ei, Semmelbrösel, Salz und Pfeffer hinzufügen und alles mit den Händen zu einem Teig verkneten. Die Schüssel zudecken und die Bulgurmasse etwa 30 Minuten ruhen lassen.

4 Inzwischen den Salat putzen, waschen und trocken schleudern. Größere Blätter nach Belieben in mundgerechte Stücke zerteilen.

5 Die Paprikaschoten waschen, die Stielansätze entfernen und das Fruchtfleisch quer in dünne Ringe schneiden, dabei Samen und Trennwände entfernen. Die Trauben waschen.

6 Aus dem Bulgurteig 12 Küchlein von je etwa 35 g formen. Das Öl in einer Pfanne erhitzen und die Frikadellen darin bei schwacher Hitze auf jeder Seite in 3–4 Minuten knusprig braten.

7 Für die Vinaigrette den Weißweinessig, die Brühe sowie Salz und Pfeffer in einer Schüssel verquirlen. Das Öl unterrühren und anschließend die Frühlingszwiebelringe unter die Vinaigrette mischen.

8 Die Salatzutaten auf einer großen Servierplatte arrangieren und mit der Vinaigrette beträufeln. Die Bulgurküchlein daneben anrichten, mit Weintrauben garnieren und sofort servieren.

Rote Bete im Teigmantel

500 g kleine Rote Beten
¼ TL Kümmelsamen, Salz

Für den Bierteig
100 g Mehl, 100 ml helles Bier
1 Eigelb, 20 g zerlassene Butter
Salz, 1 Eiweiß

Für die Meerrettichsauce
20 g Zwiebel
50 ml Weißwein
20 ml trockener Wermut
300 ml Gemüsefond
100 g Crème fraîche
30 g Meerrettich, gerieben
Salz, frisch gemahlener Pfeffer

Außerdem
Öl zum Frittieren
frisch gehobelter Meerrettich
Kresse zum Garnieren

1 Die Roten Beten von Wurzeln und Blättern befreien, ohne dabei die Knollen zu verletzen. Die Knollen waschen, in einem Topf mit Wasser bedecken, Kümmel und Salz zugeben und die Roten Beten in etwa 40 Minuten weich garen. Abschrecken und schälen.

2 Für den Teig das Mehl in eine Schüssel sieben. Bier und Eigelb zufügen, alles glatt rühren. Butter unterziehen; salzen. Eiweiß steif schlagen; unterheben. Teig 30 Minuten quellen lassen.

3 Für die Sauce die Zwiebel fein hacken. Mit Wein und Wermut aufkochen und bis auf etwa 1 EL reduzieren. Fond zugießen, auf etwa 100 ml einkochen lassen. Crème fraîche unterrühren, Meerrettich zufügen und die Sauce salzen und pfeffern. Etwas einkochen lassen und abschmecken. Warm halten.

4 Das Öl auf 180 °C erhitzen. Die Roten Beten mit einer Gabel durch den Bierteig ziehen, überschüssigen Teig ablaufen lassen. Die Kugeln goldbraun frittieren, mit einem Schaumlöffel herausheben und auf Küchenpapier abtropfen lassen.

5 Rote-Bete-Kugeln auf Tellern anrichten. Die Sauce mit dem Stabmixer aufschlagen und die Kugeln damit umgießen. Mit gehobeltem Meerrettich und Kresse garnieren; servieren.

Paprika und Peperoni in Öl

Für die Paprikaschoten in Öl
rote, grüne und gelbe Paprikaschoten (etwa 300 g)
1–2 Knoblauchzehen
Blätter von 5 Thymianzweigen
2 EL Aceto Balsamico
8 EL Olivenöl
Salz, frisch gemahlener Pfeffer

1 Den Backofen auf 220 °C vorheizen. Die Paprikaschoten im Ofen backen, bis sie angekohlt sind und Blasen werfen. Herausnehmen und in einem Gefrierbeutel abkühlen lassen; häuten, halbieren und entkernen.

2 Die Paprikahälften in große Stücke schneiden und in eine flache Schüssel legen. Knoblauch in Scheiben schneiden; mit Thymian, Essig und Öl sowie Salz und Pfeffer vermischen. Die Paprikaschoten mit der Mischung übergießen und zugedeckt mindestens 30 Minuten ziehen lassen.

Für die Peperoni in Öl
500 g frische Peperoni
2 Knoblauchzehen, in Scheiben geschnitten
1 Rosmarinzweig
2 EL Aceto Balsamico
1 TL Salz
6 EL Olivenöl

1 Große Peperoni wie Paprikaschoten häuten (siehe links). Kleine Schoten in einer auf mittlere Temperatur erhitzte Pfanne geben und rösten. Die Peperoni dabei wenden, bis sie mit braunen Bläschen überzogen sind; in einen Gefrierbeutel geben und abkühlen lassen. Die Haut unter fließendem Wasser abreiben.

2 Den Stiel mit einem kleinen Teil des Stielansatzes entfernen und die Schoten mit einem scharfen Messer längs, zur Spitze hin, aufschlitzen. Samen und Trennwände herausschaben, noch vorhandene Samen unter fließendem Wasser entfernen.

3 Die Peperoni für 2–3 Stunden in leicht gesalzenes Wasser legen. Anschließend die Schoten gut abtropfen lassen, mit den restlichen Zutaten in eine Schüssel geben und über Nacht im Kühlschrank durchziehen lassen.

Mangoldroulade

mit Tomatenfüllung

Für die Füllung
800 g Tomaten
1 weiße Zwiebel
2 Knoblauchzehen
4 EL Olivenöl
Salz
frisch gemahlener Pfeffer

Für den Teig
200 g Mangoldblätter
Salz
50 g Butter
50 g Mehl
220 ml Milch
frisch gemahlener Pfeffer
frisch geriebene Muskatnuss
3 Eier

Für den Salat
½ Chicorée
½ Radicchio
20 g Rucola
1 Handvoll Friséesalat
1 Schalotte
1 Knoblauchzehe
20 entsteinte schwarze Oliven
1 EL Weißweinessig
Salz
frisch gemahlener Pfeffer
4 EL Olivenöl
1 EL gehackte Kräuter (Rosmarin, Thymian, Salbei, Petersilie)
1 Spritzer Zitronensaft
Zesten von ¼ Bio-Zitrone

1 Die Tomaten für die Füllung blanchieren und häuten. Die Stielansätze herausschneiden, die Tomaten quer halbieren und von den Samen befreien. Das Fruchtfleisch klein würfeln.

2 Zwiebel und Knoblauch schälen und fein hacken. Das Olivenöl erhitzen, Zwiebel- und Knoblauchwürfel darin andünsten. Die Tomatenwürfel zufügen, kurz mitdünsten, dann alles salzen und pfeffern.

3 Die Mangoldblätter putzen und gut waschen. Kurz in sprudelnd kochendes Salzwasser geben, herausnehmen und sofort kalt abschrecken. Die Blätter ausdrücken und fein hacken.

4 Die Butter in einem kleinen Topf zerlassen und das Mehl unter Rühren darin anschwitzen. Die Milch langsam unter Rühren zugießen und alles etwa 10 Minuten unter weiterem Rühren köcheln lassen; würzen und abkühlen lassen.

5 Den Backofen auf 190 °C vorheizen. Die Eier trennen. Die Eigelbe gründlich unter die Sauce rühren und den Mangold untermischen. Die Eiweiße mit einer Prise Salz steif schlagen und unter die Masse heben.

6 Die Masse gleichmäßig auf ein mit Backpapier belegtes Backblech streichen und im heißen Ofen 15–20 Minuten backen. Herausnehmen und die Teigplatte auf einen Bogen Backpapier auf der Arbeitsfläche stürzen. Das Backpapier, das jetzt obenauf liegt, abziehen und die Tomatenmasse darauf verstreichen. Die Roulade mithilfe des unteren Backpapiers aufrollen und in 3 cm dicke Scheiben schneiden.

7 Die Salate putzen, waschen, die Blätter (falls nötig) zerpflücken und trocken schleudern. Schalotte und Knoblauch schälen; beides fein hacken. Die Oliven halbieren. Essig, Salz und Pfeffer verrühren, bis sich das Salz aufgelöst hat, dann das Olivenöl unterschlagen. Schalotte, Knoblauch, Oliven, Kräuter, Zitronensaft und Zitronenzesten unter die Vinaigrette mischen.

8 Die Salatblätter auf Tellern verteilen und mit der Vinaigrette beträufeln. Die Mangoldrouladenscheiben daneben anrichten; sofort servieren.

Mit Spinat gefüllte Tomaten

4 große runde Tomaten (je 100 g)

Für die Füllung
1 kleine weiße Zwiebel
1 Knoblauchzehe
100 g Blattspinat, geputzt
1 kleine rote Paprikaschote
1 kleine rote Chilischote, von den Samen befreit
2 EL Sonnenblumenöl
Salz
frisch gemahlener Pfeffer

Außerdem
20 g Weißbrot vom Vortag, Rinde abgeschnitten
80 g Emmentaler
Butter für die Form, zerlassene Butter zum Beträufeln
grob gemahlener Pfeffer
1 EL gehackte Petersilie

1 Von den Tomaten oben einen Deckel abschneiden; Tomaten aushöhlen und mit der Öffnung nach unten auf Küchenpapier abtropfen lassen.

2 Zwiebel und Knoblauch fein hacken. Spinat waschen und abtropfen lassen. Paprikaschote putzen und in etwa ½ cm große Würfel schneiden. Chilischote in feine Streifen schneiden.

3 Das Öl in einer Pfanne erhitzen, Zwiebel und Knoblauch darin andünsten. Paprika und Chilischote zugeben und 1 Minute mitbraten. Spinat zufügen und zusammenfallen lassen. Alles salzen und pfeffern. Die Mischung in die Tomaten füllen.

4 Das Weißbrot in sehr kleine Würfel schneiden. Den Käse in kleine Würfel schneiden. Brotwürfel und Käse auf den Tomaten verteilen.

5 Den Backofen auf 200 °C vorheizen. Eine Auflaufform mit Butter ausstreichen und die gefüllten Tomaten nebeneinander in die Form setzen. Die Tomaten mit der Hälfte der zerlassenen Butter beträufeln und im heißen Ofen 15–20 Minuten backen; nach 10 Minuten mit der restlichen Butter beträufeln.

6 Die Form aus dem Ofen nehmen. Tomaten mit geschrotetem Pfeffer und Petersilie bestreuen. Mit Vollkornbaguette servieren.

Eierstich

mit Kräutern und Steinpilzen

2 Lorbeerblätter
1 Salbeiblatt
1 kleiner Rosmarinzweig
2 Stängel Petersilie
250 ml Milch
750 g Sahne
1 Schalotte
½ Knoblauchzehe
20 g Butter
1 gehäufter EL gehackte Kräuter (Salbei, Rosmarin, Petersilie, Schnittlauch)
50 g Parmesan, gerieben
6 Eier, getrennt
Salz, frisch gemahlener Pfeffer
1 Prise geriebene Muskatnuss

Außerdem
Butter für die Form
400 g frische Steinpilze
50 g Butter
Salz
frisch gemahlener Pfeffer
1 Bund glattblättrige Petersilie, fein gehackt

1 Den Backofen auf 200 °C vorheizen. Die Kräuter zu einem Gewürzsträußchen binden. Milch und Sahne in einem Topf aufkochen, das Sträußchen einlegen und die Mischung bei schwacher Hitze auf die Hälfte einköcheln lassen. Das Sträußchen herausnehmen und die Kräuter-Sahne-Milch etwas abkühlen lassen.

2 Schalotte und Knoblauch schälen und sehr fein hacken. In einer kleinen Pfanne die Butter zerlassen; Schalotten- und Knoblauchwürfel darin andünsten. Die gehackten Kräuter hineinstreuen und kurz mitdünsten.

3 Die Kräutermischung in die Sahnemilch rühren. Den geriebenen Parmesan und die Eigelbe mit einem Schneebesen darunterschlagen. Die Eiweiße mit Salz, Pfeffer und Muskat steif schlagen, anschließend den Eischnee unter die Eigelbmasse heben.

4 Eine rechteckige Auflaufform mit Butter ausfetten, die Masse hineinfüllen und im heißen Ofen 35–40 Minuten backen, bis die Oberfläche leicht gebräunt ist.

5 Inzwischen die Steinpilze sorgfältig putzen, nur falls unbedingt nötig, waschen. Die Stiele abtrennen und in dünne Scheiben schneiden, die Hüte in größere Stücke teilen. In einer Pfanne die Butter zerlassen und die Pilze darin 4–5 Minuten anbraten. Mit Salz und Pfeffer würzen. Die gehackte Petersilie untermischen. Die Pilzmischung mit dem Eierstich auf vier vorgewärmten Teller anrichten und sofort servieren.

Frittierte gefüllte Eier

mit Salat von weißen Bohnen

Für den Bohnensalat
300 g getrocknete weiße Bohnenkerne
Salz
250 g Zwiebeln
20 schwarze Oliven, entsteint
4 EL gehackte Petersilie
6 EL Olivenöl
Saft von ½ Zitrone
3 EL Weißweinessig
Salz
frisch gemahlener Pfeffer
2 TL scharfes Paprikapulver

Für die gefüllten Eier
8 Eier
3 EL gehackte Petersilie
80 g Schafkäse (Feta)
Salz
frisch gemahlener Pfeffer
1 TL edelsüßes Paprikapulver

Für die Panade
2 Eigelbe
20 g Mehl

Außerdem
500 ml Öl zum Frittieren

1 Die Bohnenkerne über Nacht in kaltem Wasser einweichen. Am nächsten Tag abgießen und unter fließendem Wasser abspülen. In einem Topf 500 ml Wasser zum Kochen bringen. Die Bohnen darin bei mittlerer Hitze in 30–40 Minuten weich kochen, sie sollten aber noch bissfest sein; gegen Ende der Garzeit Salz ins Kochwasser geben. In ein Sieb schütten, abtropfen und abkühlen lassen. Wer mag kann die Bohnen auch im Einweichwasser gar kochen (siehe Seite 150).

2 Die Zwiebeln schälen, in dünne Ringe schneiden, diese mit reichlich Salz bestreuen und 10 Minuten ziehen lassen. Die Zwiebelringe anschließend mit den Händen kräftig ausdrücken, dann in eine große Schüssel füllen. Bohnen, Oliven und Petersilie zufügen und alles mischen.

3 Das Olivenöl mit Zitronensaft, Essig und 1 EL Wasser verrühren. Mit Salz, Pfeffer und Paprikapulver würzen und alles gründlich verquirlen. Die Salatsauce über die Bohnenmischung gießen und alles gut durchmischen. 30 Minuten ziehen lassen.

4 Inzwischen die Eier in etwa 10 Minuten hart kochen; kalt abschrecken, pellen und der Länge nach halbieren. Die Eigelbe herauslösen und in eine Schüssel geben. Petersilie und zerbröckelten Schafkäse zufügen. Mit Salz, Pfeffer und Paprikapulver würzen, alles gut vermengen.

5 Die Füllung mit einem Löffel gleichmäßig so in die Eiweißhälften geben, dass eine kleine Wölbung entsteht.

6 Für die Panade die Eigelbe in einer Schale verquirlen. Die gefüllten Eihälften zuerst in Mehl wenden, dann auf eine Gabel legen und in die Eigelbe tauchen, auf die Oberseite umdrehen und mithilfe der Gabel wieder herausnehmen.

7 Das Öl in einer hohen Pfanne oder in der Fritteuse auf 180 °C erhitzen. Die Eihälften vorsichtig nacheinander mithilfe einer Schöpfkelle hineingleiten lassen und in etwa 3 Minuten ausbacken. Die Eihälften aus dem Fett heben, auf Küchenpapier abtropfen lassen und mit dem Bohnensalat anrichten.

Gebratener Ziegenkäse

mit Paprikaschoten und Minze-Vinaigrette

2 rote Spitzpaprikaschoten
4 mittelreife runde Ziegenkäse (je 75 g)
2 Eier
Salz
frisch gemahlener Pfeffer
1 TL Thymianblättchen
30 g Mehl
3–4 EL Olivenöl

Für die Minze-Vinaigrette
1 Knoblauchzehe
1 Zwiebel
4 EL Olivenöl
2 EL Weißweinessig
Salz
frisch gemahlener Pfeffer
50 g Minze

Außerdem
Olivenöl zum Bepinseln
4 Holzspieße
12 schwarze Oliven zum Garnieren

1 Den Backofen auf 220 °C vorheizen. Die Paprikaschoten im heißen Ofen backen, bis die Haut Blasen wirft und leicht angekohlt ist. Die Schoten unter einem feuchten Tuch oder in einem Gefrierbeutel abkühlen lassen. Herausnehmen und die Haut von oben nach unten abziehen. Die Schoten längs halbieren, dann Stielansätze, Samen und Trennwände entfernen.

2 Für die Minze-Vinaigrette Knoblauch und Zwiebel schälen und fein würfeln. Beides in einer Schüssel mit Olivenöl, Essig, Salz und Pfeffer verrühren. Die Minze waschen, gut abtropfen lassen, die Blättchen abzupfen und grob zerkleinern.

3 Die Ziegenkäse quer halbieren. Die Eier in einem tiefen Teller verquirlen. Mit Salz, Pfeffer und Thymian würzen. Das Mehl auf einen flachen Teller schütten.

4 Die Paprikahälften mit Olivenöl bepinseln, auf eine Grillplatte oder in eine Pfanne legen und 2–3 Minuten rösten.

5 Die Ziegenkäsehälften zuerst in Mehl wenden (überschüssiges Mehl abklopfen), dann in den verquirlten Eiern und nochmals in Mehl wenden. Das Olivenöl in einer Pfanne erhitzen und die panierten Ziegenkäse darin auf beiden Seiten braten.

6 Die gehackte Minze unter die Vinaigrette mischen. Pro Portion auf einem Teller 2 gebackene Käsehälften mit je 1 gerösteten Paprikahälfte dazwischen mit einem Holzspieß zu einem Türmchen zusammenstecken. Mit etwas Minze-Vinaigrette begießen, die Oliven und die restliche Vinaigrette rundherum anrichten. Als Vorspeise mit Baguette servieren.

Dreifarbige Paprikamousse

je 300 g rote, grüne und gelbe Paprikaschoten
6 Blatt weiße Gelatine
3 Schalotten
3 kleine Knoblauchzehen
60 g kalte Butter
3 Thymianzweige
Salz, frisch gemahlener Pfeffer
120 ml Weißwein
375 ml Gemüsefond
3 Spritzer Zitronensaft
225 g Sahne

1 Paprikaschoten waschen und putzen, nach Farben getrennt in kleine Würfel schneiden. Die Gelatine in Wasser einweichen.

2 Schalotten und Knoblauch schälen. Die Schalotten fein würfeln und den Knoblauch halbieren. Ein Drittel der Schalotten mit den roten Paprikawürfeln in 10 g Butter dünsten, dabei die Blätter von 1 Thymianzweig, 2 Knoblauchhälften, Salz und Pfeffer zugeben. Mit 40 ml Wein und 125 ml Fond ablöschen. Die grünen und gelben Schoten ebenso dünsten.

3 Die Paprikamischungen (nach Farben getrennt) nacheinander wie folgt weiterverarbeiten: mit dem Stabmixer pürieren und durch ein Sieb streichen (siehe 1. Bild der Bildfolge rechts). Anschließend das Püree kurz erhitzen. 10 g Butter mit dem Stabmixer unterarbeiten, dann 2 Blatt Gelatine darin auflösen (siehe 2. und 3. Bild der Bildfolge).

4 Püree etwas abkühlen lassen, mit 1 Spritzer Zitronensaft würzen. Sahne steif schlagen, 75 g davon einarbeiten (siehe 4. Bild der Bildfolge). Die Masse in eine Schüssel füllen, glatt streichen und in 10 Minuten bei Raumtemperatur fest werden lassen.

5 Inzwischen das nächste Püree erhitzen, homogenisieren und wie in Schritt 3 und 4 beschrieben verarbeiten. Auf die erste Masse streichen und 10 Minuten fest werden lassen. Das dritte Püree herstellen; auf der zweiten Schicht verteilen und ebenfalls 10 Minuten fest werden lassen. Mousse kühl stellen und völlig erstarren lassen. Zum Servieren Nocken abstechen (siehe 5. Bild).

Die drei Paprikapürees nacheinander und separat durch ein Sieb in eine Kasserolle streichen.

Jeweils kurz erhitzen, homogenisieren und nach und nach die kalte Butter untermixen.

Die eingeweichte und ausgedrückte Gelatine unter das warme Püree rühren. Kurz anziehen lassen.

Ein Drittel der geschlagenen Sahne vorsichtig mit dem Schneebesen unterheben.

Um schöne Nocken von der Mousse abzustechen, den Löffel vorher in heißes Wasser tauchen.

Pfifferlingsäckchen

mit Kräuter-Sahne-Sauce

Für 8 Stück
4 Yufka- oder Filoteigblätter
50 g flüssige Butter
8 Schnittlauchhalme (zum Zubinden)

Für die Füllung
1 kg Pfifferlinge
100 g Butter
1 Zwiebel
1 Knoblauchzehe
400 g festkochende Kartoffeln
1 EL Öl
250 g Tomaten
80 g Frühlingszwiebeln
2 EL gehackte glatte Petersilie
1 EL Schnittlauchröllchen
Salz
frisch gemahlener Pfeffer
1 TL Trüffelöl

Für die Kräuter-Sahne-Sauce
1 kleine Zwiebel
20 g Butter
100 ml Weißwein
400 g Sahne
1 EL gehackte Kräuter (Rosmarin, Oregano, Salbei, Basilikum)
Salz
frisch gemahlener weißer Pfeffer
1 TL Zitronensaft

Außerdem
Butter für das Blech

1 Die Pfifferlinge putzen und mit Küchenpapier abreiben, möglichst nicht waschen. Kleinere Exemplare ganz lassen, größere halbieren. Die Butter in einer Pfanne zerlassen und die Pfifferlinge darin anbraten. Aus der Pfanne nehmen, abkühlen lassen.

2 Zwiebel und Knoblauch schälen und fein hacken. Die Kartoffeln waschen, schälen und in 5 mm große Würfel schneiden. Das Öl in einer Pfanne erhitzen, Zwiebel und Knoblauch darin glasig dünsten. Die Kartoffelwürfel zugeben und 5 Minuten mitdünsten. Abkühlen lassen.

3 Tomaten blanchieren und häuten. Stielansätze entfernen, dann die Früchte vierteln und von den Samen befreien. Das Fruchtfleisch fein würfeln. Die Frühlingszwiebeln putzen und in feine Ringe schneiden.

4 Die Pfifferlinge, die Kartoffelmischung sowie die zerkleinerten Tomaten und Frühlingszwiebeln in eine Schüssel geben und mit der gehackten Petersilie, den Schnittlauchröllchen, Salz, Pfeffer und Trüffelöl mischen.

5 Den Backofen auf 200 °C vorheizen. Die Teigblätter quer halbieren, mit flüssiger Butter bepinseln und die Pilz-Kartoffel-Mischung darauf verteilen. Die Blätter zu Säckchen formen und mit einem Schnittlauchhalm zubinden. Auf ein gut gebuttertes Blech legen und im heißen Ofen 15–20 Minuten backen. Nach etwa 5 Minuten Backzeit die Spitzen abdecken, damit sie nicht zu dunkel werden.

6 Für die Sauce die Zwiebel schälen und sehr fein hacken. Die Butter in einer Kasserolle zerlassen und die Zwiebel darin glasig dünsten. Mit Weißwein ablöschen und auf etwa ein Drittel reduzieren. Die Sahne zugießen und die Sauce unter Rühren bei schwacher Hitze aufkochen und bis zur gewünschten sämigen Konsistenz einkochen lassen.

7 Die Kräuter in die Sauce rühren. Die Sauce mit Salz, Pfeffer und Zitronensaft würzen und mit dem Stabmixer aufschlagen. Die Pfifferlingsäckchen mit der Kräuter-Sahne-Sauce auf vorgewärmte Teller anrichten und sofort servieren.

Suppen
und Eintöpfe

Zweierlei Gemüsesuppen

Für die Möhrensuppe
500 g Möhren
40 g weiße Zwiebel
5 g frische Ingwerwurzel
½ rote Chilischote
50 g Butter
1 l Gemüsefond
20 g Crème fraîche, 100 ml frisch gepresster Orangensaft
Salz
frisch gemahlener weißer Pfeffer

Für die Zucchinisuppe
10 g getrocknete Steinpilze
300 g Zucchini
40 g Schalotten
250 g mehligkochende Kartoffeln
50 g Butter
850 ml Gemüsefond
Salz, frisch gemahlener Pfeffer
50 g Sahne nach Belieben

Außerdem
Kapuzinerkresseblüten zum Garnieren

1 Für die gelbe Suppe Möhren, Zwiebel und Ingwer schälen und klein würfeln. Die Chilischote von Samen und Trennwänden befreien und fein hacken.

2 Die Butter in einem Topf zerlassen. Zwiebel und Ingwer darin andünsten. Möhren- und Chiliwürfel zugeben und 3–4 Minuten mitdünsten. Den Gemüsefond zugießen und aufkochen, dann die Suppe bei schwacher Hitze 20 Minuten köcheln lassen.

3 Anschließend die Möhrensuppe fein pürieren. Crème fraîche und Orangensaft unterrühren und die Suppe mit Salz und Pfeffer abschmecken. Vor dem Servieren nochmals kurz erwärmen.

4 Für die Zucchinisuppe die Steinpilze in einer kleinen Schüssel in lauwarmem Wasser etwa 30 Minuten einweichen. Danach die Pilze herausnehmen, gut ausdrücken und klein hacken. Das Einweichwasser durch ein feines Sieb passieren.

5 Die Zucchini putzen und mit einem Sparschäler schälen, die Schale klein schneiden und beiseitelegen. Die Zucchini würfeln. Die Schalotten schälen und hacken. Die Kartoffeln schälen und in Würfel schneiden.

6 Die Butter in einem Topf zerlassen. Schalotten und Steinpilze darin hell andünsten. Zucchini- und Kartoffelwürfel zugeben und 3–4 Minuten mitdünsten. Den Gemüsefond und das passierte Einweichwasser der Pilze zugießen. Alles aufkochen, dann die Suppe bei schwacher Hitze 15 Minuten köcheln lassen. Nach 12 Minuten die Zucchinischalen zugeben und mitkochen.

7 Die Zucchinisuppe ebenfalls fein pürieren, falls nötig, etwas Fond nachgießen. Die Suppe mit Salz und Pfeffer würzen und nach Belieben mit Sahne verfeinern. Beide Suppen dekorativ in Tellern anrichten und mit Kapuzinerkresseblüten garnieren.

Möhrensuppe mit Kokosmilch

500 g Möhren
50 g Frühlingszwiebeln
1 EL Öl
1 EL mildes Currypulver
800 ml Gemüsefond
300 ml ungesüßte Kokosmilch
Salz
frisch gemahlener weißer Pfeffer
1 Prise Cayennepfeffer
Zitronensaft nach Belieben

Zum Garnieren
12 kleine junge Möhren mit Grün
80 g Sahne, halbsteif geschlagen
Petersilienblättchen

1 Die Möhren putzen, schälen und in kleine Würfel schneiden. Die Frühlingszwiebeln putzen, waschen und grob hacken.

2 Das Öl in einem Topf erhitzen und die Frühlingszwiebeln darin hell andünsten. Die Möhren 3–4 Minuten mitdünsten und das Currypulver einrühren. Den Fond angießen, alles zum Kochen bringen. Die Hitze reduzieren und die Möhren zugedeckt in etwa 25 Minuten weich köcheln lassen.

3 Den Topfinhalt mit dem Stabmixer fein pürieren. Die Kokosmilch glatt rühren und unter die pürierten Möhren ziehen. Die Suppe mit Salz, Pfeffer, Cayennepfeffer und Zitronensaft würzen und noch 2–3 Minuten köcheln lassen.

4 Inzwischen die jungen Möhren für die Garnitur so putzen und schälen, dass noch ein kleines Stück vom Grün stehen bleibt. Die Möhrchen in kochendem Salzwasser 10–12 Minuten garen; herausnehmen und gut abtropfen lassen.

5 Die heiße Möhrensuppe auf vorgewärmte Teller verteilen. Die Sahne in einen Spritzbeutel mit Lochtülle füllen und auf jede Portion eine Schlangenlinie spritzen. Mit den jungen Möhren und den Petersilienblättchen garnieren; sofort servieren.

Cremige Erbsensuppe

600 g Erbsenschoten
Salz
2 kleine Zwiebeln
1 Knoblauchzehe
40 g Butter
900 ml Gemüsefond
frisch gemahlener Pfeffer
1 Prise frisch geriebene Muskatnuss
125 g Sahne, halbsteif geschlagen

Für die Croûtons
60 g Weißbrot, Rinde entfernt
30 g Butter

Außerdem
1 EL gehackte Minze zum Bestreuen

1 Für die Croûtons das Brot in ½ cm große Würfel schneiden. Die Butter in einer Pfanne zerlassen und die Brotwürfel darin unter Rühren goldgelb rösten Die Croûtons aus der Pfanne nehmen und bis zur weiteren Verwendung beiseitestellen.

2 Die Erbsen auspalen. 100 g davon in leicht kochendem Salzwasser 5 Minuten köcheln lassen, abgießen, kalt abschrecken und beiseitestellen.

3 Zwiebeln und Knoblauch schälen und fein hacken. Die Butter in einem Topf zerlassen, Zwiebel- und Knoblauchwürfel zugeben und glasig dünsten. Die restlichen Erbsen zugeben und 5 Minuten mitdünsten. Den Gemüsefond angießen. Alles mit Salz, Pfeffer und Muskatnuss würzen und bei schwacher Hitze 10 Minuten köcheln lassen.

4 Den Topfinhalt mit dem Stabmixer fein pürieren. Das Püree durch ein feines Sieb in einen Topf oder in eine Suppenterrine passieren. Die halbsteif geschlagene Sahne vorsichtig unterziehen. Die blanchierten Erbsen untermischen und die Suppe abschmecken.

5 Die Erbsensuppe auf vorgewärmte Teller verteilen und mit den Croûtons anrichten. Nach Belieben mit etwas Minze bestreuen und sofort servieren.

Rote Linsensuppe

250 g rote Linsen
1 Zwiebel
1 Lorbeerblatt
2 Gewürznelken
2 Knoblauchzehen
1,2 l Gemüsefond
Salz
frisch gemahlener weißer Pfeffer
1 Messerspitze gemahlener Kreuzkümmel

Für die Zwiebel-Tomaten-Mischung
2 Zwiebeln
200 g Tomaten
40 g Butter
Salz
frisch gemahlener weißer Pfeffer

Außerdem
2 EL gehackte Petersilie

1 Die Linsen in ein Sieb schütten, abbrausen und gut abtropfen lassen. Die Zwiebel schälen und mit dem Lorbeerblatt und den Nelken spicken. Die Knoblauchzehen schälen und ganz belassen.

2 Den Gemüsefond in einem großen Topf zum Kochen bringen. Die abgetropften Linsen, die gespickte Zwiebel und die Knoblauchzehen zufügen. Alles mit Salz, Pfeffer und Kreuzkümmel würzen.

3 Die Linsen zugedeckt und bei schwacher Hitze 20 Minuten köcheln lassen. (Vorsicht, der Topfinhalt kocht leicht über.)

4 In der Zwischenzeit für die Zwiebel-Tomaten-Mischung die Zwiebeln schälen und fein hacken. Die Tomaten blanchieren und häuten. Anschließend die Tomaten von den Stielansätzen befreien und vierteln. Die Samen entfernen und das Fruchtfleisch in kleine Würfel schneiden.

5 Die Butter in einer Pfanne zerlassen und die Zwiebelwürfel darin glasig dünsten. Die Tomatenwürfel zugeben und 5 Minuten mitdünsten, die Zwiebel-Tomaten-Mischung mit Salz und Pfeffer würzen.

6 Die gespickte Zwiebel aus dem Topf nehmen. Die Suppe mit dem Stabmixer pürieren; mit Salz und Pfeffer abschmecken.

7 Die Linsensuppe auf vorgewärmte Teller verteilen und jede Portion mit etwas Zwiebel-Tomaten-Mischung garnieren. Alles mit Petersilie bestreuen und die Suppe sofort servieren.

Tomatensuppe mit Eierblumen

20 g frische Ingwerwurzel
3 Schalotten
600 g Tomaten
2 EL Erdnussöl
1 EL Palmzucker
1,2 l Gemüsefond
3 Kaffirlimettenblätter
Salz, frisch gemahlener Pfeffer
2–3 EL Fischsauce
50 g Frühlingszwiebeln
3 Eier

Außerdem
Korianderblättchen

1 Ingwer schälen, grob würfeln. Schalotten schälen und in Ringe schneiden. Tomaten blanchieren und häuten; von Stielansätzen und Samen befreien und in 5 mm breite Streifen schneiden.

2 Das Öl in einem großen Topf erhitzen. Schalotten darin glasig dünsten, Zucker darüberstreuen und karamellisieren lassen. Die Tomaten kurz mitdünsten und die 1 l Fond zugießen. Ingwer und Kaffirlimettenblätter zufügen und die Suppe aufkochen, dann 20 Minuten köcheln lassen.

3 Während die Suppe kocht, die Frühlingszwiebeln putzen und in dünne Ringe schneiden. Ingwer und Kaffirlimettenblätter aus der Suppe nehmen.

4 Die restlichen 200 ml Fond in einem kleinen Topf knapp unter dem Siedepunkt halten. Die Eier mit einer Gabel verquirlen und die Eimasse langsam und in dünnem Strahl in den Fond gießen. Nach 30 Sekunden mit der Gabel den Fond einige Male vorsichtig umrühren (so entstehen die Eierblumen); kurz ziehen lassen.

5 Die Tomatensuppe erneut zum Kochen bringen. Die Eierblumen mit dem Schaumlöffel aus dem Fond heben und in die Suppe geben. Diese mitsamt den Eierblumen noch 1 Minute unter vorsichtigem Rühren bei schwacher Hitze köcheln lassen.

6 Die Frühlingszwiebeln unter die Tomatensuppe mischen und diese mit Fischsauce, Salz und Pfeffer abschmecken. Die Suppe mit Korianderblättchen bestreuen und servieren.

Mais-Kürbis-Suppe

100 g Zwiebeln
120 g Möhren
1,5 kg Muskatkürbis
2 Maiskolben (je etwa 200 g)
1 rote Chilischote
4 EL Maiskeimöl
etwa 1,5 l Gemüsefond
Salz
frisch gemahlener weißer Pfeffer

Außerdem
1 EL gehackte Minze

1 Zwiebeln schälen und fein hacken. Möhren schälen und in etwa ½ cm große Würfel schneiden. Kürbis schälen, Samen und wattiges Inneres entfernen und das Fruchtfleisch ebenfalls in ½ cm große Würfel schneiden. Von den Maiskolben die Hüllblätter und die Fäden abziehen. Die Körner mit einem scharfen Messer dicht am Strunk entlang abschneiden. Die Chilischote halbieren, von den Samen befreien und fein hacken.

2 Das Öl in einem Topf erhitzen und die Zwiebeln darin glasig dünsten. Möhren- und Kürbiswürfel zugeben und kurz mitdünsten. Die Maiskörner und die Chili zufügen, den Gemüsefond angießen und das Ganze salzen und pfeffern.

3 Die Suppe zum Kochen bringen, die Hitze reduzieren und den Topfinhalt zugedeckt etwa 25 Minuten köcheln lassen, bis die Maiskörner weich sind.

4 Anschließend die Suppe mit dem Stabmixer pürieren und durch ein feines Sieb passieren. Sollte sie zu dick sein, noch etwa Fond zugießen. Die Suppe abschmecken, mit gehackter Minze bestreuen und servieren.

Tipp Die Suppe kann auch in dem ausgehöhlten Kürbis serviert werden. Dafür das obere Drittel der Frucht mit einem spitzen Messer und mithilfe eines Ringes im Zickzack abtrennen. Den Deckel abheben und das faserige Innere samt Kernen entfernen, eventuell noch etwas Kürbisfleisch ringsum mit einem Teelöffel abschaben. Die heiße Suppe in den Kürbis füllen und sofort servieren.

Paprikacremesuppe

800 g rote Paprikaschoten
2 EL Öl
3 Zwiebeln (150 g)
2 rote Peperoni
10 g frische Ingwerwurzel
30 g Butter
700 ml Gemüsefond
1 Spritzer Limettensaft
1 Prise Zucker
Salz
frisch gemahlener weißer Pfeffer

Für die Fenchelsahne
60 g Fenchelknolle
¼ TL Fenchelsamen
80 ml Gemüsefond
150 g Sahne
Salz
1 EL gehacktes Fenchelgrün
1 cl Pernod

Außerdem
50 g Fenchel, in ganz dünne Scheiben gehobelt
Fenchelgrün

1 Die Paprikaschoten vierteln. Stielansätze, Samen und Trennwände entfernen. Das Fruchtfleisch rundherum mit Öl einpinseln und auf dem Holzkohlegrill oder unter dem Backofengrill rundherum rösten, bis die Haut Blasen wirft. Die Schoten für 10 Minuten in einem Gefrierbeutel abkühlen lassen. Die Paprikaschoten häuten. 80 g Fruchtfleisch abwiegen, fein würfeln und beiseitestellen. Das restliche Fruchtfleisch klein schneiden.

2 Die Zwiebeln schälen und fein hacken. Die Peperoni halbiere, von Stielansätzen, Samen und Trennwänden befreien, dann hacken. Den Ingwer schälen und in Scheiben schneiden.

3 Die Butter in einem Topf zerlassen und die Zwiebelwürfel darin glasig dünsten. Zerkleinerte Paprika und Peperoni sowie Ingwer zugeben und 5 Minuten mitdünsten. Den Fond zugießen und aufkochen. Die Suppe bei schwacher Hitze zugedeckt 1 Stunde köcheln lassen. Anschließend im Mixer oder mit dem Stabmixer pürieren und durch ein feines Sieb passieren. Die Suppe mit Limettensaft, Zucker, Salz und Pfeffer würzen.

4 Für die Fenchelsahne den Fenchel putzen, fein hacken und in eine Kasserolle füllen. Die Fenchelsamen zerstoßen und mit dem Fond zufügen. Aufkochen, bei schwacher Hitze köcheln lassen, bis alle Flüssigkeit verdampft ist. Die Sahne zugießen und alles 10 Minuten köcheln lassen. Die Fenchelsahne pürieren und durch ein feines Sieb passieren. Salzen und erkalten lassen, dann Fenchelgrün und Pernod einrühren. Die Fenchelsahne halbsteif schlagen.

5 Die beiseitegestellten Paprikawürfel unter die Suppe heben. Die Suppe auf Teller verteilen und mit der Fenchelsahne, einigen Fenchelscheibchen und etwas Fenchelgrün garnieren; sofort servieren.

Klare Suppe mit weißen Bohnen

300 g getrocknete große weiße Bohnenkerne
1 große Zwiebel
1 Knoblauchzehe
120 g Möhren
80 g Knollensellerie
100 g Lauch
400 g Tomaten
2 EL Olivenöl
1 l Gemüsefond
Salz, frisch gemahlener Pfeffer

Außerdem
1 EL gehackte Kräuter (Petersilie, Oregano)

1 Die Bohnen in einer Schüssel mit kaltem Wasser bedecken und über Nacht einweichen lassen. Am nächsten Tag die Bohnen in ein Sieb schütten, abspülen und in einem Topf mit etwa 1,5 l Wasser zum Kochen bringen. Die Bohnenkerne bei schwacher Hitze in etwa 1 Stunde weich kochen. Anschließend abgießen, kalt abschrecken und häuten. (Alternativ kann man die Bohnenkerne auch im Einweichwasser weich garen, siehe Seite 150.)

2 Zwiebel und Knoblauch schälen und fein hacken. Möhren und Knollensellerie schälen und in etwa 3 mm große Würfel schneiden. Den Lauch putzen, waschen und in dünne Ringe schneiden.

3 Tomaten blanchieren. Häuten, von Stielansätzen befreien und quer halbieren. Die Samen mit einem Löffel aus den Hälften nehmen und durch ein Sieb passieren. Den Saft, der dabei entsteht, auffangen. Das Fruchtfleisch in Würfel schneiden.

4 Das Öl in einem Topf erhitzen, Zwiebel- und Knoblauchwürfel darin glasig dünsten. Möhren, Sellerie und Lauch zufügen und kurz mitdünsten. Den Fond zugießen, alles aufkochen und die Suppe 15 Minuten bei schwacher Hitze köcheln lassen. Tomatenstücke und Tomatensaft einrühren und die Suppe weitere 10 Minuten köcheln lassen, dann die gehäuteten Bohnenkerne zufügen. Die Suppe salzen, pfeffern und noch einige Minuten köcheln lassen. Mit den Kräutern bestreuen und servieren.

Spinatsuppe mit Reis

700 g junger Blattspinat
1 kleine Zwiebel
1 Knoblauchzehe
40 g Butter
120 g Langkornreis
1 l Gemüsefond
Salz
frisch gemahlener weißer Pfeffer
1 Ei
20 g Parmesan, gerieben

Außerdem
geriebener Parmesan zum Bestreuen

1 Den Spinat verlesen, gründlich waschen und die dicken Stiele entfernen. Die Blätter tropfnass in einen Topf geben und bei starker Hitze im geschlossenen Topf zusammenfallen lassen. Den Spinat in ein Haarsieb geben und mit einem Löffel leicht ausdrücken. Den Spinat auskühlen lassen und grob hacken.

2 Zwiebel und Knoblauch schälen und fein hacken. Die Butter in einem Topf erhitzen und Zwiebel- und Knoblauchwürfel darin hell andünsten. Den Reis zuschütten und unter Rühren glasig braten.

3 Den Gemüsefond in den Topf gießen und aufkochen lassen, dann die Hitze reduzieren und den Reis in 15–20 Minuten bissfest garen. Während der letzten 5 Minuten den gehackten Spinat mitgaren. Die Suppe mit Salz und Pfeffer würzen.

4 Das Ei in einer Suppenterrine mit dem Schneebesen verquirlen und den Parmesan untermischen. Mit einer Schöpfkelle ein Drittel der heißen Suppe angießen und unterrühren. Die restliche Suppe untermischen. Sofort servieren, den Parmesan zum Bestreuen separat dazu reichen.

Karibische Kürbissuppe

700 g Hokkaidokürbis
1 weiße Zwiebel
2 Knoblauchzehen
1 Möhre
1 rote Chilischote
10 g frische Ingwerwurzel
2 EL Öl
1 l Gemüsefond
1 TL mildes Currypulver
Salz, frisch gemahlener Pfeffer
1 rote Paprikaschote

Außerdem
100 g Kürbisfruchtfleisch für die Kürbischips, Salz
Öl zum Frittieren
100 g Sahne
1 EL gehacktes Koriandergrün

1 Den Kürbis halbieren, mit einem scharfkantigen Löffel die Kerne und das faserige Innere herausschaben. Kürbis schälen und das Fruchtfleisch würfeln. Zwiebel und Knoblauch schälen; beides fein würfeln. Möhre schälen und klein schneiden. Die Chilischote in Ringe schneiden, dabei die Samen entfernen. Ingwer schälen und klein schneiden.

2 Das Öl in einem großen Topf erhitzen. Zwiebel, Knoblauch, Chili und Ingwer darin kurz anbraten. Kürbis und Möhre zugeben und kurz mitbraten. Fond zugießen. Mit Currypulver, Salz und Pfeffer würzen. Alles aufkochen, dann 10–15 Minuten bei schwacher Hitze köcheln lassen, bis die Kürbisstücke weich sind. Die Suppe pürieren und durch ein Sieb in einen Topf passieren. Rote Paprika putzen und in 1 ½ cm große Rauten schneiden, diese 10 Minuten in der pürierten Suppe köcheln lassen.

3 Für die Kürbischips das Kürbisfleisch in hauchdünne Streifen schneiden. Das Öl in der Fritteuse oder in einem Topf auf 180 °C erhitzen und die Kürbisstreifen darin knusprig ausbacken. Auf Küchenpapier abtropfen lassen, leicht salzen.

4 Die Suppe mit Salz und Pfeffer würzen und in vorgewärmte tiefe Teller schöpfen. Die Sahne dekorativ einfließen lassen. Mit Koriandergrün bestreuen und mit Kürbischips garnieren.

Pilzsuppe mit Semmelknödel

Für die Suppe
3 Zwiebeln (etwa 150 g)
500 g Egerlinge
50 g Butter
400 ml Gemüsefond
250 g Sahne
Salz
frisch gemahlener weißer Pfeffer
1 Spritzer Zitronensaft
1 EL gehackte Petersilie

Für die Semmelknödel
100 g Weißbrot vom Vortag
60 ml lauwarme Milch
20 g Zwiebel
1 Eigelb
1 EL gehackte Kräuter (Petersilie, Schnittlauch)
Salz
frisch gemahlener weißer Pfeffer
Öl zum Frittieren

Außerdem
200 g große Champignons
20 Butter
2 EL geschlagene Sahne

1 Zuerst die Semmelknödel zubereiten. Dafür das Brot sehr klein würfeln und in einer Schüssel mit der Milch übergießen. Die Zwiebel schälen und fein hacken. Zwiebel, Eigelb und Kräuter unter das eingeweichte Brot mischen. Die Masse mit Salz und Pfeffer würzen. Aus dem Teig 20 kleine Knödel von je etwa 10 g formen. Zudecken und in den Kühlschrank stellen.

2 Für die Suppe die Zwiebeln schälen und würfeln. Die Pilze putzen, Pilzhüte und Stiele klein schneiden. Die Butter in einem Topf erhitzen und die Zwiebelwürfel darin glasig dünsten. Die Pilze zufügen und 2–3 Minuten mitdünsten.

3 Den Fond zugießen und alles einmal aufkochen lassen. Die Hitze reduzieren und die Suppe 15 Minuten köcheln lassen. Die Sahne zugießen und weitere 5 Minuten köcheln lassen. Die Suppe mit Salz, Pfeffer und Zitronensaft würzen; mit dem Stabmixer fein pürieren und die Petersilie hineinstreuen.

4 Für die Einlage die Pilze putzen. Dafür die Stiele herausschneiden und die Lamellen mit einem Kugelausstecher oder einem spitzen Teelöffel entfernen. Anschließend die Pilzhüte in dünne Scheiben schneiden. Die Butter in einer Pfanne erhitzen und die Pilzscheiben darin von jeder Seite kurz braten.

5 Zum Frittieren der Semmelknödel das Öl in einer hohen Pfanne oder in einer Fritteuse auf 160 °C erhitzen. Die Knödel im heißen Fett in 3–4 Minuten goldbraun frittieren. Herausheben und auf Küchenpapier abtropfen lassen.

6 Die geschlagene Sahne unter die Suppe ziehen. Die Suppe auf vier Teller verteilen, die gebratenen Pilzstreifen und die Semmelknödel darauf anrichten; sofort servieren.

Nusskerne und Samen verleihen vegetarischen Gerichten zusätzlichen Biss und Aroma – sei es über Salate und Suppen gestreut oder als Zutat für Füllungen. Sollen nur wenige Nusskerne gehackt werden, gelingt dies leicht mit einem großen Küchenmesser.

Nüsse und Samen

Vegetarische Gerichte verfeinern

Nüsse und Samen enthalten zahlreiche wertvolle Inhaltsstoffe wie ungesättigte Fettsäuren, Protein (Eiweiß) und gesundheitsfördernde sekundäre Pflanzenstoffe, außerdem liefern sie Ballaststoffe. Für die vegetarische Küche sind sie besonders wertvoll, da sich das Protein von Nüssen und Samen unter anderem mit dem von Getreide oder Hülsenfrüchten ergänzt.

Nüsse und Samen können vielseitig eingesetzt werden und schmecken, eventuell leicht angeröstet, gut über Salaten, in Müslis oder Gemüsegerichten. Achten Sie beim Einkauf auf das Haltbarkeitsdatum, da Nüsse und Samen wegen ihres Fettgehalts schnell ranzig werden. Nüsse in der Schale halten sich mehrere Monate, geschälte Produkte sind nur einige Wochen haltbar. Nüsse und Samen sollten generell kühl und trocken aufbewahrt werden.

Zum Darüberstreuen

Cashewkerne
Die nierenförmige Frucht eines südamerikanischen Baumes ist besonders reich an Kohlenhydraten und enthält weniger Fett als andere Nüsse. Cashewkerne am besten kurz in der Pfanne anrösten, so schmecken sie besonders gut.

Erdnüsse
Botanisch gehören sie zu den Hülsenfrüchten, werden aber aufgrund ihrer Verwendung zu den Nüssen gezählt. Hervorragend in vegetarischen Gemüsegerichten oder als Basis für Erdnusscreme.

Haselnüsse
Mit ihrem mildaromatischen Geschmack eigenen sich gemahlene Haselnüsse sehr gut als Backzutat.

Müsli, aber auch Pilz- und Gemüsegerichten verleihen sie eine angenehme Note.

Kürbiskerne
Die ovalen grünen Kerne sehen nicht nur dekorativ aus, sie schmecken auch sehr aromatisch. Meist verwendet man sie geschält und so kann man sie auch kaufen. Kürbiskerne sollten vor der Verwendung kurz in der trockenen Pfanne angeröstet werden. Sie eignen sich zum Bestreuen von Salaten, Kürbissuppe oder als Zutat für Pesto.

Leinsamen
Die kleinen braunen Samen des Leins sind sehr verdauungsfördernd und machen Müsli noch gesünder, können aber auch als Backzutat verwendet werden. Es gibt sie ganz oder bereits geschrotet zu kaufen.

Mandeln
Die Früchte des Mandelbaumes schmecken süßlich oder leicht bitter und haben ein feines Aroma. Sie eignen sich gemahlen als Backzutat, geraspelt oder gehackt zum Bestreuen von Gebäck, Desserts oder Gemüsegerichten. Man kann sie in der Schale (sie ist sehr hart) oder bereits geschält kaufen.

Mohnsamen
Die ölhaltigen runden, blaugrauen oder weißen Samen des Schlafmohns haben einen nussigen Geschmack und eignen sich zum Bestreuen von Brot oder Gebäck sowie für Füllungen. Weißer Mohn wird gemahlen für indische vegetarische Gerichte wie Currys verwendet.

Pinienkerne
Das milde Aroma der Samen der Pinie entfaltet sich durch Anrösten optimal. Sie passen z. B. in orientalische Gerichte und gehören in das italienische Pesto.

Pistazien
Die Früchte des Pistazienbaumes enthalten grüngelbe weiche Samen mit einem milden mandelartigen Aroma. Gehackte Pistazienkerne können geröstet oder ungeröstet verwendet werden.

Sesamsamen
Brauner und schwarzer Sesam sind die Samen einer Ölpflanze. Ungeschält haben sie einen intensiv nussigen Geschmack, geschält sind Sesamsamen cremefarben und mild im Aroma. Sie sind Grundzutat für zahlreiche orientalische Gerichte. Angeröstet werten Sesamsamen Gemüsegerichte und Salate auf.

Sonnenblumenkerne
Sie werden geschält angeboten. Durch kurzes Rösten in der trockenen Pfanne entfalten sie ein besonders intensives Nussaroma. Sonnenblumenkerne sind vielseitig verwendbar und schmecken beispielsweise in Möhrensalat, in selbstgebackenem Brot, auf und im Gebäck, in Bratlingen, auf gebratenen Tofuscheiben, über Blattsalaten und Gemüse.

Walnüsse
Die Samenkerne des Walnussbaumes sind weich und aromatisch. Sie verleihen Gebäck eine typische Nussnote, schmecken als Müslizutat, aber auch in pikanten warmen Gerichten.

Durch Rösten in der trockenen Pfanne wird das Aroma von Nüssen, Samen und Kernen intensiviert (im Bild das Rösten von Kürbiskernen).

Gemüsebouillon

mit Hirse-Curry-Klößchen

Für die Bouillon
60 g Frühlingszwiebeln
100 g Möhren
800 ml Gemüsefond
Salz
frisch gemahlener weißer Pfeffer

Für die Hirseklößchen
80 g Hirsemehl
1 Messerspitze Currypulver
Salz
frisch gemahlener Pfeffer
40 g weiche Butter
50 ml Gemüsefond
2 Eier
30 g Mehl

Außerdem
250 g Tomaten
1 Handvoll Brunnenkresse

1 Für die Bouillon die Frühlingszwiebeln waschen, putzen und in feine Ringe schneiden. Die Möhren schälen und in ½ cm große Würfel schneiden.

2 Für die Klößchen das Hirsemehl mit Currypulver, Salz und Pfeffer in einer Kasserolle ohne Zugabe von Fett kurz rösten. Die Butterflöckchen zufügen und mit dem gewürzten Mehl verrühren. Etwa 4 EL Gemüsefond nach und nach zufügen, dabei so lange rühren, bis sich die Masse als Kloß vom Topfboden löst.

3 Den Topf vom Herd nehmen und den Teigkloß abkühlen lassen. Die Eier jeweils einzeln und gründlich unter den Teigkloß rühren. Das Mehl und den restlichen Gemüsefond dazugeben und unterarbeiten.

4 Den Gemüsefond für die Bouillon mit 200 ml Wasser in einem großen Topf erhitzen, mit Salz und Pfeffer würzen. Die vorbereiteten Frühlingszwiebeln und Möhren zufügen und die Gemüsebouillon aufkochen.

5 Aus der Hirsemasse mit zwei angefeuchteten Teelöffeln etwa 30 Klößchen von je etwa 10 g formen, diese in die Bouillon gleiten lassen und bei schwacher Hitze in 10–15 Minuten gar ziehen lassen.

6 Die Tomaten blanchieren und häuten. Die Stielansätze entfernen, die Tomaten vierteln und von den Samen befreien. Das Fruchtfleisch in etwa ½ cm große Würfel schneiden.

7 Die Brunnenkresse waschen, mundgerecht zerpflücken und mit den Tomaten 2 Minuten vor Ende der Garzeit in die Bouillon geben und mitköcheln. Die Bouillon mit Salz und Pfeffer abschmecken; auf vier Teller verteilen und servieren.

Gemüsesuppe

mit Ricotta-Ravioli

1 kleine Möhre
1 kleine Petersilienwurzel
1 kleine Stange Lauch
50 g Zuckerschoten
200 g Tomaten
800 ml Gemüsefond

Für den Ravioliteig
120 g Mehl
1 Messerspitze Salz
1 Ei
1 TL Sonnenblumenöl

Für die Füllung
½ geschälte Knoblauchzehe
125 g Ricotta
25 g Parmesan, gerieben
1 EL fein zerkleinerte Kräuter (Basilikum, Petersilie, Schnittlauch)
1 Eigelb
Salz
frisch gemahlener Pfeffer

Außerdem
1 gezackter Ausstecher mit 5 cm Durchmesser
1 Eiweiß zum Bestreichen

1 Möhre und Petersilienwurzel schälen, den Lauch putzen und alles in feine Streifen schneiden. Die Zuckerschoten putzen und in etwa 1 cm große Rauten schneiden.

2 Die Tomaten blanchieren und häuten. Stielansätze entfernen, Tomaten vierteln, von den Samen befreien und würfeln.

3 Für den Teig das Mehl auf eine Arbeitsfläche häufen und mit Salz, Ei und Öl zu einem gut knetbaren Nudelteig verarbeiten. In Folie wickeln und den Teig 30 Minuten ruhen lassen.

4 Inzwischen für die Füllung den Knoblauch fein hacken und mit Ricotta, Parmesan, Kräutern und Eigelb verrühren. Den Teig auf einer bemehlten Arbeitsfläche möglichst dünn ausrollen.

5 Mit dem Ausstecher Kreise ausstechen. Jeweils etwas Füllung mittig auf die Teigkreise setzen, die Ränder mit Eiweiß bestreichen, zusammenklappen und zusammendrücken. Die Ravioli in Salzwasser in 5–8 Minuten garziehen lassen; herausheben und abtropfen lassen.

6 Inzwischen den Gemüsefond mit 200 ml Wasser erhitzen, salzen und pfeffern. Das vorbereitete Gemüse (bis auf die Tomaten) 8–10 Minuten darin köcheln. Nach 6–8 Minuten die Tomaten zufügen und mitköcheln. Die gegarten Ravioli in die Suppe geben, die Suppe abschmecken und sofort servieren.

Klare Zwiebelsuppe

400 g Zwiebeln
3 EL Olivenöl
100 ml Weißwein
800 ml Gemüsefond
Salz
frisch gemahlener Pfeffer
1 Knoblauchzehe
8 Scheiben Weißbrot
50 g frisch geriebener Hartkäse
1 EL Schnittlauchröllchen

1 Die Zwiebeln schälen, halbieren und in feine Ringe schneiden. 2 EL Öl erhitzen und die Zwiebeln darin glasig dünsten.

2 Den Wein und den Fond zugießen. Alles aufkochen, dann mit Salz und Pfeffer würzen. Die Suppe bei schwacher Hitze zugedeckt 30 Minuten köcheln lassen.

3 Den Backofengrill vorheizen. Aus jeder Brotscheibe einen 8–10 cm großen Kreis ausstechen. Den Knoblauch schälen, durch die Presse drücken und mit dem restlichen EL Olivenöl verrühren.

4 Die Brotkreise mit dem Knoblauchöl bestreichen und unter dem heißen Grill auf beiden Seiten rösten. Herausnehmen, mit dem Käse bestreuen und die Brote kurz unter dem Grill gratinieren.

5 Die Suppe auf vorgewärmte Teller verteilen und die Brotscheiben auf den Tellerrand legen. Die Suppe mit Schnittlauch garnieren und servieren.

Tipp Für eine besondere Präsentation können Sie die Zwiebelsuppe mit Blätterteighaube servieren. Dafür die Zwiebelsuppe auf vier ofenfeste Suppenterrinen verteilen. Aus Blätterteig vier Kreise ausschneiden, die 2–3 cm größer als der Durchmesser der Terrinen ist (den Teig nicht zu dünn ausrollen). Jede Suppenterrine mit einem Teigkreis bedecken, diesen dabei mit Eigelb am Rand befestigen und mit Eigelb oben bestreichen. Die Teigdeckel mit einem scharfen Messer rautenförmig leicht einritzen. Die Terrinen in den auf 180 °C heißen Ofen stellen und 10–12 Minuten backen, bis der Blätterteig aufgegangen und goldgelb ist.

Rucolasuppe mit Spinatroulade

Für den Teig
50 g Mehl
125 ml Milch, 1 Prise Salz
2 Eigelbe, 25 g zerlassene Butter
Butterschmalz zum Ausbacken

Für die Füllung
200 g Blattspinat, Salz, 1 Eigelb
½ TL Mehl, frisch gemahlener Pfeffer, geriebene Muskatnuss
1 Scheibe Weißbrot, ohne Rinde

Für die Suppe
400 g Rucola, 3 Schalotten
45 g Butter
Salz, frisch gemahlener Pfeffer
100 ml Weißwein
800 ml Gemüsefond
400 g Sahne
30 g kalte Butterwürfel

1 Mehl mit Milch, 60 ml Wasser und Salz verrühren. Eigelbe zufügen, zerlassene Butter einrühren. Teig durch ein Sieb streichen und 30 Minuten quellen lassen.

2 In einer Pfanne das Butterschmalz erhitzen und 4 dünne Crêpes ausbacken. Zu Quadraten schneiden und je einen Crêpe auf ein Stück Frischhaltefolie legen. Abkühlen lassen.

3 Spinat waschen und putzen, blanchieren, gut ausdrücken. Mit Eigelb, Mehl, 1 Prise Salz, Pfeffer, Muskat und Weißbrot im Mixer fein pürieren. Weiterverfahren, wie in den ersten beiden Bildern unten gezeigt.

4 Die Crêpe-Rollen mit Garn verschließen und in 80 °C heißem Wasser etwa 15 Minuten garen. Die Rollen herausnehmen, sofort abschrecken und in Scheiben schneiden (drittes Bild unten).

5 Für die Suppe Rucolablätter von den Stielen trennen; beiseitelegen. Schalotten fein würfeln. In einem Topf 40 g Butter zerlassen, 2 gewürfelte Schalotten mit den Rucolastielen darin andünsten. Salzen, pfeffern und mit Wein ablöschen. Auf die Hälfte reduzieren, Fond zugießen. Erneut auf die Hälfte reduzieren. Sahne zugießen, 5 Minuten köcheln lassen. Vom Herd nehmen und die Suppe durch ein Sieb passieren.

6 Rucolablätter blanchieren und gut ausdrücken. In einer Pfanne die restliche Butter zerlassen. Die 3. Schalotte und die Rucolablätter darin dünsten. Vom Herd nehmen, mit den kalten Butterwürfeln pürieren; kalt stellen.

7 Die Suppe erneut aufkochen. Rucolamasse mit dem Stabmixer einarbeiten. Mit Salz, Pfeffer, Muskat abschmecken. Auf Teller verteilen, mit in Scheiben geschnittener Spinatroulade und mit Rucolablättchen garnieren.

Die Spinatmischung mit einer Palette gleichmäßig auf dem Crêpe verstreichen.

Crêpe und Füllung mithilfe der Folie aufrollen und von außen fest mit der Folie umwickeln.

Die Rouladen auswickeln und mit einem scharfen Messer in Scheiben schneiden.

Miso-Suppe

50 g Bambussprossen
100 g weißer Spargel
1 Möhre
30 g Shiitakepilze
40 g Frühlingszwiebeln
2 EL Öl
30 g Mugi-Miso (Gersten-Miso)

Für die Dashi-Brühe
20 g Kombu (Seetang)
30 g Bonitoflocken

Für die Gewürzmischung
½ TL Leinsamen
1 TL Sesam
½ TL getrocknete Orangenschale
½ TL Mohnsamen
2 kleine getrocknete Chilischoten
1 TL Aonori (getrocknete Seetangflocken)
etwas Sansho (japanischer Pfeffer)

1 Für die Gewürzmischung alle Zutaten im Mörser fein zerstoßen. Für die Dashi-Brühe den weißen Puder von den Kombu-Blättern abreiben. In einem Topf 1 l Wasser mit dem Tang zum Kochen bringen, 10–15 Minuten köcheln lassen.

2 Sobald Blasen aufsteigen, mit dem Fingernagel prüfen, ob der Kombu weich ist; falls nicht, noch 1–2 Minuten ziehen lassen. Kombu entfernen; die Brühe mit 80 ml kaltem Wasser abkühlen. Bonitoflocken einrühren. Sobald die Brühe erneut aufkocht, vom Herd stellen und warten, bis sich die Fischflocken abgesetzt haben. Die Brühe durch ein mit einem Tuch ausgelegtes Sieb passieren.

3 Die Bambussprossen in dünne Stifte teilen. Vom Spargel das untere Ende abschneiden und die Stangen von oben nach unten schälen. Die Möhre schälen. Spargel und Möhre längs in dünne Scheiben, dann in 4 cm lange, dünne Streifen schneiden. Von den Pilzen die harten Stiele entfernen, die Hüte in feine Scheiben schneiden. Die Frühlingszwiebeln putzen, schräg in dünne Scheiben schneiden.

4 Das Öl in einem Topf erhitzen und die Möhrenstreifen darin 2 Minuten dünsten. Spargel und Shiitakepilze untermischen und kurz mitdünsten. Gemüse und Pilze mit der heißen Dashi-Brühe aufgießen und die Suppe bei schwacher Hitze 5 Minuten köcheln lassen. Kurz vor Ende der Garzeit die Bambussprossen und die Frühlingszwiebeln untermischen.

5 Das Mugi-Miso in wenig kaltem Wasser sehr glatt verrühren, unter die Suppe mischen und diese nochmals aufkochen lassen. Die Suppe auf Schalen verteilen, mit etwas Gewürzmischung bestreuen und servieren.

Tipp Mugi-Miso, Kombu, Bonitoflocken, Aonori und Sansho erhalten Sie im Asia- und auch im Bio-Laden.

Kalte spanische Gemüsesuppe

50 g Weißbrot, Rinde entfernt
1 große weiße Zwiebel
2 Knoblauchzehen
2 EL Olivenöl
Salz, frisch gemahlener Pfeffer
300 g rote Paprikaschoten
600 g Tomaten
250 g Salatgurke
1–2 EL Sherryessig
500 ml kalte Gemüsebrühe

Für die Garnitur
3 EL Olivenöl
80 g Weißbrot, Rinde entfernt und ½ cm groß gewürfelt
1 Knoblauchzehe, geschält und gewürfelt
Salz, 12 grüne Oliven ohne Stein
50 g weiße Zwiebel
1 EL gehacktes Borretschgrün, einige Borretschblüten

1 Das Brot in Wasser einweichen und ausdrücken. Zwiebel und Knoblauch schälen, fein hacken und mit dem Brot in den Mixer geben. Olivenöl zugießen, salzen, pfeffern und alles sehr fein mixen.

2 Die Paprikaschoten waschen, putzen und in feine Würfel schneiden. Tomaten blanchieren und häuten, von den Stielansätzen befreien und quer halbieren. Samen entfernen und durch ein Sieb passieren, dabei den Tomatensaft auffangen. Das Fruchtfleisch in Stücke schneiden. Die Gurke waschen, schälen, längs halbieren, mit einem Teelöffel die Samen entfernen und das Fruchtfleisch ebenfalls klein würfeln.

3 Das vorbereitete Gemüse mit Tomatensaft und Essig zur Brotmischung in den Mixer geben. Alles fein pürieren, falls nötig portionsweise vorgehen.

4 Die pürierte Suppe in eine Schüssel umfüllen, mit Salz abschmecken und ein paar Stunden, am besten über Nacht, kühl stellen. Vor dem Servieren mit der Gemüsebrühe verrühren.

5 Für die Garnitur das Öl erhitzen, Brot- und Knoblauchwürfel darin goldgelb rösten. Herausnehmen, auf Küchenpapier abtropfen lassen, leicht salzen. Oliven halbieren. Zwiebel schälen und fein hacken. Suppe damit sowie mit Borretsch garnieren.

Spanische Mandelsuppe

200 g Mandeln
4 EL Olivenöl
4 Knoblauchzehen
80 g Weißbrot vom Vortag
200 g rote Paprikaschoten
grobes Meersalz
frisch gemahlener Pfeffer
½ TL Safranfäden
1 EL gehackte Petersilie

Außerdem
20 g geröstete Mandelblättchen
etwas gehackte Minze
Minzestängel

1 Die Mandeln in einer Schüssel mit kochendem Wasser überbrühen und kurz stehen lassen. Die Mandeln in ein Sieb abgießen und mit eiskaltem Wasser abschrecken, dann aus der Schale drücken und trocken tupfen.

2 Die Hälfte des Olivenöls in einer Pfanne erhitzen und die Mandeln darin bei nicht zu starker Hitze unter Rühren hellbraun rösten. Herausnehmen und auf Küchenpapier abtropfen lassen.

3 Die Knoblauchzehen schälen und hacken. Das Brot in kleine Würfel schneiden. Die Paprikaschoten waschen und halbieren, dann Stielansätze, Samen und Trennwände entfernen und das Fruchtfleisch in 1 cm große Stücke schneiden.

4 Das restliche Olivenöl in der Pfanne erhitzen, die Brotwürfel darin unter ständigem Rühren goldbraun rösten. Den gehackten Knoblauch und die Paprikastücke 2 Minuten mitbraten. Die Mischung mit Salz und Pfeffer würzen, die Safranfäden hineinstreuen und die Brot-Paprika-Mischung vom Herd nehmen.

5 Die gerösteten Mandeln und die Brot-Paprika-Mischung im Mixer mit 150 ml Wasser zu einer feinen Paste verarbeiten.

6 In einem Topf 850 ml Wasser zum Kochen bringen. Die Paste nach und nach unterrühren, bis sie sich im Wasser vollständig verteilt hat. Die Suppe bei schwacher Hitze 10 Minuten köcheln lassen. Die Petersilie in die Suppe rühren. Abschmecken.

7 Die Mandelsuppe auf Teller verteilen. Mit den gerösteten Mandelblättchen, gehackter Minze und Minzestängeln garnieren.

Gerichte
mit Gemüse und Kartoffeln

Kartoffelpfanne

mit Gemüse und Eiern

500 g festkochende kleine Kartoffeln
400 g rote Spitzpaprika
400 g grüne Spitzpaprika
500 g Tomaten
200 g Möhren
2 kleine Zwiebeln
2 Knoblauchzehen
150 g frisch ausgepalte Erbsen (entspricht etwa 300 g Erbsenschoten)
4 EL Olivenöl
Salz
frisch gemahlener Pfeffer
4 Eier

Außerdem
1 EL gehackte Petersilie
grob gemahlener Pfeffer

1 Die Kartoffeln waschen und in etwa 20 Minuten weich kochen. Etwas abkühlen lassen, schälen und die Kartoffeln in 5 mm dicke Scheiben schneiden; beiseitestellen.

2 Während die Kartoffeln garen, den Backofen auf 220 °C vorheizen und die Paprikaschoten darin backen, bis die Haut angekohlt ist und Blasen wirft. In einen Gefrierbeutel legen und etwas abkühlen lassen, dann die Haut von oben nach unten abziehen. Die Schoten halbieren, von Samen und Trennwänden befreien und das Fruchtfleisch in 5 mm große Würfel schneiden.

3 Die Tomaten blanchieren und häuten. Die Stielansätze herausschneiden, die Früchte quer halbieren und die Samen herauslösen. Das Fruchtfleisch würfeln.

4 Die Möhren schälen und sehr fein würfeln. Zwiebeln und Knoblauch schälen und fein hacken. Die Erbsen 3 Minuten in kochendem Salzwasser garen, dann kalt abschrecken.

5 Das Öl in einer großen Pfanne erhitzen. Zwiebeln und Knoblauch zugeben und hell andünsten. Die Möhrenwürfel zugeben und unter Rühren 5 Minuten mitdünsten. Paprikaschoten und Tomaten unterrühren und alles weitere 3 Minuten dünsten. Zum Schluss die Kartoffelscheiben und Erbsen untermischen. Das Gemüse mit Salz und Pfeffer würzen.

6 In das Gemüse 4 kleine Mulden drücken und jeweils 1 aufgeschlagenes Ei hineingleiten lassen. Das Gericht im heißen Ofen bei 200 °C etwa 15 Minuten garen, bis die Eier gestockt sind. Mit Petersilie und grob gemahlenem Pfeffer bestreuen; servieren.

Zucchini mit Polentafüllung

2 Zucchini (je 350 g)

Für die Polentafüllung
30 g getrocknete Steinpilze
50 g Stangensellerie
150 g Möhren
100 g Frühlingszwiebeln
1 Knoblauchzehe
2 EL Olivenöl
100 g mittelfeiner Maisgrieß (Polenta)
400 ml Gemüsefond
1 TL gehackte Thymianblättchen
½ TL gehackter Rosmarin
1 TL Salz
frisch gemahlener weißer Pfeffer

Außerdem
200 ml Gemüsefond
50 g frisch geriebener Pecorino oder Parmesan
20 g Butterflöckchen

1 Die Zucchini waschen, die Stielansätze entfernen und die Früchte der Länge nach halbieren. Die Hälften mit einem scharfkantigen Teelöffel aushöhlen, dabei eine dünne Außenwand stehenlassen. Das ausgelöste Fruchtfleisch in kleine Würfel schneiden.

2 Die Steinpilze in 100 ml lauwarmem Wasser mindestens 15 Minuten einweichen. Anschließend abgießen, dabei das Einweichwasser auffangen. Die Pilze klein hacken.

3 Den Stangensellerie putzen, die Möhren schälen und beide Gemüse in kleine Würfel schneiden. Die Frühlingszwiebeln putzen und in dünne Ringe schneiden. Den Knoblauch schälen und fein hacken.

4 Das Olivenöl in einem großen Topf erhitzen. Frühlingszwiebeln, Knoblauch, Zucchini-, Sellerie- und Möhrenwürfel darin hell andünsten. Den Maisgrieß einrühren und leicht mitrösten.

5 Pilzwürfel zur Polentamischung geben, das Einweichwasser und den Fond dazugießen. Alles einmal kurz aufkochen lassen und den Grieß bei schwacher Hitze zugedeckt weitere 15 Minuten quellen lassen, dabei gelegentlich rühren. Thymian und Rosmarin sowie Salz und Pfeffer unter die Polenta rühren.

6 Die Zucchinihälften innen leicht salzen und die Polentamischung in die Hälften füllen.

7 Den Backofen auf 200 °C vorheizen. Die 200 ml Gemüsefond in eine Auflaufform gießen und die gefüllten Zucchinihälften hineinsetzen. Mit Pecorino oder Parmesan bestreuen, mit Butterflöckchen belegen und im heißen Ofen 20–25 Minuten backen, bis die Füllung oben goldbraun und knusprig ist.

Pilze mit Gemüsefüllung

400 ml Gemüsefond
100 g Stangensellerie
2 Schalotten, geschält
120 g Möhren, geschält
60 g Weißbrot, Rinde entfernt
800 g große Egerlinge
4 EL Öl
1 Knoblauchzehe, geschält
1 EL gehacktes Stangenselleriegrün
Salz
frisch gemahlener Pfeffer
20 g Butterflöckchen

Außerdem
Butter für die Form
1 EL Schnittlauchröllchen

1 Den Fond in einem Topf auf die Hälfte einkochen. Stangensellerie, Schalotten und Möhren in sehr kleine Würfel schneiden. Das Brot ebenfalls fein würfeln.

2 Die Pilze putzen. Von den Pilzhüten die Haut abziehen und die Stiele entfernen. Dicke Hüte in der Mitte etwas aushöhlen. Die Stiele klein würfeln.

3 In einer Pfanne 2 EL Öl erhitzen. Knoblauch durch die Presse dazudrücken. Die Brotwürfel zugeben und goldgelb braten. Aus der Pfanne auf einen Teller geben.

4 Das restliche Öl in der Pfanne erhitzen und das Gemüse darin 3 Minuten andünsten. Pilze zufügen und 1 Minute mitbraten. Selleriegrün einstreuen und die Knoblauch-Brotwürfel untermischen; salzen und pfeffern.

5 Den Backofen auf 200 °C vorheizen. Die Mischung in die Pilzhüte häufen. Eine ofenfeste Form fetten, die Pilze hineinsetzen und mit Butterflöckchen belegen. Den reduzierten Fond zugießen. Sollte etwas Füllung übrigbleiben, diese in der Form verteilen. Die Pilze im heißen Ofen etwa 15 Minuten backen.

6 Die Pilze mit etwas Gemüsefond auf Tellern anrichten und mit Schnittlauch bestreuen. Mit Bratkartoffeln servieren.

Spargel mit verlorenen Eiern

und Petersiliensabayon

1 kg weißer Spargel
Salz
etwas Zitronensaft

Für die pochierten Eier
500 ml Gemüsefond
2 EL Estragonessig
4 gut gekühlte Eier

Für das Petersiliensabayon
30 g Petersilienblättchen
Salz
2 EL Gemüsefond
80 ml Weißwein
2 Eigelbe
4 Eier
frisch gemahlener weißer Pfeffer
60 g lauwarme Sahne
1 Spritzer Zitronensaft

1 Die unteren Spargelenden abschneiden und die Stangen mit einem Spar- oder Spargelschäler von oben nach unten schälen.
In einem großen Topf reichlich Wasser mit etwas Salz und Zitronensaft zum Kochen bringen, die Spargelstangen hineinlegen und in 10–12 Minuten bissfest garen.

2 Inzwischen für die pochierten Eier den Gemüsefond mit dem Estragonessig aufkochen. Die kalten Eier einzeln aufschlagen und pochieren, wie auf Seite 111 in der oberen Bildreihe beschrieben. Den Spargel aus dem Sud nehmen, gut abtropfen lassen und warm halten.

3 Wenig Salzwasser in einem kleinen Topf zum Kochen bringen. Die Petersilienblättchen hineingeben und das Wasser einmal aufkochen lassen. Anschließend die Blätter sofort abgießen, eiskalt abschrecken und gut abtropfen lassen. Die Petersilienblättchen grob hacken und mit dem Gemüsefond fein pürieren.

4 Den Weißwein in einem Topf auf 2 Esslöffel reduzieren. Das Petersilienpüree mit den Eigelben und den Eiern in einer Metallschlüssel (z. B. einer Schlagschüssel) verrühren. Die Schüssel über ein kochend heißes Wasserbad stellen und die Mischung mit dem Schneebesen kräftig schlagen, bis sie schaumig ist und das doppelte Volumen erreicht hat. Das Ganze mit Salz und Pfeffer würzen.

5 Den reduzierten Weißwein, die Sahne und den Zitronensaft in die Petersilienmasse rühren. Den Spargel auf vier vorgewärmte Teller verteilen, mit den pochierten Eiern und dem Sabayon anrichten.

Tipp Dazu passen neue Kartoffeln. Diese in Gemüsefond garen und zum Servieren mit Petersilie bestreuen.

Moussaka im Zucchinimantel

mit Tomaten in Olivenöl

500 g Auberginen
6 EL Olivenöl
Salz
frisch gemahlener Pfeffer
500 g Zucchini
500 g Fleischtomaten
250 g mehligkochende Kartoffeln
3 Schalotten
2 Knoblauchzehen
1 EL gehackter Oregano
1 EL fein zerkleinerte Basilikumbätter
30 g Tomatenmark
100 g Ziegenfrischkäse

Für die Tomaten in Olivenöl
500 g Tomaten
7 EL Olivenöl
2 EL Zitronensaft
Salz
frisch gemahlener Pfeffer
1 EL gehacktes Koriandergrün

Außerdem
250 g Zucchini zum Auskleiden der Form
Olievnöl für die Form

1 Den Backofen auf 190 °C vorheizen. Die Auberginen längs halbieren. Die Schnittflächen mit etwas Öl bepinseln, salzen und pfeffern. Auf ein Backblech legen und im heißen Ofen 40 Minuten backen. Auberginen aus dem Ofen nehmen (die Ofentemperatur auf 160 °C senken). Das weiche Auberginenfruchtfleisch mit einem Löffel aus den Schalen lösen; anschließend fein würfeln.

2 Die Zucchini putzen. Die Fleischtomaten blanchieren, häuten und von den Stielansätzen befreien. Die Früchte halbieren und die Samen entfernen. Zucchini und Tomatenfruchtfleisch in Würfel schneiden.

3 Die Kartoffeln schälen und ebenfalls klein würfeln. In kochendem Salzwasser 1 Minute garen; abgießen und gut abtropfen lassen. Schalotten und Knoblauch schälen und fein hacken.

4 Das restliche Olivenöl in einer Pfanne erhitzen. Auberginen-, Kartoffel-, Zucchini- und Tomatenwürfel sowie Schalotten und Knoblauch darin kurz anbraten. Anschließend Oregano, Basilikum und Tomatenmark zugeben und untermischen.

5 Die Gemüsemischung etwa 20 Minuten schmoren, bis alle Flüssigkeit verdampft ist. Salzen und pfeffern. Etwas abkühlen lassen. Den Ziegenkäse durch ein feines Sieb streichen und unter die Gemüsemischung rühren.

6 Die Zucchini zum Auskleiden der Form putzen und längs in 2 mm dicke Scheiben schneiden. Die Scheiben kurz in kochendem Salzwasser garen, herausnehmen und gut abtropfen lassen. Eine Kastenform (20 cm) mit Olivenöl fetten und mit den Zucchinischeiben auslegen. Das Gemüse hineinfüllen und mit den überhängenden Zucchinischeiben bedecken. Die Form in ein Wasserbad stellen und die Moussaka bei 160 °C im Ofen etwa 40 Minuten garen.

7 Die Form aus dem Wasserbad heben und die Moussaka lauwarm abkühlen lassen. Inzwischen die Tomaten blanchieren und häuten. Die Früchte vierteln, von Stielansätzen und Samen befreien und in etwa 1 cm große Würfel schneiden. Das Olivenöl in einer Pfanne erhitzen, vom Herd nehmen und die Tomaten und den Zitronensaft einrühren. Mit Salz und Pfeffer würzen und das Koriandergrün einstreuen.

8 Die Moussaka aus der Form stürzen, die Pastete in Scheiben schneiden und mit den Tomaten in Olivenöl anrichten.

Mediterranes Gemüsegratin

Für die Bohnen
250 g kleine weiße Bohnenkerne (z. B. Cannellini)
1 Lorbeerblatt
3 Zweige Thymian

Für das Gemüse
2 Zwiebeln, geschält
2 Knoblauchzehen, geschält
500 g Steckrüben, geschält
200 g Kürbisfruchtfleisch
300 g Wirsingblätter, in 5 mm breite Streifen geschnitten
2 EL Olivenöl
250 ml Gemüsefond
Salz, frisch gemahlener Pfeffer
300 g Tomaten

Für die Kruste
25 g Semmelbrösel
3 EL Olivenöl, Salz

1 Bohnen über Nacht in kaltem Wasser einweichen, abgießen und abspülen. Anschließend in 1 l Salzwasser mit dem Lorbeerblatt und den Thymianzweigen zum Kochen bringen; die Bohnen bei schwacher Hitze in etwa 1 Stunde weich kochen.

2 Zwiebeln in Ringe, Knoblauch in feine Würfel schneiden. Steckrüben und Kürbisfruchtfleisch in 4 mm dicke Scheiben, dann in Stifte schneiden.

3 Das Olivenöl in einem Topf erhitzen, Zwiebeln und Knoblauch darin hell andünsten. Steckrüben, Kürbis und Wirsing zugeben, den Fond zugießen und das Gemüse zugedeckt etwa 15 Minuten schmoren. Mit Salz und Pfeffer würzen.

4 Inzwischen die Tomaten blanchieren, häuten und von den Stielansätzen befreien. Die Samen entfernen und die Viertel quer halbieren.

5 Den Backofen auf 200 °C vorheizen. Die Bohnen in ein Sieb abgießen; Lorbeerblatt und Thymian entfernen. Bohnen und Tomatenstücke unter das Gemüse im Topf mischen. Alles in eine Auflaufform füllen.

6 Die Semmelbrösel mit Öl und Salz vermengen und über der Gemüsemischung verteilen. Im Ofen 15 Minuten backen.

Brokkoli-Kartoffel-Gratin

Für die Tomatensauce
700 g Tomaten
1 Zwiebel
1 kleine Möhre
1 kleine Stange Lauch
2 EL Öl
1 Thymianzweig
Salz, frisch gemahlener Pfeffer
1 EL gehackte Kräuter (Thymian, Petersilie und Basilikum)

Für das Gemüse
700 g Brokkoli, in Röschen geteilt; Stiele aufbewahren
600 g Kartoffeln
1 große Zwiebel, geschält
2 kleine Petersilienwurzeln, geschält
2 EL Öl
1 EL gehackter Thymian
Salz, frisch gemahlener Pfeffer

Außerdem
1 EL Öl für die Form
8 Knoblauchzehen
1 Thymianzweig
30 g Emmentaler, gerieben

1 Für die Sauce die Tomaten waschen, von den Stielansätzen befreien und klein schneiden. Zwiebel und Möhre schälen, Lauch putzen; alles fein würfeln.

2 Das Öl erhitzen. Die Zwiebel darin glasig dünsten, dann Tomaten-, Möhren- und Lauchwürfel zugeben. Mit Thymian, Salz und Pfeffer würzen. Alles zugedeckt bei schwacher Hitze 40 Minuten köcheln lassen. Die Mischung durch ein Sieb passieren; Kräuter einstreuen und die Sauce abschmecken.

3 Brokkoliröschen waschen und abtropfen lassen. Dünnere Brokkolistiele schälen, in 2 cm lange Stücke schneiden und 2 Minuten in sprudelnd kochendem Salzwasser garen. Die Röschen zufügen und alles 5 Minuten kochen. Brokkolistiele und -röschen abgießen, kalt abschrecken und abtropfen lassen. Bis zur weiteren Verwendung beiseitestellen.

4 Die Kartoffeln schälen und in etwa 1 cm große Würfel schneiden. Die Zwiebel fein hacken, die Petersilienwurzeln längs vierteln, dann in Scheiben schneiden. In einer Pfanne das Öl erhitzen und die Kartoffelwürfel darin 10 Minuten braten. Zwiebel und Petersilienwurzelstücke zugeben und alles weitere 5 Minuten braten. Salzen, pfeffern und den gehackten Thymian einstreuen.

5 Den Backofen auf 190 °C vorheizen. Eine Gratinform mit Öl ausstreichen. Ungeschälte Knoblauchzehen und Thymianzweig hineinlegen und im heißen Ofen 15 Minuten backen. Aus dem Ofen nehmen, Thymian entfernen. Knoblauch etwas auskühlen lassen und schälen.

6 Das Gratin folgendermaßen einschichten: Kartoffelmischung in der Form verteilen, darauf den Brokkoli geben, diesen mit den gebackenen Knoblauchzehen bestreuen. Tomatensauce darübergießen; mit Käse bestreuen. Das Gratin 15–20 Minuten im heißen Ofen überbacken.

Gefüllte Ofenkartoffeln

4 große festkochende Kartoffeln (je etwa 250 g)

Für die Füllung
1 große Zwiebel
2 Knoblauchzehen
200 g grüne Spitzpaprikaschoten
200 g rote Spitzpaprikaschoten
300 g Tomaten, 2 EL Öl
4 TL edelsüßes Paprikapulver
½ TL gemahlener Kümmel
Salz, frisch gemahlener Pfeffer
1 TL gehackte Majoranblätter

Für die Knoblauchmayonnaise
1 Ei, ½ TL Salz
¼ TL frisch gemahlener Pfeffer
½ TL Zitronensaft
1 Knoblauchzehe, geschält
175 ml Öl
1 EL Schnittlauchröllchen

1 Den Backofen auf 200 °C vorheizen. Kartoffeln unter fließendem Wasser abbürsten und in Alufolie wickeln. Im heißen Ofen etwa 1 Stunde backen.

2 Für die Füllung Zwiebel und Knoblauch schälen; beides fein hacken. Paprikaschoten waschen, halbieren, von Samen und Trennwänden befreien und in 1 cm große Stücke schneiden. Tomaten blanchieren und häuten, von Stielansätzen und Samen befreien und in Stücke schneiden.

3 Das Öl in einer Pfanne erhitzen, Zwiebel- und Knoblauchwürfel darin hell andünsten. Paprikawürfel bei schwacher Hitze 5 Minuten mitdünsten. Tomaten zugeben und alles weitere 2 Minuten dünsten. Paprikapulver, Kümmel, Salz, Pfeffer und Majoran einrühren.

4 Für die Mayonnaise sollten alle Zutaten die gleiche Temperatur haben, damit sie gut bindet und nicht gerinnt. Das Ei in den Mixer geben. Salz, Pfeffer und Zitronensaft zufügen. Knoblauch durch die Presse dazudrücken.

5 Den Mixer auf niedrigster Stufe einschalten und das Öl durch die Öffnung im Deckel in dünnem Strahl zugießen. Im Mixer alles so lange rühren, bis eine homogene Sauce entstanden ist; das dauert nur sehr kurze Zeit. Die Mayonnaise in eine Schüssel umfüllen, die Schnittlauchröllchen unterrühren; abschmecken.

6 Die Kartoffeln aus dem Ofen nehmen und aus der Alufolie wickeln. Das obere Drittel jeder Kartoffel längs abschneiden, den unteren Teil aushöhlen, dabei soll ein etwa 4 mm breiter Rand stehen bleiben. Die abgeschnittenen Deckel schälen.

7 Das ausgehöhlte Kartoffelfleisch und die Deckel klein schneiden und mit der Paprika-Tomaten-Mischung in der Pfanne vermengen. Die Füllung abschmecken, in die ausgehöhlten Kartoffeln geben und mit etwas Knoblauchmayonnaise garnieren. Die restliche Mayonnaise dazu servieren.

Pilze und Rührei auf Rösti

Für die Rösti
800 g festkochende Kartoffeln
Salz, frisch gemahlener Pfeffer
80 g Butterschmalz

Für die Pilze
300 g Totentrompeten, geputzt
½ weiße Zwiebel, gehackt
½ Knoblauchzehe, gehackt
30 g Butter
Salz, frisch gemahlener Pfeffer
1 EL Schnittlauchröllchen

Für das Rührei
8 Eier
Salz, frisch gemahlener Pfeffer
20 g Butter

Außerdem
1 EL Schnittlauchröllchen
grob zerstoßener Pfeffer

1 Kartoffeln schälen und grob raspeln. Die Raspel zwischen Küchenpapier trocken tupfen; salzen und pfeffern. In einer Pfanne (etwa 15 cm Ø) 20 g Butterschmalz erhitzen, ¼ der Kartoffeln einfüllen, leicht festdrücken und von beiden Seiten goldbraun braten. So noch drei Rösti braten.

2 Die Pilze klein schneiden. Zwiebel und Knoblauch in der Butter hell andünsten. Pilze zugeben und 2–3 Minuten mitbraten. Salzen, pfeffern und mit Schnittlauch bestreuen.

3 Für das Rührei die Eier mit Salz und Pfeffer verquirlen. In einer großen Pfanne die Butter zerlassen und die Eier hineingießen. Sobald sie zu stocken beginnen, ständig rühren und zur Mitte hin schieben, bis das Rührei cremig ist. Rösti auf Teller legen, Rührei darauf verteilen und mit Pilzen bedecken. Mit Schnittlauch und Pfeffer bestreuen.

Tipps Totentrompetenpilze wachsen im Sommer und Herbst vor allem unter Buchen und Hainbuchen. Sie sind aromatisch und vielseitig verwendbar. Ihren Namen verdanken sie dem dunklen trompetenförmigen Fruchtkörper. Um sie zu säubern, Stielende abschneiden und den verbleibenden Pilz längs aufreißen. Dieses Gericht schmeckt auch mit Pfifferlingen oder Egerlingen anstelle von Totentrompeten gut.

Steinpilze mit Kartoffelnudeln

Für die Kartoffelnudeln
400 g mehligkochende Kartoffeln
150 g Mehl
50 g Emmentaler, gerieben
¾ TL Salz
frisch gemahlener Pfeffer
2 Eier

Für die Schmorzwiebeln
250 g kleine Zwiebeln
30 g Butter
150 g Sahne
Salz
frisch gemahlener Pfeffer
1 Thymianzweig

Für die Pilze
500 g Steinpilze
50 g Butter
Salz
frisch gemahlener Pfeffer
1 EL gehackte Petersilie

Außerdem
1 TL Thymianblättchen
1 TL gehackte Petersilie

1 Den Backofen auf 200 °C vorheizen. Die Kartoffeln waschen und in Alufolie wickeln. Im heißen Ofen 1 Stunde backen. Herausnehmen und schälen.

2 Das Mehl auf eine Arbeitsfläche häufen, in die Mitte eine Mulde drücken. Käse, Salz und Pfeffer hineingeben. Die heißen Kartoffeln durch die Kartoffelpresse kranzförmig auf den Mehlrand drücken.

3 Die Eier aufschlagen und in die Mulde gleiten lassen. Alles rasch zu einem glatten Teig verkneten, diesen kurz ruhen lassen. Anschließend den Kartoffelteig zu 2 cm dicken Strängen formen. Die Stränge mit Mehl bestauben und die Rollen in etwa 1 cm große Stücke schneiden. Die Teigstücke mit den Händen zu Nudeln rollen, die an beiden Enden jeweils spitz zulaufen.

4 Für die Schmorzwiebeln die Zwiebeln schälen und längs halbieren. Die Butter in einer Kasserolle zerlassen und die Zwiebeln darin bei schwacher Hitze und unter ständigem Rühren etwa 10 Minuten andünsten. Die Sahne zugießen; alles salzen und pfeffern. Den Thymianzweig zugeben und die Zwiebeln zugedeckt 10 Minuten köcheln lassen.

5 Die Steinpilze putzen (möglichst nicht waschen) und längs in dünne Scheiben schneiden. Die Butter in einer Pfanne zerlassen. Die Pilze kurz darin braten, mit Salz und Pfeffer würzen und die Petersilie dazustreuen.

6 Die Kartoffelnudeln in leicht gesalzenem, kochendem Wasser in etwa 6 Minuten gar ziehen lassen. Sie sind fertig, sobald sie an die Oberfläche steigen.

7 Die Kartoffelnudeln mit einem Schaumlöffel aus dem Wasser heben und gut abtropfen lassen. Mit Schmorzwiebeln und Pilzen auf vorgewärmte Teller anrichten, mit Thymian und Petersilie bestreuen; sofort servieren.

Sprossenpuffer mit Paprika

1 kleine rote Chilischote
120 g weiße Zwiebeln
200 g Mungbohnensprossen
100 g Weizenvollkornmehl
4 Eier
Salz, frisch gemahlener Pfeffer
2 EL gehackte Kräuter (Basilikum, Petersilie und Thymian)

Für das Paprikagemüse
150 g rote Paprikaschoten
150 g gelbe Paprikaschoten
150 g grüne Paprikaschoten
1 weiße Zwiebel
1 Knoblauchzehe
2 EL Öl
250 ml Gemüsefond
1 TL Thymianblättchen
20 g kalte Butterwürfel
Salz
frisch gemahlener weißer Pfeffer

Außerdem
Öl zum Ausbacken
Kapuzinerkresseblüten zum Garnieren

1 Die Chilischote von den Samen befreien und fein hacken. Die Zwiebeln schälen und ebenfalls fein hacken. Die Sprossen in einem Sieb abbrausen und gut abtropfen lassen.

2 Das Vollkornmehl in eine Schüssel geben. Die Eier hinzufügen und alles zu einem glatten Teig verrühren. Zwiebel- und Chiliwürfel sowie Bohnensprossen, Salz, Pfeffer und Kräuter dazugeben und unter den Teig mischen. Den Teig zugedeckt etwa 15 Minuten quellen lassen.

3 Den Backofen auf 220 °C vorheizen. Für das Gemüse die Paprikaschoten im heißen Ofen rösten, bis sie angekohlt sind und die Haut Blasen wirft; herausnehmen und in einem Gefrierbeutel abkühlen lassen.

4 Die Haut von oben nach unten von den Schoten abziehen, die Schoten längs halbieren, Samen und Trennwände entfernen und das Fruchtfleisch in 5 mm große Würfel schneiden. Zwiebel und Knoblauchzehe schälen und fein hacken.

5 In einem Topf das Öl erhitzen, Zwiebel und Knoblauch darin glasig dünsten, die Paprikawürfel kurz mitdünsten. Den Gemüsefond zugießen, die Hitze reduzieren und alles 15 Minuten köcheln lassen. Den Thymian untermischen. Nach und nach die kalten Butterwürfel einrühren, um das Gemüse leicht zu binden. Salzen und pfeffern.

6 In einer hohen Pfanne Öl zum Ausbacken der Küchlein erhitzen. Aus dem Teig 12 Küchlein formen und diese portionsweise in dem heißen Öl von beiden Seiten in je etwa 3 Minuten goldgelb ausbacken. Die Puffer mit dem Paprikagemüse anrichten und mit den Kresseblüten garnieren. Sofort servieren, damit die Küchlein knusprig bleiben.

Gemüsefrikadellen mit Linsen

Für die Gemüsefrikadellen
1 kg festkochende Kartoffeln
250 g rote Paprikaschoten
100 g Möhren
150 g Zwiebeln
3 grüne Chilischoten
100 g Erbsen
3 EL Öl
1 TL Garam masala
Salz
¼ TL Asant (Asia-Laden)
1 EL Zitronensaft

Für die Linsen
300 g rote Linsen
15 g frische Ingwerwurzel
100 g Zwiebeln
2 EL Öl
½ TL schwarze Senfkörner
½ TL gemahlene Kurkuma
½ TL Garam masala
Salz
¼ TL Zucker
1 EL Zitronensaft

Außerdem
100 g Semmelbrösel
Öl zum Braten

1 Die Kartoffeln in kochendem Wasser in 15–20 Minuten weich garen. Das Wasser abgießen, die Kartoffeln etwas ausdampfen lassen, schälen und mit einem Kartoffelstampfer zerdrücken.

2 Paprikaschoten waschen, halbieren und putzen. Möhren und Zwiebeln schälen. Alles in kleine Würfel schneiden. Chilischoten von den Samen befreien und fein hacken. Erbsen kurz in kochendem Salzwasser garen, abschrecken und abtropfen lassen.

3 Das Öl in einem Topf erhitzen und die Zwiebeln darin goldbraun anbraten. Paprikaschoten und Möhren zugeben und 5 Minuten unter Rühren mitbraten. Chilischoten, Erbsen und zerdrückte Kartoffeln zufügen und alles gut miteinander vermischen. Mit Garam masala, Salz, Asant und Zitronensaft würzen und alles zusammen noch 5 Minuten garen. Abkühlen lassen.

4 Die Linsen waschen, in einen Topf mit 600 ml Wasser geben, zum Kochen bringen und in 15–20 Minuten weich garen. Ingwer und Zwiebeln schälen und fein hacken. Von den Linsen das Kochwasser abgießen, dabei 100 ml Flüssigkeit auffangen.

5 Das Öl in einer Pfanne erhitzen. Den gehackten Ingwer und die Zwiebeln darin goldbraun braten, dann die Gewürze sowie Salz, Zucker und Zitronensaft zugeben und kurz mitbraten. Die Linsen mitsamt dem Kochwasser zufügen und unterrühren, alles gut miteinander vermischen und warm halten.

6 Aus der Gemüsemasse 12 Frikadellen formen. Diese in Semmelbröseln wenden. In einer großen Pfanne das Öl erhitzen und die Frikadellen portionsweise darin von jeder Seite in etwa 4 Minuten goldbraun braten. Die Frikadellen mit dem Linsengemüse auf vier vorgewärmte Teller anrichten.

Zucchini-Kartoffel-Puffer

400 g Zucchini
500 g Kartoffeln
Salz
frisch gemahlener Pfeffer
1 Prise geriebene Muskatnuss
60 g Butterschmalz

1 Die Zucchini waschen, von den Enden befreien und auf der Gemüsereibe grob raspeln.

2 Die Kartoffeln schälen und ebenfalls grob raspeln. Mit den Händen die Flüssigkeit aus den Raspeln in eine Schüssel drücken. (Die Kartoffelraspel in eine zweite Schüssel geben.) Den Kartoffelsaft stehen lassen, bis sich die Stärke am Schüsselboden abgesetzt hat.

3 Das klare Kartoffelwasser, das sich über der Stärke gebildet hat, vorsichtig aus der Schüssel abgießen. Die Stärke zu den Kartoffelraspeln geben. Die Zucchiniraspel zufügen und untermischen. Die Mischung mit Salz, Pfeffer und Muskatnuss würzen.

4 In einer Pfanne das Butterschmalz erhitzen. Pro Puffer vom Teig etwa 2 Esslöffel in die Pfanne geben, den Teig dabei etwas flach drücken und auf beiden Seiten knusprig braten.

5 Die Puffer aus der Pfanne nehmen, auf Küchenpapier entfetten. Mit gerösteten Tomaten und Kräuterjoghurt servieren.

Tipp Für die Beilage 4 Tomaten waschen, von den Stielansätzen befreien und in Viertel schneiden. Die Tomatenviertel im verbliebenen Butterschmalz bei starker Hitze in der Pfanne rundherum rösten. Falls nötig oder nach Belieben, etwas Olivenöl zugeben. Die Tomaten mit Pfeffer und Salz würzen. Für den Kräuterjoghurt griechischen Sahnejoghurt mit Zitronensaft, Salz, Pfeffer und gehackter Minze verrühren und abschmecken.

Panierte Selleriescheiben

mit Zitronen-Sabayon

2 kleine Sellerieknollen (je 500 g)
2 EL Zitronensaft
Salz, frisch gemahlener Pfeffer
1 EL Öl
einige Zitronenthymianzweige
1 EL Mehl, 1 Ei
200 g frisch geriebenes Weißbrot
40 g Butterschmalz
10 g Butter
4 Kapuzinerkresseblüten

Für das Zitronen-Sabayon
1 Bund Thymianblättchen
1 Schalotte, gewürfelt
50 ml Gemüsefond
250 ml Weißwein
Schale von 1 Bio-Zitrone
4–5 weiße Pfefferkörner
3 Eigelbe, 1 Prise Salz
1 TL Zitronensaft

1 Sellerieknollen schälen und in je 4 Scheiben schneiden. Salzwasser mit Zitronensaft aufkochen, die Selleriescheiben darin kurz garen. Abschrecken, trocken tupfen, salzen, pfeffern und mit dem Öl beträufeln. Die Scheiben mit Thymianzweigen dazwischen aufeinanderlegen und zugedeckt 25 Minuten durchziehen lassen.

2 Für das Sabayon die Thymianblättchen abzupfen. Stiele mit gewürfelter Schalotte, Fond, Wein, Zitronenschale und Pfefferkörnern aufkochen. Auf die Hälfte reduzieren und durch ein Sieb gießen. Leicht abkühlen lassen; mit den Eigelben im heißen Wasserbad aufschlagen. Salz, Zitrone, Thymianblättchen zugeben.

3 Die Selleriescheiben in Mehl, dann in verquirltem Ei und zuletzt in Bröseln wenden. Panade festdrücken; Selleriescheiben im heißen Butterschmalz goldbraun braten. Butter zugeben, aufschäumen lassen. Mit Sabayon und Kresseblüten anrichten.

Kürbiswürstchen mit Senfsauce

Für die Kürbiswürstchen
40 g Zwiebel
50 g Möhre
60 g Knollensellerie
50 g Lauch
600 g Kürbisfruchtfleisch
10 g Bittermandeln
20 g Butter
150 ml Gemüsefond
2 Eigelbe
1 Ei
Salz
frisch gemahlener Pfeffer
etwa 15 Wursthüllen aus Kunstdarm (je 15–20 cm lang; vom Metzger)
Garn zum Zubinden

Für den Sud
1 Zwiebel
1 Stück Lauchstange (50 g)
1 kleine Möhre
800 ml Gemüsefond
Salz
frisch gemahlener Pfeffer

Für das Gemüse
je 150 g rote und gelbe Tomaten
120 g Zucchini
40 g weiße Zwiebel
1 Knoblauchzehe
3 EL Olivenöl
Salz
frisch gemahlener Pfeffer
1 EL gehackte Thymianblättchen
8 schwarze Oliven

Für die Senfsauce
150 g Butter
2 Eigelbe
100 g körniger Senf
150 g Joghurt
Salz, frisch gemahlener Pfeffer

1 Für die Würstchen Zwiebel, Möhre, Sellerie und Lauch putzen bzw. schälen; fein würfeln. Kürbisfruchtfleisch klein würfeln. Mandeln fein hacken.

2 Die Butter zerlassen und die Gemüsewürfel bis auf die Kürbiswürfel darin andünsten, dann Kürbiswürfel und Bittermandeln unter Rühren zugeben. Gemüsefond zugießen und alles etwa 35 Minuten köcheln lassen.

3 Die Mischung pürieren und durch ein feines Sieb passieren. In einen Topf geben und unter Rühren 10 Minuten einkochen lassen. Vom Herd nehmen. Eigelbe und Ei unterrühren. Salzen und pfeffern. Die Kürbismasse in einen Spritzbeutel mit kleiner Lochtülle füllen. Die Masse in die Wursthüllen spritzen und die Hüllen oben fest zubinden.

4 Das Gemüse für den Sud putzen bzw. schälen. Zwiebel und Lauch in dünne Ringe, Möhre in Scheiben schneiden. Gemüsefond in einen Topf füllen, das Gemüse hineingeben; mit Salz und Pfeffer würzen. Aufkochen und alles 10 Minuten köcheln lassen. Die Hitze reduzieren und die Würstchen im Gemüsesud etwa 20 Minuten pochieren.

5 Inzwischen das Gemüse zubereiten. Dafür beide Tomatensorten blanchieren und häuten. Die Früchte von Stielansätzen befreien und vierteln. Die Samen herausnehmen und das Fruchtfleisch klein würfeln. Zucchini putzen und in etwa 5 mm große Würfel schneiden. Zwiebel und Knoblauch schälen und beides fein würfeln.

6 Öl erhitzen. Zwiebel- und Knoblauch darin hell andünsten. Die Zucchiniwürfel zugeben und 2–3 Minuten mitbraten, dann die Tomatenwürfel zufügen und alles noch 2 Minuten braten. Das Gemüse mit Salz, Pfeffer und Thymian würzen. Die Oliven untermischen und kurz im Gemüse erwärmen.

7 Für die Sauce die Butter zerlassen. Eigelbe und Senf einrühren. Die Mischung bei schwacher Hitze oder über dem heißen Wasserbad unter Rühren etwas andicken lassen (nicht kochen lassen). Joghurt untermischen, die Sauce salzen und pfeffern.

8 Die Würstchen aus dem Sud heben, abtropfen lassen und mit der Sauce und dem Gemüse auf Tellern anrichten.

Tipp Die Kürbismasse können Sie auch portionsweise fest in Alufolie wickeln (die Enden der Folie wie Bonbonpapier zusammendrehen) und dann wie im Rezept beschrieben pochieren. Zum Servieren die Folie öffnen.

Kartoffelgratin

mit Paprikaschoten

800 g rote Paprikaschoten
1 Zwiebel
1 Knoblauchzehe
800 g festkochende Kartoffeln
2 rote Chilischoten
1 EL Öl
125 ml Tomatensaft
200 ml Milch
200 g Sahne
1 TL Salz
1 TL gehackter grüner Pfeffer
50 g Parmesan, gerieben
30 g Butter, in Flöckchen

Außerdem
Butter für die Form
1 EL gehackte Kräuter (Petersilie, Basilikum)

1 Den Backofen auf 220 °C vorheizen. Die Paprikaschoten im heißen Ofen backen, bis die Haut angekohlt ist und Blasen wirft. Herausnehmen und in einem Gefrierbeutel abkühlen lassen. (Die Backofentemperatur auf 200 °C reduzieren.) Die Schoten häuten, halbieren, von Samen und Trennwänden befreien und in 1 cm große Stücke schneiden.

2 Die Zwiebel und den Knoblauch schälen und fein hacken. Die Kartoffeln schälen und auf dem Gemüsehobel oder der Mandoline in etwa 3 mm dicke Scheiben schneiden. Die Chilischoten halbieren, von den Samen befreien und in feine Streifen schneiden.

3 Eine Gratinform mit Butter fetten. Das Öl in einer Pfanne erhitzen und die Zwiebel mit dem Knoblauch darin glasig dünsten. Die Paprika und den Tomatensaft zufügen; die Paprika 10 Minuten im Tomatensaft schmoren.

4 Inzwischen die Kartoffelscheiben mit der Milch und der Sahne in einem Topf aufkochen und etwa 15 Minuten köcheln lassen, dabei immer wieder rühren. Mit Salz und dem gehackten grünen Pfeffer würzen.

5 Zuerst die geschmorten Paprikaschoten und darauf die Kartoffeln in der Milch-Sahne in die Gratinform füllen. Das Gratin mit dem geriebenem Parmesan bestreuen und mit Butterflöckchen belegen. Im heißen Ofen 30 Minuten garen, bis die Oberfläche schön gebräunt ist. Mit Petersilie und Basilikum bestreuen und servieren.

Kartoffelschnecken mit Majoran

Für den Teig
1 kg etwa gleich große mehligkochende Kartoffeln
2 Eier
1 TL Salz
250 g Mehl

Für die Füllung
400 g Zwiebeln
60 g Butter
2 EL gehackte Petersilie
1 EL gehackter Majoran und Dost (wilder Majoran)
Salz
frisch gemahlener Pfeffer

Für den Guss
250 g Sahne
3 Eier
Salz
frisch gemahlener Pfeffer

Außerdem
Butter für die Form

1 Den Backofen auf 200 °C vorheizen. Die Kartoffeln gründlich abbürsten und auf einem Backblech verteilen. Im heißen Ofen in etwa 1 Stunde weich backen.

2 Anschließend die noch heißen Kartoffeln vom Blech nehmen, aufbrechen und mit einem Löffel das Kartoffelfleisch aus den Schalen nehmen. (Den Ofen nicht ausschalten.)

3 Das Kartoffelfleisch durch die Kartoffelpresse drücken, auf einer Arbeitsfläche ausbreiten und vollständig abkühlen lassen.

4 Die zerdrückte Kartoffelmasse zusammenschieben und in die Mitte eine Mulde drücken. Die Eier und das Salz hineingeben, mit etwas Kartoffelmasse vermischen, dann das Mehl darübersieben. Alles mit den Händen zu einem glatten Teig verkneten und diesen etwa 15 Minuten ruhen lassen.

5 Für die Füllung die Zwiebeln schälen und fein hacken. Die Butter in einer Pfanne zerlassen. Die Zwiebeln und die gehackten Kräuter darin 5 Minuten bei schwacher Hitze dünsten. Mit Salz und Pfeffer würzen und die Mischung auskühlen lassen. Eine runde ofenfeste Form fetten.

6 Den Teig auf einer bemehlten Arbeitsfläche zu einer 5 mm dicken Platte ausrollen. Die Zwiebelmischung daraufstreichen. Die Platte in 4 cm breite und etwa 20 cm lange Streifen schneiden. Die Streifen aufrollen und nebeneinander in die Form setzen. Im heißen Ofen 25 Minuten backen.

7 Inzwischen für den Guss die Sahne mit Eiern, Salz und Pfeffer verquirlen. Die Form aus dem Ofen nehmen und den Sahneguss zwischen die Teigschnecken gießen. Das Ganze in den Ofen schieben und weitere 45 Minuten backen.

Grüner Spargel

mit Stilton überbacken

1 kg grüner Spargel
20 g Butter
20 g Mehl
375 ml Milch
Salz
frisch gemahlener Pfeffer
2 Eigelbe
100 g Sahne
60 g Cheddar, gerieben

Außerdem
zerlassene Butter für die Form und zum Beträufeln
100 g Stilton blue
1 TL gehackte Petersilie

1 Den Spargel waschen, die unteren Enden abschneiden und nur die unteren Teile der Stangen dünn schälen. Die Stangen mit Küchengarn zu vier Bündeln zusammenbinden. Die Spargelspitzen dabei nicht beschädigen.

2 In einem hohen Spargeltopf reichlich Salzwasser zum Kochen bringen. Die Spargelbündel in das Wasser stellen (sie sollen gerade davon bedeckt sein) und in 15–20 Minuten bei schwacher Hitze weich garen. Herausheben und gut abtropfen lassen. Das Küchengarn entfernen.

3 Eine Gratinform mit Butter fetten und die Spargelstangen nach Möglichkeit nebeneinander hineinlegen.

4 Für die Sauce die Butter in einer Kasserolle zerlassen. Das Mehl unter Rühren mit dem Schneebesen zugeben und in 1–2 Minuten andünsten. Die Milch langsam zugießen, dabei ständig rühren. Die Sauce mit Salz und Pfeffer würzen und unter ständigem Rühren bei schwacher Hitze köcheln lassen.

5 Die Eigelbe mit der Sahne verquirlen und unter die Sauce rühren. Einmal aufkochen lassen. Anschließend durch ein feinmaschiges Sieb in einen anderen Topf passieren und die Sauce nochmals erhitzen. Den Cheddar unter Rühren in der Sauce schmelzen lassen.

6 Die Sauce über den Spargel gießen. Den Stilton in kleine Würfel schneiden und auf den Spargel streuen. Das Gericht etwa 10 Minuten im heißen Ofen gratinieren. Herausnehmen, mit zerlassener Butter beträufeln und mit Petersilie bestreuen. Sofort servieren.

Tipps Statt grünem Spargel Stangensellerie nehmen. In diesem Fall das Gratin vor dem Servieren mit gehacktem Selleriegrün statt mit Petersilie bestreuen. Stilton blue ist ein englischer Blauschimmelkäse aus Kuhmilch mit kräftigem Geschmack. Sie können ihn notfalls durch einen anderen Blauschimmelkäse ersetzen, z. B. Roquefort oder Gorgonzola. Wählen Sie eine möglichst herzhafte Alternative.

Olivenöl zählt zu einem der beliebtesten Öle – sei es zum Kochen, Braten oder für Salate. Verwenden Sie wertvolles, kalt gepresstes Olivenöl wie auch alle anderen kalt gepressten Öle möglichst nur für Salate und Speisen, die nicht (mehr) erhitzt werden.

Pflanzliche Fette und Öle

Verwendung in der vegetarischen Küche

In der vegetarischen Küche werden ausschließlich Fette wie pflanzliche Margarine und Pflanzenöle verwendet. Pflanzenöle versorgen den Körper mit wichtigen ungesättigten Fettsäuren, enthalten aber auch fettlösliche Vitamine und andere gesundheitsfördernde Begleitstoffe. Öl, egal wie wertvoll es ist, liefert genauso viele Kalorien wie jedes andere Fett auch, nämlich 9 kcal pro Gramm.
Grundsätzlich unterscheidet man zwischen kaltgepressten und raffinierten Ölen (siehe Seite 77).
In kalt gepressten Ölen sind die wertvollen Inhaltsstoffe weitestgehend erhalten. Diese Öle sollten nur kurz erhitzt werden (am besten gar nicht), damit die Inhaltsstoffe nicht zerstört werden. Vorzugsweise sind kalt gepresste Öle ideal für Salate und zum Beträufeln von warmen und kalten Speisen.
Im Folgenden erhalten Sie einen kleinen Überblick über verschiedene Ölsorten und deren Verwendung.

Aromatisieren mit gesundem Öl

Arganöl
Wird in seinem Herkunftsland Marokko in Handarbeit aus den Samen des Arganbaumes gewonnen; es enthält etwa 80 % ungesättigte Fettsäuren. Sein kräftiges Nussaroma passt bestens zu Blattsalaten.

Distelöl
Wird aus den Samen der Färberdistel gewonnen und weist einen hohen Anteil (75 %) an ungesättigten Fettsäuren auf. Sein dezentes Aroma harmoniert gut mit gedünstetem Gemüse.

Erdnussöl
Das klare, neutral schmeckende Öl der Erdnusskerne verträgt hohe Temperaturen und eignet sich besonders gut zum Braten und Frittieren von Gemüse.

Haselnussöl
Hat einen sehr intensiven Geschmack und sollte daher nur tropfenweise zu Salaten, Gemüsegerichten oder zum Aromatisieren von Desserts oder Gebäck verwendet werden.

Kürbiskernöl
Die Spezialität aus der Steiermark wird aus Kürbissamen gewonnen. Das Öl ist dunkelgrün und recht dickflüssig. Sein intensives Aroma passt nicht nur gut zu Salaten oder gegartem Gemüse, es schmeckt auch sehr gut zu Vanilleeis (siehe unten).

Leinöl
Das Öl aus den Samen der Flachspflanze schmeckt sehr intensiv. Es darf nicht erhitzt werden. Passt zu Kartoffeln mit Quark; auch zum Aufwerten von Müsli geeignet.

Macadamianussöl
Aus den Nüssen des Macadamiabaumes, der vor allem in Australien wächst, wird ein Öl mit angenehm nussig-fruchtigem Aroma gewonnen. Es harmoniert mit Kräutern und Salaten wie Rucola, Löwenzahn, Kerbel und grünen Blattsalaten. Gemüse kann darin mariniert werden.

Maiskeimöl
Aus dem Keimling des Maiskorns wird ein Öl mit einm Anteil von 50 % mehrfach ungesättigte Fettsäuren gewonnen. Es schmeckt neutral und eignet sich zum Braten, Backen und Kochen.

Olivenöl
siehe Seite 79 – Olivenöl

Rapsöl
Das neutral schmeckende Öl enthält etwa 60 % einfach ungesättigte Fettsäuren. Es eignet sich zum Kochen, Braten und Backen.

Sesamöl
Das Öl der Sesamsamen hat ein intensives Aroma, schmeckt gut zu asiatischen und orientalischen Gemüsegerichten und sollte kurz vor dem Servieren tropfenweise verwendet werden.

Sojaöl
Das aus Sojabohnen gewonnene Öl schmeckt mild und ist ideal für asiatische Gerichte. Es kann hoch erhitzt werden.

Sonnenblumenöl
Wird aus Sonnenblumenkernen gewonnen. Es ist relativ geschmacksneutral, weshalb es sich für Salate und Marinaden aller Art sowie zum Braten und Kochen gut eignet.

Traubenkernöl
Es wird aus getrockneten Traubenkernen hergestellt. Sein mild-fruchtiges Aroma verleiht Salaten und Gemüsegerichten eine besondere Note.

Walnussöl
Wie alle Nussöle sollte es aufgrund seines intensiven Aromas für Marinaden und Salatsaucen sparsam verwendet werden.

Öle sorgen für manche kulinarische Überraschung: Kürbiskernöl schmeckt z. B. bestens zu Vanilleeis.

Wirsingrouladen

mit Kastanienfüllung

Für die Füllung
700 g Esskastanien (Maronen)
2 Stangen Sellerie
2 Möhren
2 Zwiebeln
1 Knoblauchzehe
50 g Butter
1 TL Zucker
1 TL Thymianblättchen
Salz
frisch gemahlener Pfeffer
30 g Sahne
200 ml Gemüsefond
1 Ei

Außerdem
4 Wirsingblätter
30 g Butter
100 ml trockener Weißwein
250 ml Gemüsefond
100 g Sahne
Salz
frisch gemahlener Pfeffer
1 TL Thymianblättchen

1 Den Backofen auf 220 °C vorheizen. Die Kastanien auf der runden Seite kreuzweise einritzen und im heißen Ofen 10 Minuten backen. Herausnehmen und noch heiß schälen, dabei die braunen Innenhäutchen mitentfernen. Die Kastanien am besten mit einem Handtuch halten.

2 Den Stangensellerie putzen. Möhren, Zwiebeln und Knoblauch schälen. Sellerie, Zwiebeln, Knoblauch und 1 Möhre klein würfeln.

3 Die Butter in einem Topf zerlassen. Die Kastanien zugeben, mit Zucker bestreuen und kurz unter Rühren glasieren. Die Gemüsewürfel zufügen, Thymianblättchen hineinstreuen und die Kastanien mit Salz und Pfeffer würzen. Sahne und Fond angießen und die Kastanien zugedeckt bei schwacher Hitze in etwa 25 Minuten weich garen, dabei mehrmals umrühren.

4 Die Kastanienmischung in den Mixer oder die Küchenmaschine füllen, das Ei sowie Salz und Pfeffer zugeben. Alles im Mixer fein pürieren. Die restliche Möhre fein würfeln und die Würfel unter das Püree mischen.

5 Die Wirsingblätter in sprudelnd kochendem Salzwasser 8 Minuten kochen, herausnehmen und kalt abschrecken. Von den Blättern die dicken Mittelrippen flach abschneiden.

6 Die Wirsingblätter auf einer Arbeitsfläche ausbreiten; salzen, pfeffern und das Kastanienpüree darauf streichen. Die Blätter zu Rouladen aufrollen, dabei die Ränder zur Mitte hin einschlagen, damit die Füllung nicht herausquellen kann.

7 In einem großen Topf die Butter zerlassen, die Wirsingrouladen darin von allen Seiten kurz anbraten. Weißwein und Gemüsefond zugießen, den Topf schließen und die Rouladen etwa 15 Minuten schmoren.

8 Die Rouladen aus dem Topf heben und warm stellen. Die Sauce durch ein Sieb passieren, die Sahne zugießen und bei starker Hitze sämig einkochen lassen. Die Sauce mit Salz und Pfeffer abschmecken und den Thymian untermischen. Die Rouladen mit der Sauce auf vier vorgewärmten Tellern anrichten und nach Belieben mit Vollkorn-Tagliatelle servieren.

Bohnen-Tomaten-Gemüse

mit Schafkäse und Minze

600 g grüne Bohnen
200 g weiße Zwiebeln
2 Knoblauchzehen
350 g Flaschentomaten
1 Bund Minze
3 EL Olivenöl
Salz
frisch gemahlener Pfeffer
50 ml Weißwein
100 ml Gemüsefond
150 g Schafkäse (Feta)

1 Die Bohnen waschen und putzen. Lange Bohnen schräg halbieren oder dritteln. Die Zwiebeln schälen und in dünne Ringe schneiden. Den Knoblauch schälen und fein hacken.

2 Die Tomaten blanchieren, häuten und in Scheiben schneiden. Die Minze waschen und trocken schleudern.

3 Das Olivenöl in einem großen Topf erhitzen. Die Zwiebelringe und den Knoblauch darin andünsten. Die Bohnen unter-mischen und alles mit Salz und Pfeffer würzen. 2–3 Zweige Minze hinzufügen, dann den Weißwein und den Gemüsefond zugießen. Das Gemüse bei schwacher Hitze etwa 20 Minuten köcheln lassen.

4 Die Tomatenscheiben zum Bohnengemüse in den Topf geben und alles 5 Minuten zusammen köcheln. Inzwischen den Schafkäse würfeln, unter das Gemüse mischen und in 5 Minuten darin heiß werden lassen.

5 Die restliche Minze fein zerkleinern. Das Gemüse in eine Schüssel füllen oder auf Teller verteilen, mit der Minze bestreuen und mit kleinen Pellkartoffeln servieren.

Provenzalisches Gemüsegratin

4 Zwiebeln (250 g)
3 Knoblauchzehen
3 EL Olivenöl
500 g Auberginen
500 g Zucchini
Salz
400 g Tomaten
200 g Mozzarella
frisch gemahlener Pfeffer
2 EL gehackte Kräuter (Basilikum, Petersilie, Oregano)

Außerdem
Olivenöl für das Backblech und zum Beträufeln
50 g Cantal oder Parmesan, gerieben
20 g Semmelbrösel

1 Die Zwiebeln schälen und in Ringe schneiden. Den Knoblauch schälen und fein würfeln oder durch die Presse drücken. Das Öl in einer Pfanne erhitzen. Zwiebeln und Knoblauch darin andünsten und in einigen Minuten weich dünsten.

2 Den Backofen auf 180 °C vorheizen. Die Auberginen und Zucchini waschen und quer in 6–7 mm dicke Scheiben schneiden. Ein Backblech mit Olivenöl bestreichen. Die Gemüsescheiben darauflegen und mit etwas Salz bestreuen. Das Blech in den heißen Ofen schieben und das Gemüse 5–7 Minuten vorgaren.

3 Inzwischen die Tomaten waschen, von den Stielansätzen befreien und in Scheiben schneiden. Den Mozzarella in Scheiben schneiden. Es sollen gleich viele Tomaten- wie Mozzarellascheiben vorhanden sein.

4 Die Zwiebelringe in eine (ungefettete) Gratinform füllen. Die vorgebackenen Auberginenscheiben vom Blech nehmen und leicht überlappend auf den Zwiebelringen anordnen. Die Tomaten- und Mozzarellascheiben abwechselnd und ebenfalls leicht überlappend auf die Auberginenscheiben legen. Mit Salz, Pfeffer und gehackten Kräutern bestreuen. Zum Schluss das Gratin mit den vorgebackenen Zucchini bedecken. Alles mit Salz und Pfeffer bestreuen.

5 Das Gratin in den heißen Ofen schieben und insgesamt 45–55 Minuten backen. Inzwischen den Käse mit den Semmelbröseln mischen. Nach etwa 25 Minuten das Gratin aus dem Ofen nehmen, mit Olivenöl beträufeln und mit der Käsemischung bestreuen. Das Gratin in der Form servieren. Dazu passt Baguette als Beilage.

Paprikaschoten

mit Schafkäsefüllung und Tomatensauce

4 rote Paprikaschoten

Für die Füllung
300 g Schafkäse (Feta)
1 Ei
100 g saure Sahne

Für die Tomatensauce
100 g Stangensellerie
120 g Möhren
1 kg Tomaten
2 Schalotten
1 kleine Knoblauchzehe
2 EL Olivenöl
je 1 Zweig Rosmarin, Basilikum und Thymian
1 Lorbeerblatt
1 Gewürznelke
3 Pimentkörner
1 TL Aceto Balsamico
50 ml Weißwein

Außerdem
Butter für die Form
Salz
Olivenöl zum Beträufeln
125 ml Gemüsebrühe

1 Den Backofen auf 220 °C vorheizen. Die Paprikaschoten im heißen Ofen rösten, bis die Haut angekohlt ist und Blasen wirft. Aus dem Ofen nehmen und unter einem feuchten Geschirrtuch oder in einem Gefrierbeutel abkühlen lassen. Anschließend die Haut von den Schoten abziehen. Die Backofentemperatur auf 180 °C senken.

2 Die gehäuteteten Schoten mit einem Messer auf einer Seite der Länge nach vorsichtig aufschneiden. Die Trennwände mit der Küchenschere herauslösen und die Samen am besten mit einem Kugelausstecher entfernen. Die Paprikaschoten sollen dabei nicht verletzt werden, damit die Füllung nicht auslaufen kann. Die Schoten innen waschen und mit der Öffnung nach unten abtropfen lassen.

3 Für die Füllung den Schafkäse in einer Schüssel mit einer Gabel zerdrücken. Ei und saure Sahne zugeben und alles zu einer cremigen Masse verarbeiten. Die Käsecreme in die Schoten füllen und die Schotenhälften jeweils zusammendrücken.

4 Eine ofenfeste Form mit Butter fetten. Die gefüllten Schoten hineinsetzen, mit Salz bestreuen und mit Olivenöl beträufeln. Die Gemüsebrühe in die Form gießen. Die Schoten 30–40 Minuten im heißen Ofen garen.

5 Inzwischen für die Sauce den Sellerie und die Möhren putzen und fein zerkleinern. Die Tomaten von den Stielansätzen befreien und in kleine Stücke schneiden. Schalotten und Knoblauch schälen und fein würfeln.

6 Das Öl in einer Kasserolle erhitzen. Schalotten, Knoblauch, Sellerie und Möhren darin andünsten. Kräuter und Gewürze untermischen, dann die Tomatenstücke zufügen. Mit Essig und Wein ablöschen. Die Sauce offen 15–20 Minuten einkochen lassen. Anschließend durch ein Sieb passieren und zu den Paprikaschoten servieren.

Artischocken mit Ricottafüllung

auf Lauchstroh

4 kleine Artischocken mit Stielen (je etwa 250 g)
Saft von 1 Zitrone
Salz
½ Bio-Zitrone, in dünne Scheiben geschnitten

Für die Füllung
100 g Ricotta
20 g Parmesan, gerieben
1 Eigelb
Salz
frisch gemahlener Pfeffer
1 EL gehackte Kräuter (Oregano, Thymian)
20 g Butterflöckchen

Für das Lauchstroh
150 g Lauch
Öl zum Frittieren
Salz

Außerdem
Olivenöl für die Form

1 Die Stiele der Artischocken direkt unter dem Blütenansatz abschneiden. Die Schnittstellen mit etwas Zitronensaft bestreichen, damit sie sich nicht verfärben. Die Stiele (vom Blütenansatz an gerechnet) auf eine Länge von 15 cm kürzen; beiseitelegen.

2 Von den Artischocken die kleinen, harten Blätter rund um den Stielansatz abzupfen. Anschließend von den äußeren Blättern die stacheligen Spitzen mit einer Küchenschere und von jeder Artischocke die Spitze mit einem scharfen Küchenmesser abschneiden. Die Außenblätter etwas auseinanderdrücken und das Heu entfernen.

3 Die Artischocken sofort in eine Schüssel mit Wasser und dem restlichen Zitronensaft legen, damit sie sich nicht verfärben. Die Artischockenstiele (es sollten etwa 100 g sein) schälen.

4 In einem Topf Salzwasser mit den Zitronenscheiben zum Kochen bringen. Die Artischocken mit den Stielen hineingeben und in 10–15 Minuten weich garen. Mit einem Schaumlöffel herausheben; abtropfen und gut auskühlen lassen.

5 Für die Füllung Ricotta und Parmesan in eine Schüssel füllen. Die Artischockenstiele in etwa 4 mm große Würfel schneiden. Artischockenstiele, Eigelb, Salz, Pfeffer und Kräuter mit Ricotta und Parmesan gut vermengen.

6 Den Backofen auf 200 °C vorheizen. Eine ofenfeste Form mit Olivenöl ausstreichen, die Artischocken mit der Öffnung nach oben hineinstellen und füllen. Mit Butterflöckchen belegen und im heißen Ofen 10–12 Minuten überbacken.

7 In der Zwischenzeit den Lauch putzen, längs halbieren, waschen, gut abtropfen lassen und in sehr feine, 6–7 cm lange dünne Streifen (Julienne) schneiden. Das Öl in einem großen Topf oder in der Fritteuse auf 180 °C erhitzen und die Lauchstreifen darin in zwei bis drei Portionen kurz frittieren, herausheben und jeweils auf Küchenpapier gut abtropfen lassen.

8 Das Lauchstroh leicht salzen und auf tiefen vorgewärmten Tellern anrichten. Die gefüllten Artischocken aus dem Ofen nehmen, auf das Lauchstroh setzen und sofort servieren.

Aus frischem Obst und Gemüse lassen sich Säfte, Smoothies und Shakes für jeden Geschmack leicht zubereiten. Entsafter, Mixer und Zitruspresse sind nützliche Geräte zur Herstellung der gesunden Getränke, wie dem Tomaten-Smoothie (Rezept Seite 257).

Obst- und Gemüsesäfte

Vegetarisches aus der Flasche

Gemüse- und Obstsäfte schmecken gut. Vor allem Mischdrinks aus verschiedenen Obst- und Gemüsesorten sind ein echter Genuss für Zwischendurch und enthalten jede Menge Vitalstoffe. Am besten sind frisch gepresste Säfte, die Sie mit einer Saftpresse oder dem Entsafter idealerweise erst kurz vor dem Servieren herstellen, so bleiben Vitamine und natürliche Aromastoffe weitestgehend erhalten. Verwenden Sie für eigene Säfte möglichst Obst und Gemüse aus kontrolliert ökologischem Anbau. Wem das zu aufwendig ist, der greift auf fertige Säfte aus dem Bio-Laden, dem Reformhaus oder der Bio-Abteilung des Supermarkts zurück. Achten Sie beim Einkauf auf das Etikett: Es muss deutlich darauf zu lesen sein, dass der Saft unverdünnt ist, also aus 100 % Fruchtsaft besteht.

Eine weitere Variante ist der Smoothie, für den Obst und/oder Gemüse püriert wird, wodurch eine dickflüssige Mischung entsteht. Smoothies sind mittlerweile in jedem Supermakt erhältlich, doch wer sie selber mixt, weiß genau was drin ist. Ein selbst hergestellter Smoothie oder Gemüse-Obst-Saft kann übrigens eine Portion Gemüse bzw. Obst am Tag ersetzen.

Säfte und Smoothies herstellen

Das einfachste Gerät zur Herstellung von Saft ist eine Zitrussaftpresse. Für den kleinen Haushalt genügt ein mechanisches Gerät, ansonsten ist eine elektrische Saftpresse zu empfehlen. Damit können Sie Zitrusfrüchte wie Orangen, Zitronen, Grapefruit, aber auch Granatäpfel rasch auspressen. Andere Früchte wie Beeren, Bananen, Kiwis, Mangos oder Melonen werden geputzt, geschält, in Stücke geschnitten und mit etwas Flüssigkeit in einem Rührbecher mit dem Stabmixer oder im Mixer püriert. Anschließend kann man das Püree

durch ein Sieb streichen und noch mit einem flüssigeren Saft verdünnen.
Für Saft aus festeren Obstsorten wie Äpfel oder Birnen und für Gemüse benötigen Sie einen Entsafter.

Rezepte für Säfte und Smoothies

Erdbeer-Grapefruit-Saft

1 kg Grapefruits halbieren und den Saft auspressen. 1 Banane schälen, in Stücke schneiden. Im Mixer mit 500 g tiefgekühlten, aufgetauten Erdbeeren und 3 EL Honig fein pürieren.

Exotischer Fruchtsmoothie

Für 4 Gläser ½ Ananas schälen und klein schneiden. Mit je 1 geschälten Kiwi und Banane in den Mixer geben und den Saft von 2 großen Orangen zufügen. Mit Honig und 125 ml Wasser pürieren und nach Belieben auf Eiswürfeln servieren.

Mango-Joghurt-Getränk

Für 2 Gläser 1 reife Mango schälen, das Fruchtfleisch vom Kern schneiden. ½ rosa Grapefruit schälen und ohne Kerne klein schneiden. Mit 300 g Joghurt und dem Saft von 2 Orangen im Mixer pürieren.

Kiwi-Joghurt-Drink

Für 2 Gläser 3 Kiwis schälen, klein schneiden und mit ½ TL gehackter Pistazien sowie 300 g Joghurt im Mixer oder mit dem Stabmixer pürieren.

Heidelbeer-Pflaumen-Drink

Für 2 Gläser 150 g Heidelbeeren mit 6 klein geschnittenen Pflaumen, 2 TL Zitronensaft, 1 TL Honig und 300 g Kefir im Mixer oder mit dem Stabmixer pürieren.

Tomaten-Smoothie

Für 2 Gläser 3 reife Tomaten überbrühen, häuten, halbieren, Stielansätze und Kerne entfernen, dann würfeln. 1 rote Paprikaschote putzen und würfeln. Alles mit ½ Knoblauchzehe in den Mixer geben. 1 Handvoll Basilikumblättchen, 100 g Speisequark, 2 TL Zitronensaft, Salz, frisch gemahlener schwarzer Pfeffer, etwas Tabasco und 1 TL Olivenöl dazugeben und alles pürieren. Eiswürfel in Gläser geben, mit Saft auffüllen und mit angerösteten Pinienkernen bestreuen.

Orangen-Möhren-Shake

Für 2 Gläser 1 Orange so dick schälen, dass die weißer Haut mitentfernt wird. Die Orange in den Mixer geben. 2 Möhren und 1 Stück Ingwer schälen und hineinreiben. Mit 100 ml kaltem Möhrensaft auffüllen. Die Mischung pürieren, mit Salz und frisch gemahlenem Pfeffer würzen. Mit Distelöl beträufeln und servieren.

Apfel-Rote-Bete-Saft

Für 2 Gläser 500 g Rote Bete schälen und zerkleinern. 1 kg Äpfel in Spalten schneiden und das Kerngehäuse entfernen. Äpfel und Rote Bete entsaften; mit dem Saft von 1 Zitrone mischen.

Von links nach rechts: Heidelbeer-Pflaumen-Drink, Kiwi-Joghurt-Drink, Erdbeer-Grapefruit-Saft, Apfel-Rote-Bete-Saft.

Blumenkohl und Brokkoli

mit Tomaten-Oliven-Sugo

500 g Blumenkohl
500 g Brokkoli
800 g Fleischtomaten
2 Zwiebeln
2 Knoblauchzehen
1 Bund glatte Petersilie
3 EL Olivenöl
100 ml Gemüsefond
Salz
frisch gemahlener Pfeffer
100 g schwarze Oliven, entsteint und halbiert

1 Blumenkohl und Brokkoli putzen und in Röschen teilen, dann waschen und gut abtropfen lassen. Die Tomaten blanchieren und häuten, von Stielansätzen und Samen befreien und in kleine Würfel schneiden.

2 Zwiebeln und Knoblauch schälen und fein würfeln. Die Petersilie waschen und trocken schütteln. Die Blätter von den Stängeln zupfen, einige beiseitelegen und die restlichen fein hacken.

3 Das Olivenöl in einem großen Topf erhitzen. Die Zwiebel- und Knoblauchwürfel darin hell an-dünsten. Die Tomatenwürfel untermischen und den Gemüsefond dazugießen. Die gehackte Petersilie zugeben, alles mit Salz und Pfeffer abschmecken und die Tomatensauce 10 Minuten bei schwacher Hitze köcheln lassen. Anschließend die Oliven unter die Sauce mischen.

4 Blumenkohl- und Brokkoliröschen in sprudelnd kochendem Salzwasser in 8–10 Minuten bissfest garen. In ein Sieb abschütten und gut abtropfen lassen. Auf Teller anrichten und mit der Tomaten-Oliven-Sauce begießen. Mit den beiseitegelegten Petersilienblättern garnieren und mit italienischem Landbrot servieren.

Tipps Anstelle von Blumenkohl und Brokkoli schmeckt auch eine Mischung aus anderen Gemüsesorten, beispielsweise aus Fenchel und Zucchini oder Fenchel und Wirsing.
Der Tomaten-Oliven-Sugo bietet sich auch als Sauce zu Pasta an.

Auberginentopf

mit roten Linsen und Kartoffeln

250 g Zwiebeln
400 g festkochende Kartoffeln
1 kg Auberginen
400 g geschälte rote Linsen
6 EL Olivenöl
1 TL gemahlenes Kurkuma
2 TL edelsüßes Paprikapulver
4 EL Tomatenmark
Saft und abgeriebene Schale von 2 Bio-Zitronen
etwa 750 ml Gemüsebrühe, nach Bedarf mehr
Salz
frisch gemahlener Pfeffer

1 Die Zwiebeln schälen und in kleine Würfel schneiden. Die Kartoffeln schälen und in etwa 1,5 cm große Würfel schneiden. Die Auberginen waschen, putzen und quer in Scheiben schneiden. Die Linsen in einem Sieb kalt abspülen und abtropfen lassen.

2 In einer Pfanne 4 EL Öl erhitzen und die Auberginenscheiben darin auf beiden Seiten anbraten. Herausnehmen und auf Küchenpapier abtropfen lassen.

3 In einem großen Topf das restliche Öl erhitzen. Die Zwiebelwürfel mit Kurkuma und Paprikapulver darin andünsten. Die Kartoffeln zugeben und kurz mitbraten. Anschließend die Linsen und das Tomatenmark zufügen und alles zusammen etwa 5 Minuten unter Rühren braten. Den Zitronensaft zugießen, dann so viel Gemüsebrühe zufügen, bis alle Zutaten im Topf davon bedeckt sind; bei mittlerer bis starker Hitze zum Kochen bringen.

4 Die gebratenen Auberginen in den Topf geben und untermischen. Alles bei schwacher Hitze etwa 20 Minuten köcheln lassen, bis Kartoffeln, Linsen und Auberginen schön weich sind.

5 Das Gericht mit Salz und Pfeffer abschmecken. Auf tiefe Teller verteilen und mit Zitronenschale bestreuen. Nach Belieben Naan oder Chapatis (indisches Fladenbrot) dazu reichen.

Gefüllte Kürbisse

4 kleine Kürbisse (je etwa 500 g) oder 2 Kürbisse (je etwa 1 kg)

Für die Füllung
1 große Stange Lauch
150 g Steckrüben
200 g grüne Bohnen
1 Fenchelknolle
200 g Wirsing
2 Stangen Sellerie mit Grün
2 Knoblauchzehen
6 EL Olivenöl
Salz
½ TL Thymian
1 TL Honig
abgeriebene Schale von ½ Bio-Zitrone
1 TL frisch gemahlener Pfeffer
75 g Weizenschrot
1 EL gehackte Petersilie
1 EL gehackte Minze

Außerdem
Wirsingblätter zum Auslegen des Bräters
1 Lorbeerblatt
3 Zitronenblätter

1 Von jedem Kürbis oben einen Deckel abschneiden. Die Samen und das wattige Innere entfernen. Falls nötig, die Kürbisse mehr aushöhlen, indem noch etwas Fruchtfleisch von den Seiten abgeschabt wird. Das abgeschabte Fruchtfleisch später zur Füllung geben.

2 Das Gemüse putzen bzw. schälen. Die Stange Lauch in Scheiben, die Rüben in Würfel, die Bohnen schräg in kleine Stücke, die Fenchelknolle in Scheiben, den Wirsing in Streifen schneiden. Den Stangensellerie hacken. Den Knoblauch schälen und sehr fein würfeln.

3 Die Hälfte des Olivenöls in einer hohen Pfanne erhitzen. Alles Gemüse und den Knoblauch darin andünsten. Das Gemüse mit Salz und Thymian würzen, dann 6 Minuten in der geschlossenen Pfanne dünsten. Den Deckel von der Pfanne nehmen und das Gemüse bei starker Hitze unter Rühren so lange köcheln lassen, bis alle Flüssigkeit verdampft ist. Pfanne vom Herd nehmen; beiseitestellen.

4 Das restliche Öl, den Honig, die Zitronenschale, den Zitronensaft und den Pfeffer zum Gemüse geben und untermischen. Weizenschrot, Petersilie und Minze ebenfalls zufügen und gründlich unter die Gemüsemischung rühren.

5 Die Füllung gleichmäßig auf die Kürbisse verteilen. Anschließend die Kürbisdeckel daraufsetzen und die Kürbisse mit Küchengarn verschnüren, damit die Deckel beim Garen nicht verrutschen.

6 Den Backofen auf 190 °C vorheizen. Einen Bräter mit Wirsingblättern auslegen. Das Lorbeerblatt und die Zitronenblätter darauflegen. Die Kürbisse in den Bräter auf die Blätter setzen. Im heißen Ofen die Kürbisse etwa 1 Stunde (kleine) bzw. 1½– 2 Stunden (große) backen, bis das Kürbisfleisch weich ist.

7 Das Küchengarn von den Kürbissen entfernen. Die Kürbisse halbieren und pro Portion zwei halbe kleine oder einen halben großen Kürbis servieren.

Gemüse aus dem Wok

mit Wachteleiern

12 Wachteleier
2 Knoblauchzehen, geschält
1 Zwiebel, geschält
3 Frühlingszwiebeln
300 g Hokkaidokürbis (nur Fruchtfleisch)
150 g Möhren, geputzt
80 g Shiitakepilze
100 g Champignons, geputzt
200 g Tomaten
3 EL Öl
1 TL Tomatenmark
180 ml Gemüsefond
2 TL Bohnensauce
2 EL vegetarische Austernsauce
Korianderblättchen zum Garnieren

1 Die Eier in kochendes Wasser geben und 4 Minuten garen; herausnehmen und abschrecken.

2 Knoblauch in Scheiben schneiden, Zwiebel fein hacken. Frühlingszwiebeln in Ringe schneiden. Das Kürbisfruchtfleisch in 3 mm dicke Scheiben, dann in Rauten schneiden. Die Möhren in 4 cm lange dünne Stifte schneiden. Von den Shiitakepilzen die Stiele entfernen und die Hüte halbieren. Champignons vierteln. Tomaten blanchieren, häuten, von Stielansätzen und Samen befreien; würfeln.

3 Im Wok 2 EL Öl erhitzen. Knoblauch, Zwiebel und Frühlingszwiebeln darin anbraten. Kürbis und Möhren zugeben und 4 Minuten pfannenrühren. Alles Gemüse aus dem Wok nehmen. Restliches Öl in den Wok geben, Pilze darin unter Rühren 2 Minuten braten; herausnehmen. Tomaten kurz anbraten, Tomatenmark einrühren, mit Fond auffüllen. Bohnen- und Austernsauce unterrühren, alles 3 Minuten köcheln lassen. Die Wachteleier längs halbieren. Mit Gemüse und Pilzen in die Sauce geben. Mit Koriander bestreuen.

Frittierte Tofuwürfel

mit Erdnüssen und Gemüse

500 g Tofu
1 EL dunkle Sojasauce
2 EL helle Sojasauce
Salz
1 TL Speisestärke
2 grüne Chilischoten
10 g frische Ingwerwurzel
2 Knoblauchzehen
1 rote Paprikaschote
4 Frühlingszwiebeln
120 g Erdnusskerne (ungesalzen)

Für die Würzsauce
200 ml Gemüsefond
1 EL dunkle Sojasauce
2 EL helle Sojasauce
1 TL weißer Reisessig
1 TL Speisestärke
½ TL Szechuanpfefferkörner

Außerdem
500 ml Öl zum Frittieren
1 EL Schnittknoblauchröllchen

1 Den Tofu in 2 cm große Würfel schneiden. Die dunkle und helle Sojasauce, das Salz und die Speisestärke in einer Schüssel verrühren. Die Tofuwürfel darin wenden und zugedeckt 30 Minuten marinieren.

2 Für das Gemüse die Chilischoten halbieren, von den Samen befreien und in dünne Streifen schneiden. Ingwer und Knoblauch schälen und fein hacken. Die Paprikaschote halbieren, putzen und in 5 mm große Würfel schneiden. Die Frühlingszwiebeln putzen und schräg in etwa 2 cm große Stücke schneiden.

3 Für die Würzsauce den Gemüsefond mit den Sojasaucen, dem Essig und der Speisestärke in einer Schüssel verquirlen. Den Pfeffer im Mörser fein zerstoßen und in die Sauce rühren.

4 Zum Frittieren das Öl im Wok auf 180 °C erhitzen. Die Tofuwürfel aus der Marinade nehmen, gut abtropfen lassen und portionsweise in etwa 2 Minuten im heißen Öl goldgelb frittieren; mit einem Schaumlöffel herausheben und auf einer doppelten Lage Küchenpapier gut abtropfen lassen.

5 Anschließend die Erdnusskerne 1 Minute im Öl frittieren, ebenfalls herausnehmen und abtropfen lassen.

6 Das Öl bis auf etwa 2 EL aus dem Wok gießen; das Öl im Wok erneut erhitzen. Die Chilistreifen, den gehackten Ingwer und den Knoblauch unter Rühren kurz darin anbraten. Paprikawürfel und Frühlingszwiebeln zugeben und 2 Minuten mitbraten. Die Würzsauce zugießen und einmal aufkochen, dann die frittierten Tofuwürfel und die Erdnüsse unterrühren und alles noch 1 Minute köcheln lassen. Das Gericht auf Teller anrichten, mit Schnittknoblauch bestreuen; sofort servieren.

Süßkartoffel-Gemüse-Curry

Für die Gewürzpaste
2 kleine Zwiebeln, geschält
6 getrocknete rote Chilischoten
2 EL Öl
80 g frische Kokosraspel
2 EL Koriandersamen
4 Gewürznelken
10 weiße Pfefferkörner
1 Stück Zimtrinde

Für das Gemüsecurry
2 Zwiebeln, geschält
1 Knoblauchzehe, geschält
2 EL Öl
½ TL braune Senfkörner
½ TL Kreuzkümmel
½ TL gemahlene Kurkuma
1 Lorbeerblatt
1 Muskatblüte, Salz
200 g Möhren, geputzt
300 g Süßkartoffeln, geschält
300 g festkochende Kartoffeln, geschält
250 g grüne Bohnen, 150 g Erbsen

Außerdem
250 g brauner Basmatireis, Salz
Koriandergrün zum Bestreuen

1 Für die Gewürzpaste die Zwiebeln schälen und in Würfel schneiden. Von den Chilischoten die Samen entfernen. 1 EL Öl in einer beschichteten Pfanne erhitzen und die Kokosraspel darin unter ständigem Rühren 5 Minuten braten; herausnehmen. Das restliche Öl in der Pfanne erhitzen, Chilis und Koriandersamen darin anbraten. Nach 3 Minuten Nelken, Pfefferkörner und Zimtrinde unter Rühren 2–3 Minuten mitbraten. Kokosraspel untermischen. Die gerösteten Zutaten mit den Zwiebelwürfeln und 125 ml Wasser zu einer Paste verreiben oder im Mixer fein pürieren.

2 Für das Gemüsecurry Zwiebeln und Knoblauch fein hacken. In einem großen Topf 2 EL Öl erhitzen; Senfkörner, Kreuzkümmel und Kurkuma darin kurz anbraten. Nach 1 Minute Lorbeerblatt, Knoblauch und Zwiebeln zugeben und 10 Minuten bei schwacher Hitze andünsten. Gewürzpaste einrühren, Muskatblüte zugeben; alles 10 Minuten mitdünsten. 750 ml Wasser zugießen; salzen, einmal aufkochen lassen, gut umrühren und zugedeckt bei schwacher Hitze köcheln lassen.

3 Inzwischen Möhren, Süßkartoffeln und Kartoffeln in etwa 1,5 cm große Stücke, die Bohnen in 3 cm große Stücke schneiden. Den Reis in einem Sieb kalt abspülen und abtropfen lassen. In einem Topf mit 500 ml Wasser zum Kochen bringen. Salzen und bei schwacher Hitze zugedeckt etwa 15 Minuten quellen lassen, bis der Reis alle Flüssigkeit aufgesogen hat.

4 Die Möhren 5 Minuten im Gewürzsud kochen, dann die Kartoffeln, nach 10 Minuten die Bohnen und nach weiteren 5 Minuten die Erbsen zugeben. Alles noch 3 Minuten kochen. Abschmecken, mit Koriandergrün bestreuen; Reis dazu reichen.

Mango-Bananen-Curry

2 Zwiebeln
1 Knoblauchzehe
10 Koriandersamen
2 rote Chilischoten
3 EL Öl
5 g gemahlene Kurkuma
6 frische oder 12 getrocknete Curryblätter
400 ml Kokosmilch
200 ml Gemüsefond
2 unreife Mangos (etwa 800 g)
500 g unreife Bananen
150 g grüne Paprikaschoten
1 TL Salz
frisch gemahlener weißer Pfeffer

Außerdem
50 g geriebene frische Kokosnuss

1 Die Zwiebeln und den Knoblauch schälen und fein hacken. Die Koriandersamen in einem Mörser zerstoßen. Die Chilischoten halbieren, Samen und Trennwände entfernen.

2 Das Öl in einem Topf erhitzen. Zwiebel und Knoblauch zufügen und hell andünsten. Koriander, Kurkuma, Curryblätter und Chilis 1–2 Minuten mitbraten. Die Kokosmilch und den Gemüsefond zugießen. Alles bei schwacher Hitze 15 Minuten köcheln lassen.

3 Die Mangos schälen und das Fruchtfleisch in 2 cm große Würfel schneiden. Die Bananen schälen und schräg in 1,5 cm breite Scheiben schneiden. Die Paprikaschote halbieren, Samen und Trennwände entfernen und das Fruchtfleisch in 1 cm große Würfel schneiden.

4 Die Paprikawürfel in die Kokossauce geben und 3 Minuten mitköcheln, dann die Mangowürfel und die Bananenscheiben zugeben und alles noch 5 Minuten köcheln lassen. Mit Salz und Pfeffer würzen.

5 Das Curry mit den frischen Kokosraspeln bestreuen und servieren. Wer möchte, röstet sie zuvor in einer beschichteten Pfanne goldgelb an.

Okra-Gemüse-Curry

20 g Tamarindenmark
300 g festkochende Kartoffeln
200 g große Möhren
350 g Okraschoten
6 grüne Chilischoten
1 kleine Aubergine
250 g Yamswurzel
4 EL Öl
1 TL Bockshornkleesamen
1 TL Kreuzkümmel
20 g frische Ingwerwurzel, geschält und gehackt
12 frische Curryblätter (ersatzweise getrocknete)
¼ TL Asant (Asia-Laden)
60 g Kichererbsenmehl
½ TL rotes Chilipulver
1 TL gemahlene Kurkuma
Salz
1 TL Zucker
1 TL gehackte Minze

Außerdem
1 TL Korianderblätter

1 Das Tamarindenmark in ein Schälchen geben, mit 125 ml kochend heißem Wasser bedecken und etwa 20 Minuten einweichen. Anschließend das Mark mit dem Wasser durch ein Sieb streichen.

2 Die Kartoffeln schälen und in 2 cm große Würfel schneiden. Die Möhren schälen und in 4 cm lange und 2 cm breite Stifte schneiden. Die Okraschoten waschen und an den Stielansätzen wie einen Bleistift spitz zuschneiden, ohne sie dabei zu verletzen.

3 Zwei Chilischoten von den Samen befreien und fein hacken. Von der Aubergine den Stielansatz entfernen und das Fruchtfleisch in 2 cm große Würfel schneiden. Die Yamswurzel schälen und in 1,5 cm große Würfel schneiden.

4 Das Öl in einem großen Topf erhitzen. Zuerst die Bockshornkleesamen darin anbraten, anschließend den Kreuzkümmel einstreuen und kurz mitbraten.

5 Den Ingwer, die gehackten Chilischoten und die Curryblätter zugeben und alles zusammen noch 1 Minute braten. Den Asant und das Kichererbsenmehl unter Rühren 4–5 Minuten mitbraten. Die Hitze reduzieren, Chilipulver und Kurkuma untermischen und unter Rühren 2–3 Minuten mitbraten. Nach und nach 1,2 l Wasser dazugießen, dabei ständig rühren. Das Ganze noch 10 Minuten köcheln lassen.

6 Das Gemüse wie folgt in den Topf geben: Zuerst die Yamswurzel, nach 5 Minuten die Kartoffeln, nach weiteren 10 Minuten die Möhrenstifte und Auberginenwürfel, nach weiteren 5 Minuten die Okraschoten. Das Gemüsecurry anschließend noch 10 Minuten weiterköcheln lassen.

7 Die restlichen grünen Chilischoten (unzerkleinert) mit Salz, Zucker, dem Tamarindenwasser und der gehackten Minze zum Curry geben; gut durchrühren und nochmals erhitzen. Das Gericht mit Korianderblättern bestreuen und servieren.

Papaya-Curry

mit Süßkartoffeln

1 Zwiebel
2 Knoblauchzehen
1 Stängel Zitronengras
2 rote Chilischoten
20 g frische Ingwerwurzel
½ TL schwarze Pfefferkörner
1 EL gehacktes Koriandergrün
1 EL Öl
700 g Süßkartoffeln
600 g Gemüsepapayas oder grüne Obstpapayas
150 g Erbsen
300 ml Gemüsefond
400 ml Kokosmilch
1 TL Salz
30 g frische Kokosraspel

1 Die Zwiebel und den Knoblauch schälen und fein hacken. Das Zitronengras in feine Ringe schneiden. Die Chilischoten halbieren, von den Samen befreien und fein hacken. Die Ingwerwurzel schälen und fein reiben.

2 Zwiebel-, Knoblauch- und Chiliwürfel sowie Zitronengras, Ingwerwurzel, Pfefferkörner und Koriandergrün in einem Mörser zu einer Paste verreiben.

3 Die Süßkartoffeln schälen und in etwa 1,5 cm große Würfel schneiden. Die Papayas schälen und halbieren. Die schwarzen Samen mit einem Löffel entfernen und das Fruchtfleisch in etwa 2 cm große Würfel schneiden. Die Erbsen kurz in kochendem Salzwasser garen, dann abgießen und kalt abschrecken.

4 In einem großen Topf das Öl erhitzen und die Gewürzpaste darin unter ständigem Rühren etwa 3 Minuten anbraten. Die Papayawürfel in den Topf zu der Gewürzpaste geben, den Gemüsefond und die Kokosmilch zugießen. Alles einmal vorsichtig durchrühren. Das Curry bei schwacher Hitze etwa 20 Minuten köcheln lassen.

5 Die Süßkartoffeln zugeben und das Curry weitere 15 Minuten garen, dann die Erbsen untermischen und alles zusammen noch 5 Minuten köcheln. Mit Salz abschmecken.

6 Die frischen Kokosraspel in einer beschichteten Pfanne ohne Fettzugabe goldbraun rösten. Das Gemüsecurry auf Portionsschälchen verteilen und mit den gerösteten Kokosraspeln bestreuen. Mit Basmati-Reis servieren.

Tipp Um frische Kokosraspel zu erhalten, können Sie von einem Stück frischem Kokosnussfleisch mit einem Sparschäler Späne abziehen. Alternativ lässt sich das Kokosnussfleisch auch auf einem dünn eingestellten Gemüsehobel in Späne schneiden.

Gerichte
mit Teigwaren

Makkaroni-Gemüse-Gratin

1 Zwiebel, 2 Knoblauchzehen
1 Stange Sellerie
3 EL Olivenöl
400 g Cima di Rapa (Stängelkohl)
250 ml Gemüsefond
650 g Tomaten
Salz, frisch gemahlener Pfeffer
300 g Makkaroni

Für die Sauce
10 g Butter
15 g Mehl
250 ml Milch
Salz, frisch gemahlener Pfeffer
frisch geriebene Muskatnuss
1 Eigelb
50 g Sahne
2 EL geriebener Käse
(z. B. Emmentaler)
1 EL geschlagene Sahne

Außerdem
Butter für die Form
30 g Pecorino, gerieben
20 g Butterflöckchen
1 TL gehackte Oreganoblättchen
grob zerstoßener Pfeffer

1 Zwiebel und Knoblauch schälen und fein hacken. Sellerie klein würfeln. Das Olivenöl in einem Topf erhitzen. Zwiebel, Knoblauch und Sellerie darin etwa 2 Minuten andünsten.

2 Cima di Rapa putzen, die Stiele in etwa 6 cm lange Stücke schneiden; dickere Stiele halbieren. Zartere Blätter und die Röschen ganz lassen, größere Blätter zerkleinern. Die Stiele in einen Topf geben, den Gemüsefond angießen; alles 20 Minuten köcheln lassen.

3 In der Zwischenzeit die Tomaten blanchieren, häuten, von Stielansätzen befreien und in Viertel schneiden. Die Samen entfernen und die Tomatenviertel quer halbieren. Tomaten, Kohlblätter und -röschen zu den Stielen in den Topf geben. Alles 5 Minuten köcheln lassen. Salzen und pfeffern.

4 Die Makkaroni in kochendem Salzwasser nach Packungsanleitung bissfest garen; abgießen und abschrecken. Zuerst das Gemüse, dann die Nudeln in eine gefettete ofenfeste Form füllen.

5 Für die Sauce die Butter in einer Kasserolle zerlassen und das Mehl darin unter Rühren andünsten. Die Milch unter Rühren zugießen und die Sauce aufkochen. Mit Salz, Pfeffer und Muskat würzen. Etwa 20 Minuten unter Rühren köcheln lassen. Das Eigelb mit der Sahne verquirlen und die Sauce damit legieren. Einmal kräftig aufkochen lassen, dann durch ein Sieb passieren. Erneut erhitzen, den Käse einstreuen und unter Rühren schmelzen. Zum Schluss die geschlagene Sahne unterziehen.

6 Den Backofen auf 200 °C vorheizen. Die Sauce über Nudeln und Gemüse gießen. Mit Pecorino bestreuen und mit Butterflöckchen belegen. Auflauf 20 Minuten backen. Mit Oregano und Pfeffer bestreuen; servieren.

Spaghetti

mit Rotwein-Schalotten-Sauce

400 g Spaghetti
Salz

Für die Sauce
3 Schalotten
20 g Butter
250 ml Rotwein (z. B. Shiraz)
600 g Tomaten
Salz
frisch gemahlener weißer Pfeffer

Außerdem
40 g Hartkäse aus Schafmilch
1 EL gehackte Petersilie

1 Die Schalotten schälen und fein hacken. Die Butter in einer Kasserolle zerlassen und die Schalotten darin glasig dünsten. Mit dem Rotwein ablöschen und die Flüssigkeit im offenen Topf auf etwa 50 ml einkochen lassen.

2 Die Tomaten blanchieren und häuten; von Stielansätzen und Samen befreien und das Fruchtfleisch in 5 mm große Stücke schneiden. Die Tomatenstücke zu den Rotwein-Schalotten geben und alles bei schwacher Hitze 3–4 Minuten köcheln lassen. Die Rotwein-Schalottensauce mit Salz und Pfeffer würzen.

3 Die Spaghetti nach Packungsanleitung in sprudelnd kochendem Salzwasser bissfest garen. In ein Sieb abgießen und gut abtropfen lassen.

4 Die Spaghetti mit der Rotwein-Schalotten-Sauce auf vier Tellern anrichten. Den Käse darüberhobeln, die Petersilie darüberstreuen; sofort servieren.

Maisnudeln mit Gemüsesugo

Für den Mais-Nudelteig
150 g Maismehl
150 g Mehl
3 Eier, 3 Eigelbe
1 EL Olivenöl
½ TL Salz

Für die Sauce
3 Schalotten
1 Knoblauchzehe
1 kleine Möhre
1 kleine Stange Lauch
1 Maiskolben (etwa 230 g)
200 g grüner Spargel
100 g junge Erbsen
100 g Roquefort, 150 g Sahne
150 ml Gemüsefond
20 g Butter
1 EL gehackte Kräuter (Thymian, Basilikum, Oregano, Petersilie)
Salz, frisch gemahlener Pfeffer

1 Für den Teig beide Mehle mischen und auf eine Arbeitsfläche häufen; in die Mitte eine Mulde drücken. Eier, Eigelbe, Öl und Salz hineingeben. Mit einer Gabel die Zutaten in der Mulde verrühren, dabei immer mehr Mehl vom Rand mit unterrühren, anschließend alles mit den Händen von außen nach innen zu einem glatten Teig verkneten.

2 Den Teig zur Kugel formen, in Folie wickeln und 1 Stunde ruhen lassen. Mit der Nudelmaschine zur gewünschten Stärke ausrollen und mit dem Lasagnette-Vorsatz in etwa 2 cm breite Streifen schneiden. Die Nudeln auf einem Tuch ausbreiten und trocknen lassen.

3 Schalotten und Knoblauch schälen und fein hacken. Möhre und Lauch klein würfeln. Hüllblätter und Fäden vom Maiskolben entfernen, die Körner mit einem Messer vom Kolben schneiden. Den Spargel waschen, die unteren Enden abschneiden und die Stangen nur im unteren Drittel schälen, dann in 3 cm lange Stücke schneiden.

4 Die Maiskörner in sprudelnd kochendes Salzwasser geben und in etwa 20 Minuten weich kochen. Nach 10 Minuten die Spargelstücke und nach weiteren 5 Minuten die Erbsen zufügen und alles noch 3–5 Minuten kochen. Abgießen und eiskalt abschrecken.

5 Den Roquefort würfeln. Die Sahne mit dem Gemüsefond aufkochen und den Käse darin unter Rühren schmelzen. In einer Pfanne die Butter zerlassen und darin Schalotten- und Knoblauchwürfel andünsten. Lauch- und Möhrenwürfel 5 Minuten mitdünsten.

6 Die Sahne-Käse-Sauce zugießen, das gekochte Gemüse zugeben und alles weitere 3 Minuten köcheln. Die gehackten Kräuter einstreuen, salzen und pfeffern. Die Nudeln in sprudelnd kochendem Salzwasser bissfest garen, in ein Sieb abgießen und abtropfen lassen. Mit der Sauce auf vier Teller anrichten und sofort servieren.

Spaghettini

mit weißer Tomaten-Vanille-Sauce

400 g Spaghettini
Salz

Für die Sauce
1,3 kg Strauchtomaten
1 TL Selleriesalz
1 TL Zucker
2 Schalotten
1 EL Butter
1 Vanilleschote
100 g Sahne
100 g Crème fraîche
Salz
frisch gemahlener Pfeffer
2 EL geriebener Parmesan

Außerdem
25 g Pinienkerne
Öl zum Frittieren
2 Bund Rucola

1 Für die Sauce zuerst einen klaren Tomatensaft herstellen. Dafür die Tomaten grob würfeln. Die Tomatenwürfel in den Mixer geben und mit dem Selleriesalz und dem Zucker fein pürieren. Ein feinmaschiges Sieb mit einem Mull- oder Geschirrtuch auslegen. Das Tomatenpüree hineinschütten und über Nacht abtropfen lassen. Es sollen etwa 500 ml klarer Tomatensaft abtropfen.

2 Am nächsten Tag die Schalotten schälen und fein würfeln. In einer Kasserolle die Butter zerlassen und die Schalotten darin glasig dünsten.

3 Die Vanilleschote aufschlitzen und das Mark herausschaben. Das Vanillemark zu den Schalotten geben und unterrühren. Den Tomatensaft dazugießen und alles bei starker Hitze auf etwa 200 ml einkochen. Anschließend Sahne und Crème fraîche unterrühren. Die Sauce um ein Drittel einkochen, dann mit Salz und Pfeffer würzen und den geriebenen Käse untermischen.

4 Die Pinienkerne ohne Fett in einer Pfanne goldbraun rösten; sofort aus der Pfanne auf einen kleinen Teller geben, damit sie nicht verbrennen.

5 Etwa 2 cm hoch Öl in die Pfanne geben. Das Öl erhitzen, den Rucola portionsweise hineingeben und in einigen Sekunden knusprig frittieren. Mit einem Schaumlöffel herausheben und auf Küchenpapier gut abtropfen lassen.

6 Die Spaghettini in reichlich sprudelnd kochendem Salzwasser nach Packungsanleitung bissfest garen, abgießen und gut abtropfen lassen. Die Pasta auf vier vorgewärmte tiefe Teller verteilen und die Tomatensauce darübergießen. Mit den Pinienkernen und dem frittierten Rucola bestreuen und sofort servieren.

Vollkorn-Tortelloni

mit Ricotta-Kräuter-Füllung

Für den Nudelteig
300 g Weizenvollkornmehl
3 Eier
1 TL Salz

Für die Füllung
400 g Ricotta
1 Ei
1 Eigelb
100 g Pecorino, gerieben
3 EL gehacktes Basilikum
2 EL gehackte Petersilie
1 ½ TL Thymianblättchen
1 ½ TL Oreganoblättchen
1 Prise frisch geriebene Muskatnuss
Salz
frisch gemahlener Pfeffer

Für die Sauce
500 g Tomaten
1 EL Olivenöl
2 Schalotten
1 Knoblauchzehe
1 EL Tomatenmark
1 Thymianzweig
1 Lorbeerblatt
Salz
frisch gemahlener Pfeffer

Außerdem
1 Eiweiß zum Bestreichen
3 EL Butter
100 g schwarze Oliven
50 g Pecorino, gehobelt
1 EL gehackte Basilikumblätter

1 Den Nudelteig aus den angegebenen Zutaten sowie 2 EL Wasser herstellen. Den Teig zu einer Kugel formen, in Folie wickeln und mindestens 1 Stunde kühl ruhen lassen.

2 Inzwischen für die Füllung Ricotta mit Ei und Eigelb cremig rühren. Pecorino, Basilikum, Thymian und Oregano sowie Muskatnuss, Salz und Pfeffer untermischen.

3 Den Nudelteig mit dem Nudelholz oder in der Nudelmaschine dünn ausrollen. Aus den Teigplatten mit einem runden Ausstecher 7 cm große Kreise ausstechen.

4 Die Ricottafüllung in einen Spritzbeutel geben. Auf jeden Teigkreis mittig ein nussgroßes Stück Füllung spritzen und die freien Teigränder mit Eiweiß bepinseln. Die Teigkreise jeweils in der Mitte zu Halbmonden zusammenfalten, die Ränder dabei fest zusammendrücken. Die Tortelloni bis zur Weiterverarbeitung auf ein bemehltes Brett legen und mit Frischhaltefolie bedecken.

5 Für die Sauce die Tomaten blanchieren, häuten und von den Stielansätzen befreien. Früchte halbieren, die Samen entfernen.

6 Schalotten und Knoblauch schälen und fein würfeln. Das Olivenöl erhitzen, Schalotten und Knoblauch darin andünsten. Tomaten und Tomatenmark unterrühren, Thymianzweig und Lorbeerblatt zugeben und die Sauce 25 Minuten bei schwacher Hitze köcheln lassen.

7 Die Kräuterzweige aus der Tomatensauce entfernen und die Sauce durch ein feines Sieb passieren. Anschließend salzen, pfeffern und warm halten.

8 In einem großen Topf reichlich Salzwasser zum Kochen bringen. Die Tortelloni darin etwa 8 Minuten garen. Abgießen und gut abtropfen lassen.

9 In einer Pfanne die Butter zerlassen und die Tortelloni darin kurz durchschwenken. Mit der Tomatensauce und den Oliven auf Teller anrichten und mit Pecorinospänen und gehacktem Basilikum bestreuen.

Fettuccine

mit Bohnen und Rucola

400 g Fettuccine
Salz

Für die Sauce
250 g getrocknete Borlotti-Bohnen
1 Zwiebel
1 Knoblauchzehe
2 EL Olivenöl
250 g gehackte Tomaten aus der Dose
1 l Gemüsebrühe
½ TL Salz
frisch gemahlener Pfeffer
100 g Rucolablätter
80 g Parmesan, gehobelt

1 Die Bohnen in eine Schüssel geben und mit Wasser bedecken. Über Nacht einweichen. Am nächsten Tag abgießen.

2 Zwiebel und Knoblauch schälen, die Zwiebel fein hacken und die Knoblauchzehe andrücken.

3 Das Olivenöl in einer Kasserolle erhitzen. Die Zwiebel und den Knoblauch hineingeben und darin andünsten. Anschließend Bohnen, Tomaten und Gemüsebrühe zufügen. Alles mit Salz und Pfeffer würzen.

4 Die Kasserolle nicht ganz mit dem Deckel schließen (den Topf einen spaltweit geöffnet lassen) und das Gemüse 45–60 Minuten bei schwacher Hitze köcheln.

5 Sobald die Bohnen weich sind und die Flüssigkeit fast eingekocht ist, die Hälfte der Bohnenmischung aus dem Topf nehmen und beiseitestellen.

6 Den Topfinhalt mit dem Stabmixer pürieren und durch ein Sieb streichen. Die Fettuccine in kochendem Salzwasser nach Packungsangabe bissfest garen. In ein Sieb abschütten und gut abtropfen lassen.

7 Inzwischen die Rucolablätter waschen und trocken schütteln oder schleudern. Die Nudeln und die beiseitegestellte Bohnenmischung unter das Püree rühren, zum Schluss die Rucolablätter unterheben.

8 Das Nudelgericht auf vier vorgewärmte Teller verteilen, mit Parmesanspänen bestreuen; sofort servieren.

Tipp Gegarte Hülsenfrüchte aus der Dose sind eine empfehlenswerte Alternative zu getrockneten Hülsenfrüchten, wenn man spontan ein Gericht wie dieses hier kochen möchte. Der Nährstoffgehalt von Hülsenfrüchten aus der Dose steht dem von eingeweichten und anschließend weich gegarten in nichts nach. Den leicht knackigen Biss, den selbst gegarte Hülsenfrüchte in der Regel haben, weisen die Dosenprodukte jedoch nicht auf.

Fettuccine

mit weißen Trüffeln

Für den Nudelteig
300 g doppelgriffiges Weizenmehl Type 405
2 Eier, 4 Eigelbe
⅓ TL Salz

Für die Sauce
2 rote Chilischoten
250 g Sahne
1 TL Trüffelöl
Salz, frisch gemahlener Pfeffer

Außerdem
etwa 60 g weiße Trüffeln
1 Trüffelhobel
Basilikumblätter und geriebener Parmesan zum Bestreuen

1 Das Mehl auf eine Arbeitsfläche häufen, in die Mitte eine Mulde drücken. Die Eier, die Eigelbe und das Salz in die Mulde geben und mit einer Gabel verrühren, dabei immer mehr Mehl vom Rand mit unterrühren. Falls der Teig zu fest werden sollte, noch 1 EL Wasser einarbeiten. Zum Schluss alles mit den Händen zu einem glatten Teig verkneten.

2 Den Nudelteig zu einer Kugel formen, in Frischhaltefolie wickeln und etwa 1 Stunde im Kühlschrank ruhen lassen.

3 Den Teig portionsweise mit der Nudelmaschine bis auf die gewünschte Stärke ausrollen, dann in 3 mm breite Fettuccine schneiden; diese kurz antrocknen lassen.

4 Die Chilischoten von den Samen befreien und in feine Streifen schneiden. Die Sahne in einer Kasserolle bei starker Hitze auf die Hälfte einkochen lassen. Die Hitze reduzieren; Chilistreifen und Trüffelöl in die Sahne rühren. Die Sahnesauce mit Salz und Pfeffer würzen.

5 Die Trüffel erst unmittelbar vor dem Hobeln nur ganz kurz unter fließend kaltem Wasser abbürsten; sofort abtrocknen, keinesfalls darf sie Wasser aufsaugen. Unsaubere Vertiefungen mit einem spitzen, scharfen Messer sparsam ausschneiden, denn jedes Gramm ist kostbar.

6 Die Fettuccine in sprudelndem Salzwasser bissfest garen, in ein Sieb abgießen und abtropfen lassen. Auf vorgewärmte Teller verteilen und mit der Sahnesauce übergießen.

7 Die Weiße Trüffel hauchdünn über die Pastaportionen hobeln. Mit in Streifen geschnittenen Basilikumblättchen und geriebenem Parmesan bestreuen. Sofort servieren.

Taglierini

mit gebratenen Trüffeln

400 g Taglierini oder Tagliatelle
Salz

Für die Sauce
100–150 g Sommertrüffeln
125 g reife Tomaten
1 Schalotte
2 EL Olivenöl
60 g Butter
Salz
frisch gemahlener weißer Pfeffer
einige Basilikumblättchen

1 Die Trüffeln sorgfältig unter fließendem Wasser abbürsten, bis auch der letzte Rest von Erde herausgespült ist. Falls dies wegen der tiefen Falten im Pilzkörper nicht möglich ist, müssen die Pilze knapp geschält werden. Die Trüffeln in gleichmäßige, etwa 1 mm dünne Scheiben schneiden (am besten mit einer Aufschnittmaschine).

2 Die Tomaten waschen, blanchieren und häuten, dann von den Stielansätzen befreien. Die Früchte quer halbieren; Samen entfernen und das Fruchtfleisch in kleine Würfel schneiden.

3 Die Schalotte schälen und sehr fein würfeln. Das Olivenöl in einer kleinen Pfanne erhitzen und die Schalottenwürfel darin bei schwacher Hitze weich dünsten. Die Tomatenwürfel zufügen und nur ganz kurz mitdünsten. Die Sauce beiseitestellen.

4 In einer zweiten Pfanne die Butter zerlassen und die Trüffelscheiben darin von beiden Seiten kurz braten. Anschließend mit Salz und Pfeffer würzen.

5 In einem großen Topf reichlich Salzwasser zum Kochen bringen. Die Pasta darin nach Packungsanleitung bissfest garen, dann in ein Sieb abgießen und abtropfen lassen. Sofort mit der Tomatensauce und den Trüffelscheiben vermengen.

6 Die Nudel-Trüffel-Mischung auf vorgewärmten Tellern anrichten, mit ein paar Basilikumblättchen garnieren; servieren.

Tipps Sommertrüffeln sind deutlich preiswerter als weiße oder schwarze Trüffeln, doch nicht ganz so aromatisch. Dennoch kann man auch bei dieser Sorte das Aroma nutzen, bevor die Pilze verbraucht werden. Eine in den Kühlschrank gelegte Trüffel überträgt ihr Aroma auf alle anderen Nahrungsmittel im Kühlschrank. Frische Eier erhalten z. B. eine Trüffelnote, wenn man sie mit Trüffeln für 1–2 Tage in einem verschlossenen Glas lagert.

Gnocchi alla romana

mit Kräuterbutter und Parmesan

Für die Polenta
1 TL Salz
150 g mittelfeiner Maisgrieß (Polenta)

Für die Kräuterbutter
100 g Butter
1 zerdrückte Knoblauchzehe
2 EL gehackte Kräuter (Petersilie, Oregano, Rosmarin)

Außerdem
Butter für die Form
40 g Parmesan, gerieben

1 Für die Polenta 500 ml Wasser mit dem Salz in einem Topf zum Kochen bringen. Den Maisgrieß in dünnem Strahl in das Wasser rieseln lassen, dabei gleichzeitig mit einem Holzlöffel kräftig rühren, damit sich keine Klümpchen bilden. Sie entstehen vor allem, wenn die Temperatur des Wassers unter den Siedepunkt fällt.

2 Die Polenta immer in dieselbe Richtung rühren, bis sie sich nach etwa 20 Minuten vom Topfboden löst. Den dicken Maisbrei auf ein angefeuchtetes Brett schütten und mit einer Palette etwa 1 cm dick verstreichen. Etwa 30 Minuten kühl stellen.

3 Für die Kräuterbutter die Butter in einem Topf zerlassen und den Knoblauch darin kurz andünsten. Die Kräuter zugeben und unterrühren; die Kräuterbutter beiseitestellen. Eine flache ofenfeste Form buttern und weiterverfahren wie in der Bildfolge unten gezeigt.

4 Den Backofen auf 220 °C vorheizen. Die Form in den heißen Ofen schieben und die Gnocchi etwa 10 Minuten backen. Anschließend noch 1 Minute unter dem Grill gratinieren. Sofort servieren.

Für die Gnocchi spitze Ovale mithilfe eines runden Ausstechers aus der Polenta stechen.

Die Gnocchi dachziegelartig in eine Auflaufform schichten und mit Parmesan bestreuen.

Die flüssige Kräuterbutter gleichmäßig über die Polentaovale in der Form verteilen.

Gnocchi in Tomatensauce

Für die Gnocchi
900 g mehligkochende Kartoffeln
150 g Mehl, 2 Eigelbe, Salz

Für die Tomatensauce
800 g Eiertomaten
1 kleine Möhre, fein gewürfelt
1 Zwiebel, fein gehackt
1 Stange Sellerie, klein gewürfelt
Salz, frisch gemahlener Pfeffer
1 Prise Zucker
4 EL Olivenöl
1 EL zerkleinertes Basilikum
1 TL Thymianblättchen

Außerdem
Butter für die Form
40 g Pecorino, gerieben
30 g Parmesan, gerieben
20 g Butterflöckchen
rotes Basilikum zum Garnieren

1 Den Backofen auf 200 °C vorheizen. Die Kartoffeln waschen, abtropfen lassen und in Alufolie wickeln. Auf ein Backblech legen und im Ofen 1 Stunde backen.

2 Für die Sauce die Tomaten waschen, halbieren, von Stielansätzen und Samen befreien und klein schneiden. Tomatenstückchen, Möhren-, Zwiebel- und Selleriewürfel in einen Topf geben und zugedeckt bei schwacher Hitze in etwa 40 Minuten weich köcheln lassen.

3 Das gegarte Gemüse mithilfe eines Löffels durch ein grobmaschiges Sieb in eine Kasserolle passieren. Das am Sieb anhaftende Püree abstreifen und zugeben.

4 Die Kartoffeln aus dem Ofen nehmen und schälen. (Den Backofen nicht ausschalten.) Das Mehl auf eine Arbeitsfläche häufen, in die Mitte eine Mulde drücken. Eigelbe und Salz hineingeben. Die noch heißen Kartoffeln durch die Kartoffelpresse auf das Mehl drücken; alles zügig zu einem glatten Teig verkneten. Diesen 10–15 Minuten ruhen lassen.

5 Den Teig zu 2 Strängen von 2 cm Durchmesser rollen und mit Mehl bestauben. Die Stränge leicht flach drücken und in etwa 1 cm breite Stücke schneiden. Die Stücke über die Rückseite einer Gemüseraspel rollen, so enststeht ein Gittermuster. Man kann auch mit den Zinken einer Gabel ein Muster in die Klößchen drücken.

6 Die Gnocchi portionsweise in sprudelnd kochendes Salzwasser geben und bei schwacher Hitze ziehen lassen, bis sie an die Oberfläche steigen. Herausnehmen und gut abtropfen lassen.

7 Die Tomatensauce erwärmen und mit Salz, Pfeffer und Zucker würzen. Das Olivenöl löffelweise unter die Sauce rühren. Basilikum und Thymian zugeben.

8 Die Gnocchi mit der Sauce mischen; die Mischung in eine gebutterte Auflaufform füllen. Mit Pecorino und Parmesan bestreuen und mit Butterflöckchen besetzen. Das Gericht 15–20 Minuten im heißen Ofen backen. Mit Basilikum garnieren.

Kürbisnocken mit Spinat

1 kleiner Kürbis oder ein Stück Kürbis (etwa 1,2 kg)
125–150 g Mehl
1 Ei
100 g Parmesan, gerieben
Salz
frisch gemahlener Pfeffer

Für den Spinat
1 kg Blattspinat
40 g Frühlingszwiebeln, geputzt
1 Knoblauchzehe, geschält
40 g Butter
20 g Pinienkerne
Salz
frisch gemahlener Pfeffer

Außerdem
25 g Butter
30 g Parmesan, gehobelt

1 Den Backofen auf 200 °C vorheizen. Kürbis oder Kürbisspalte in Stücke schneiden, die Samen und das wattige Innere herauslösen. Die Stücke auf einem Blech im Ofen in 40–50 Minuten weich garen. Herausnehmen, etwas abkühlen lassen; Kürbisfleisch von den Schalen lösen und pürieren. (Es sollen 500 ml Püree sein.) Püree mit Mehl, Ei, Parmesan, Salz und Pfeffer zu einem glatten Teig verrühren.

2 Den Spinat waschen und abtropfen lassen. Die Frühlingszwiebeln und den Knoblauch fein hacken. Die Butter zerlassen. Pinienkerne, Frühlingszwiebeln und Knoblauch darin glasig dünsten. Spinat zufügen und unter mehrmaligem Wenden in 2–3 Minuten zusammenfallen lassen. Das Gemüse salzen und pfeffern.

3 Für die Nocken jeweils mit einem angefeuchteten Esslöffel Nocken abstechen. Salzwasser aufkochen; Hitze reduzieren und die Nocken in das Wasser gleiten lassen. In etwa 5 Minuten gar ziehen lassen, bis die Klößchen an die Oberfläche steigen.

4 Die Butter in einer Pfanne leicht bräunen. Spinat und Nocken in vorgewärmten tiefen Tellern anrichten. Die Klößchen mit der gebräunten Butter beträufeln und mit gehobeltem Parmesan bestreuen.

Südtiroler Buchweizenknödel

mit Käse und brauner Butter

100 g Brötchen vom Vortag
80 g trockenes Schüttelbrot
150 ml lauwarme Milch
20 g Butter
1 Knoblauchzehe
1 kleine Zwiebel
1 kleine Stange Lauch
2 EL gehackte Kräuter (Petersilie, Schnittlauch, Liebstöckel)
½ TL Salz
frisch gemahlener weißer Pfeffer
1 Messerspitze frisch geriebene Muskatnuss
2 Eier, 60 g Buchweizenmehl
180 g Südtiroler Bergkäse, in kleine Würfel geschnitten
80–100 g gebräunte Butter

1 Die Brötchen in dünne Scheiben schneiden und das Schüttelbrot fein zerkrümeln. In einer Schüssel mit der lauwarmen Milch übergießen und mindestens 15 Minuten einweichen.

2 Knoblauch und Zwiebel schälen und fein hacken. Den Lauch in feine Streifen schneiden. Die Butter in einer Pfanne zerlassen, Knoblauch, Zwiebel und Lauch darin hell andünsten und zu dem eingeweichten Brot geben.

3 Kräuter, Gewürze, Eier und Mehl zur Brotmasse geben; alles zu einem lockeren Teig verrühren. Teig etwa 15 Minuten ruhen lassen. Käse klein würfeln und unter den Teig kneten.

4 Aus dem Teig 12 Klößchen formen; diese in sprudelnd kochendes Salzwasser geben. Hitze sofort reduzieren; die Knödel im siedenden Wasser in 12–15 Minuten gar ziehen lassen.

5 Die Knödel aus dem Wasser heben und abtropfen lassen. Auf vorgewärmten Teller anrichten; mit brauner Butter übergießen und mit Tomatensalat servieren.

Steinpilzknödel

200 g Weißbrot vom Vortag
50 g Sahne
100 ml Milch
120 g zerlassene Butter
2–3 Eier
½ TL Salz
frisch gemahlener Pfeffer
frisch geriebene Muskatnuss
400 g Steinpilze
1 Schalotte
1 Knoblauchzehe
1 EL gehackte Petersilie
1 EL gehackter Oregano
40 g Mehl

1 Das Weißbrot entrinden und in sehr kleine Würfel schneiden. Die Brotwürfel in eine Schüssel füllen. Sahne, Milch und 50 g zerlassene Butter unterrühren. Die Eier zufügen und ebenfalls untermischen. Die Masse mit Salz, Pfeffer und Muskatnuss würzen; 1 Stunde quellen lassen.

2 Die Steinpilze putzen, möglichst nicht waschen, sondern nur abreiben und in Würfel schneiden. Schalotte und Knoblauch schälen und fein würfeln.

3 In einer Pfanne 20 g Butter zerlassen, Schalotte und Knoblauch darin andünsten. Die Pilze zugeben und kurz mitbraten. Petersilie und Oregano darüberstreuen und die Pilzmischung leicht abkühlen lassen. Die Hälfte davon mit der Weißbrotmasse und dem Mehl vermengen, bis ein formbarer Teig entstanden ist.

4 Den Teig in etwa 12 Portionen von je 50 g teilen. In die Mitte jeder Teigportion eine Mulde drücken und je 1 TL von der Pilzfüllung in die Mulde geben. Die Knödelmasse vorsichtig um die Füllung drücken, um die Füllung ganz zu umhüllen. Die Knödel in der flachen Hand rund formen.

5 In einem Topf reichlich Salzwasser zum Kochen bringen. Die Knödel hineingeben und bei schwacher Hitze in etwa 12 Minuten gar ziehen lassen. Herausheben und auf Tellern mit zerlassener Butter und gemischtem Salat anrichten. Die Knödel nach Belieben noch mit geriebenem Käse bestreuen.

Österreichische Kasnocken

250 g Brötchen vom Vortag
200 ml lauwarme Milch
2 kleine Zwiebeln
250 g reifer Bergkäse oder Emmentaler
10 g Butter
15 g Mehl
2 Eier
1 Eigelb
2 EL gehackte Kräuter (Petersilie und Schnittlauch)
Salz
frisch gemahlener weißer Pfeffer
1 Messerspitze frisch geriebene Muskatnuss
80 g Butter
50 g Parmesan, gerieben

1 Die Brötchen in dünne Scheiben schneiden. In eine Schüssel geben, die lauwarme Milch darübergießen und die Brotscheiben gut durchziehen lassen.

2 Die Zwiebeln schälen und fein würfeln. Den Käse klein würfeln. In einer Pfanne die Butter zerlassen und die Zwiebelwürfel darin glasig dünsten; etwas abkühlen lassen. Mit Käse, Mehl, Eiern und Eigelb zu den eingeweichten Brötchen in der Schüssel geben und alles vermengen. Die gehackten Kräuter untermischen und die Masse mit Salz, Pfeffer und Muskat würzen.

3 Von der Masse Teig mit einem Löffel abstechen und diesen mithilfe eines Esslöffels in der angefeuchteten Hand zu eigroßen Nocken formen. Diese in kochendes Salzwasser geben und dann bei schwacher Hitze in 12–15 Minuten gar ziehen lassen. Mit einem Schaumlöffel herausheben und abtropfen lassen.

4 Die Butter in einer kleinen Pfanne leicht bräunen. Die Kasnocken auf vorgewärmten Tellern anrichten, mit dem Parmesan bestreuen und mit der Butter beträufeln. Dazu passt ein Blattsalat der Saison.

Spinatnocken mit Salbeibutter

500 g frischer Spinat
Salz
250 g Weißbrot vom Vortag
100 ml Milch
2 Eier
80 g Mehl
frisch gemahlener Pfeffer
frisch geriebene Muskatnuss

Außerdem
50 g Butter
8 Salbeiblätter
50 Parmesan, gerieben

1 Den Spinat verlesen, waschen und in kochendem Salzwasser zusammenfallen lassen. In ein Sieb abgießen, mithilfe eines Löffels fest ausdrücken und hacken.

2 Das Weißbrot entrinden und in kleine Würfel schneiden. Die Brotwürfel in eine Schüssel füllen, mit der Milch übergießen und gründlich durchmischen. Spinat, Eier, Mehl und Gewürze zugeben und alles gut vermengen. Aus der Masse mithilfe eines Esslöffels in der nassen Hand eigroße Nocken formen.

3 In einem großen Topf reichlich Salzwasser zum Kochen bringen. Die Nocken hineingeben und bei schwacher Hitze in 5–7 Minuten gar ziehen lassen.

4 Die Nocken mit einem Schaumlöffel aus dem Wasser heben und gut abtropfen lassen. Die Butter in einer ofenfesten Form zerlassen, die Salbeiblätter zufügen und in der Butter schwenken. Die Spinatnocken zugeben, mit der Salbeibutter übergießen und mit Parmesan bestreuen.

Kartoffelgnocchi

mit Tomaten-Steinpilz-Sauce

Für die Gnocchi
600–700 g mehligkochende Kartoffeln
50 g Ricotta
1 Eigelb
80 g Parmesan, gerieben
2 EL Mehl
Salz
frisch gemahlener Pfeffer
frisch geriebene Muskatnuss

Für die Sauce
300 g Tomaten
2 Schalotten
1 Knoblauchzehe
4 EL Olivenöl
Salz
frisch gemahlener Pfeffer
400 g Steinpilze
15 g Butter
1 EL fein gehackte Petersilie

1 Den Backofen auf 200 °C vorheizen. Die Kartoffeln waschen, abtropfen lassen, in Alufolie wickeln und im Ofen in etwa 1 Stunde weich backen.

2 Inzwischen für die Sauce die Tomaten blanchieren und häuten. Von Stielansätzen und Samen befreien. In kleine Würfel schneiden. Schalotten und Knoblauch schälen und beides fein hacken.

3 In einer Kasserolle das Olivenöl erhitzen, Schalotten mit Knoblauch darin glasig dünsten. Tomatenwürfel kurz mitdünsten, salzen und pfeffern und alles 15 Minuten bei schwacher Hitze köcheln lassen.

4 Pilze putzen (es sollen etwa 300 g übrig bleiben). Falls nötig, kurz waschen oder abtupfen und in Scheiben schneiden.

5 Die Kartoffeln aus dem Ofen nehmen, aus der Schale lösen und noch heiß durch die Presse drücken. Die Kartoffelmasse etwas abkühlen lassen. 500 g Kartoffelmasse abwiegen und diese mit Ricotta, Eigelb, geriebenem Parmesan, Mehl sowie Salz, Pfeffer und Muskatnuss zu einem glatten Teig verkneten.

6 Den Teig kurz ruhen lassen, mit Mehl bestauben und auf einer bemehlten Arbeitsfläche zu Strängen rollen. Diese jeweils in gleichmäßig große Stücke schneiden, zu Gnocchi formen und über die Zinken einer Gabel abrollen, so erhalten die Gnocchi ein dekoratives Muster.

7 In einer Pfanne die Butter zerlassen und die Pilze darin kurz braten. Salzen, pfeffern und mit der gehackten Petersilie bestreuen. Die Tomatensauce zufügen und alles vorsichtig durchmischen.

8 Die Gnocchi portionsweise in sprudelnd kochendes Salzwasser legen, die Hitze reduzieren und die Klößchen in etwa 3 Minuten gar ziehen lassen. Sobald die Gnocchi an die Oberfläche steigen, diese mit dem Schaumlöffel herausheben. Auf Tellern anrichten und die Tomaten-Steinpilz-Sauce darüber verteilen.

Kartoffelklöße

mit Mozzarella und Basilikum

Für den Teig
500 g mehligkochende Kartoffeln
Salz, 100 g Kartoffelstärke
3 Eigelbe
50 g gebräunte Butter
frisch geriebene Muskatnuss
frisch gemahlener Pfeffer

Für die Kräuter-Käse-Füllung
18 Basilikumblätter
4 Cocktailtomaten
150 g Mozzarella
Salz, frisch gemahlener Pfeffer
½ EL Pesto
1 Eigelb, frische Weißbrotbrösel

Außerdem
zerlassene Butter zum Bepinseln
12 Cocktailtomaten
1 EL Basilikumpüree
Olivenöl
Basilikumblätter zum Garnieren

1 Die Kartoffeln schälen, würfeln und in reichlich Salzwasser weich kochen. Kartoffelwürfel durch ein Sieb in eine Schüssel streichen oder zerdrücken. Das Kartoffelpüree mit den restlichen Zutaten glatt verrühren; Kartoffelteig 1 Stunde ruhen lassen.

2 Für die Käsefüllung die Basilikumblättchen waschen, trocken tupfen und je 3 zusammenlegen, wie im ersten Bild unten gezeigt.

3 Tomaten waschen, vierteln und die Samen entfernen. Mozzarella klein würfeln, salzen und pfeffern. Tomaten, Mozzarella und Pesto vermengen. Die Klöße füllen, formen und panieren, wie im zweiten und dritten Bild unten gezeigt.

4 In einem Topf Salzwasser zum Kochen bringen, dann die Hitze reduzieren, damit das Wasser nicht mehr kocht. Die Klöße in das siedende Salzwasser geben und in etwa 5 Minuten gar ziehen lassen. Die Klöße herausheben und auf Küchenpapier gut abtropfen lassen.

5 Den Backofen auf 200 °C vorheizen. Die Klöße mit Butter bepinseln und im heißen Ofen 4–5 Minuten bräunen.

6 Die Klöße auf Tellern anrichten. Ringsum jeweils geviertelte Cocktailtomaten legen. Basilikumpüree mit etwas Olivenöl verrühren und über die Tomaten träufeln. Mit Basilikum garnieren und servieren.

Für die Füllung die Tomaten und den Käse in die Basilikumblätter einschlagen.

Aus dem Kartoffelteig 5 cm große Fladen formen, Füllung daraufsetzen und mit Teig umhüllen.

Die Klöße in verquirltem Eigelb, dann in frischen Brotbröseln rollen. Vorgang wiederholeln.

Roggenbrot-Nuss-Knödel

500 g mild gewürztes Roggenbrot ohne Sauerteig vom Vortag
250 ml warme Milch
1 weiße Zwiebel
20 g Butter
2 EL gehackte Petersilie
50 g Walnusskerne, fein gehackt
3 Eier
Salz
frisch gemahlener Pfeffer
frisch geriebene Muskatnuss

Außerdem
Alufolie
zerlassene Butter
Küchengarn

1 Das Brot in etwa 1 cm große Würfel schneiden. In eine große Schüssel füllen, die Würfel mit der warmen Milch übergießen. Etwa 30 Minuten quellen lassen.

2 Die Zwiebel schälen und fein hacken. Die Butter in einer Pfanne zerlassen. Die Zwiebel 2–3 Minuten darin braten, dann Petersilie und Nüsse zugeben und alles zusammen 1 Minute braten. Vom Herd nehmen und abkühlen lassen.

3 Die Zwiebelmischung zum Brot geben. Die Eier zufügen, mit Salz, Pfeffer sowie Muskatnuss würzen und alles gut miteinander vermengen.

4 Den Teig in 3 Stücke teilen und jeweils zu einer 3 cm dicken Rolle formen. 3 Stück Alufolie, die jeweils etwas länger als eine Rolle sind, nebeneinander auf eine Arbeitsfläche legen; mit Butter bestreichen. Jede Rolle in Alufolie wickeln. Die Folienenden wie Bonbons mit Küchengarn verschnüren.

5 Die Knödelrollen in leicht siedendes Wasser legen und in etwa 30 Minuten gar ziehen lassen. Herausnehmen, leicht abkühlen lassen. Die Knödelrollen aus der Folie wickeln, in Scheiben schneiden und als Beilage oder pur mit gebräunter Butter servieren.

Roggenbrot-Bärlauch-Knödel

500 g Roggenmischbrot mit Sauerteig vom Vortag
250 ml warme Milch
60 g Zwiebel
15 g Bärlauch
10 g Butter
1 EL fein gehackte Petersilie
3 Eier
Salz
frisch gemahlener Pfeffer

1 Das Brot in etwa 1 cm große Würfel schneiden. In einer Schüssel mit der heißen Milch übergießen und etwa 30 Minuten quellen lassen. Die Zwiebel schälen und fein hacken. Die groben Stiele vom Bärlauch entfernen, die Blätter waschen, gut abtropfen lassen und fein zerkleinern.

2 Die Butter in einer Pfanne zerlassen und die Zwiebel darin glasig dünsten. Bärlauch und Petersilie zugeben und 1 Minute mitdünsten. Abkühlen lassen. Die Mischung zum eingeweichten Brot geben und die Eier zufügen. Mit Salz und Pfeffer würzen; alles miteinander vermengen.

3 Aus der Brotmasse 8 Knödel von je etwa 70 g formen. Salzwasser in einem Topf zum Kochen bringen und die Knödel darin bei schwacher Hitze in 15–20 Minuten gar ziehen lassen.

Der in hauchdünnen Blättern angebotene Yufka-, Filo- oder Malsoukateig eignet sich sehr gut zum Zubereiten von Päckchen, Röllchen oder Taschen mit köstlichen Füllungen. Vielseitig verwendbar ist Blätterteig, der hier mit Gorgonzola und Weintraube gefüllt wird.

Fertigteige

Vegetarisches in Teighülle

Im Handel werden verschiedenste Fertigteige angeboten, die sich sehr gut als Umhüllung für Gemüse, Pilze, Kräuter und Käse eignen und mit denen man mit relativ wenig Aufwand köstliche Vorspeisen, Zwischengerichte, aber auch Hauptmahlzeiten zubereiten kann. Fertigteige sind eine praktische Alternative zu selbst gemachtem Teig. Dies gilt vor allem für Blätter-, Yufka- oder Filoteig.

Blätterteig

Blätterteig ist ein mehrlagiger Teig, der aus Mehl, einem hohen Butteranteil sowie Wasser und einer Prise Salz hergestellt wird. Durch sein aufwendiges Herstellungsverfahren (der Teig wird immer wieder »getourt«, wodurch die Butter allmählich in den Teig gearbeitet wird) bläht er sich in einzelnen Schichten (den Blättern) auf. Fertiger Blätterteig ist tiefgekühlt in Form rechteckiger oder quadratischer Platten erhältlich; ebenso wird er als Rolle im Kühlregal angeboten.

Verwendung
Die tiefgekühlten Platten nebeneinanderliegend antauen lassen, dann einzeln (für Kleingebäck) oder übereinandergelegt (für eine größere Form oder ein Backblech) ausrollen oder in beliebige Formen schneiden (z. B. Dreiecke). Das Backblech nur mit kaltem Wasser aus- bzw. abspülen (nicht abtrocknen!) und den Teig darauflegen. Den Teig nach Rezept belegen, eventuell formen und im Backofen backen. Eine Rolle gekühlter Blätterteig reicht zum Belegen eines Backblechs. Dafür den Teig entrollen und samt Papier auf das Blech legen. Blätterteig mit Raumtemperatur lässt sich leichter entrollen als solcher mit Kühlschranktemperatur.

Blätterteigtaschen mit Gorgonzolafüllung
6 rechteckige Tiefkühl-Blätterteigplatten aus einer 450-g-Packung nehmen und 10 Minuten bei Raumtemperatur antauen lassen. 250 g Gorgonzola in 12 Stücke teilen. 12 große grüne Weintrauben waschen, halbieren und von den Kernen befreien. Ein Backblech mit kaltem Wasser abspülen. Den Backofen auf 200 °C vorheizen. Die Blätterteigplatten quer halbieren, damit Quadrate entstehen. Jedes Quadrat auf eine Größe von 15 × 15 cm ausrollen. In die Mitte jeweils ein Stück Käse und 2 Weintraubenhälften legen. Die Teigecken über der Mitte zusammendrehen, und die Teigtaschen auf das Backblech setzen. Im heißen Backofen (Mitte) 15–20 Minuten backen.

Blätterteigstangen
300 g gekühlten Blätterteig in etwa 10 Minuten Raumtemperatur annehmen lassen (so lässt er sich leichter entrollen), anschließend entrollen und die Teigplatte längs halbieren. Den Backofen auf 200 °C vorheizen. Inzwischen die Teighälften quer in gleich breite Streifen schneiden. Jeden Streifen ein paar Mal spiralförmig verdrehen und mit verquirltem Eigelb bestreichen, nach Belieben mit Sesam-, Mohn- oder anderen Samen oder Kernen bestreuen. Die Teigstreifen auf ein mit kaltem Wasser abgespültes Backblech legen und im heißen Backofen in 10–12 Minuten goldgelb backen.

Filoteig – Yufkateig – Malsouka

Mit diesen Begriffen werden hauchdünne Teigblätter bezeichnet, die sowohl aus Griechenland (Filo- bzw. Filloteig), aus der Türkei (Yufka) als auch aus Nordafrika (Malsouka) stammen. Sie werden aus Mehl mit Wasser und Salz zubereitet, dabei ähnlich wie Blätterteig getourt und anschließend ausgerollt. Den hauchdünnen Teig gibt es zusammengefaltet oder aufgerollt oder auch zu großen spitzen Dreiecken oder zu Kreisen zugeschnitten in türkischen oder griechischen Lebensmittelläden zu kaufen. Ebenso wird der Teig in gut sortierten Supermärkten und in Lebensmittelabteilungen von Kaufhäusern angeboten. Er hält sich in der Packung mehrere Wochen im Kühlschrank. Geöffnete Packungen sollten mit einem feuchten Tuch bedeckt und bald aufgebraucht werden. Die Teige eignen sich zur Herstellung von süßem und salzigem Gebäck. Statt der genannten Teige kann man Strudelteig verwenden, der oft in Süddeutschland angeboten wird.

Teigröllchen mit Mangold-Schafkäse-Füllung
Für die Füllung 100 g blanchierte Mangoldblätter fein hacken. 100 g Schafkäse dazubröckeln und untermischen. Die Füllung mit etwas Pfeffer würzen. 200 g Filo- oder Yufkateigblätter in 10 cm breite und 35 cm lange Streifen zuschneiden. Die Füllung auf je 1 Teigstreifen geben, dabei rundherum einen Rand frei lassen und diesen mit verquirltem Ei bestreichen. Die Blätter zu Röllchen, Dreiecken oder Halbmonden formen. Wer Filoteigblätter verwendet, sollte zuerst 3 Teigblätter mit flüssiger Butter bepinseln, diese aufeinanderlegen und dann wie beschrieben in Streifen schneiden. Röllchen oder Taschen im 180 °C heißen Ofen 15–20 Minuten backen.

Für Mangold-Schafkäse-Röllchen Streifen von Filo- oder Yufkateig mit Mangold-Schafkäse-Mischung belegen und aufrollen.

Kräuterspätzle mit Appenzeller

Für den Teig
300 g Mehl
6 Eier
1 TL Salz
1 EL Öl
100 g gehackte Kräuter

Außerdem
150 g Appenzeller oder Bergkäse (60 % Fett i. Tr.)
80 g Butter
2 Zwiebeln
4 halbierte Cocktailtomaten

1 Das Mehl in eine Schüssel füllen. Die Eier, das Salz, das Öl und die Kräuter zufügen. Alle Zutaten mit einem Holzrührlöffel zu einem zähen Spätzleteig verarbeiten bzw. schlagen.

2 In einem Topf Salzwasser zum Kochen bringen. Spätzle vom Brett direkt in das kochende Salzwasser schaben oder mithilfe einer Spätzlepresse oder eines Spätzlehobels ins Wasser geben. Sobald die Kräuterspätzle an die Oberfläche steigen, diese mit einem Schaumlöffel herausheben und gut abtropfen lassen.

3 Den Käse entrinden und grob reiben. Die Kräuterspätzle schichtweise abwechselnd mit dem geriebenen Käse in eine vorgewärmte Schüssel füllen.

4 Die Zwiebeln schälen und in Ringe schneiden. Die Zwiebelringe in 60 g Butter goldbraun rösten. Mit der Bratbutter über die Spätzle verteilen.

5 Die Tomaten in der restlichen Butter braten. Die Spätzle mit den gebratenen Tomatenhälften garnieren und servieren.

Tipp Für einen Spätzleteig ohne Kräuter 500 g Mehl, 5 Eier, 1 TL Salz und etwa 100 ml Wasser kräftig verrühren, bis ein zäher Teig entstanden ist. Der Teig ist perfekt, wenn er beim Schlagen große Blasen bildet.

Herzhafte Ziegernudeln

120 g Mehl
375 g Magerquark, abgetropft
1 Eigelb
¼ TL gemahlener Kümmel
Salz
frisch gemahlener Pfeffer
1 TL saure Sahne, falls nötig

Außerdem
Butterschmalz zum Braten

1 Das Mehl in eine Schüssel sieben. Den trockenen Quark, das Eigelb, den Kümmel sowie Salz und Pfeffer hinzufügen und alles mit den Knethaken des elektrischen Handrührgeräts zu einem formbaren Teig verarbeiten. Falls der Teig zu fest ist, die saure Sahne unterrühren.

2 Aus dem Teig finger- bis daumendicke, etwa 10 cm lange Nudeln formen. Das Butterschmalz in einer Pfanne erhitzen und die Ziegernudeln darin bei mittlerer Hitze ausbacken. Leicht salzen und zu Blattsalat oder zu Sauerkraut servieren.

Tipp Für einen süßen Teig Kümmel und Salz weglassen und stattdessen die Masse mit 1 EL Zucker süßen. Wie beschrieben zu Nudeln formen und braten. Dazu passen Zimtzucker und Apfel- oder Pflaumenkompott.

Schupfnudeln

Für den Teig
600–700 g mehligkochende Kartoffeln
200 g Mehl
Salz
frisch gemahlener Pfeffer
frisch geriebene Muskatnuss
2 Eier

1 Den Backofen auf 200 °C vorheizen. Die Kartoffeln waschen, abtropfen lassen und einzeln in Alufolie wickeln. Die Knollen im heißen Ofen in etwa 1 Stunde sehr weich backen. Herausnehmen, kurz abkühlen lassen und die Schale abziehen.

2 Das Mehl auf eine Arbeitsfläche häufen und in die Mitte eine Mulde drücken (siehe rechts, erstes Bild). Salz, Pfeffer und Muskat in die Mulde streuen.

3 Anschließend die Kartoffeln kranzförmig dazudrücken (siehe zweites Bild rechts), die Eier nacheinander in die Mulde schlagen (siehe drittes Bild rechts) und alles zu einem glatten Teig weiterverarbeiten, wie im vierten und fünften Bild rechts gezeigt.

4 Den Teig 10 Minuten ruhen lassen. Anschließend den Teig zu Schupfnudeln formen und diese garen, wie im fünften bis neunten Bild gezeigt.

Tipps Die Schupfnudeln können Sie nach Belieben mit gebräunter Kräuterbutter und geriebenem Käse anrichten. Anstatt sie in Salzwasser gar ziehen zu lassen, die Schupfnudeln in Butter braten.
Schupfnudeln lassen sich auch aus einem Teig ohne Kartoffeln herstellen. Dafür beispielsweise 150 g Mehl mit 70 g Roggenmehl, 1 Ei, 1 TL Salz und 50 ml Wasser verkneten. Den Teig unter einer heiß ausgespülten Schüssel etwa 15 Minuten quellen lassen, dann zu Schupfnudeln formen und diese 8–10 Minuten in sprudelnd kochendem Salzwasser garen.

Das Mehl auf eine Arbeitsfläche sieben und eine Mulde in die Mitte drücken.

Die geschälten Kartoffeln noch warm durch die Kartoffelpresse auf den Mehlrand drücken.

Die Eier aufschlagen und nacheinander in die Mulde gleiten lassen.

Aus Mehl, Kartoffeln und Eiern mit den Fingern einen krümeligen Teig herstellen.

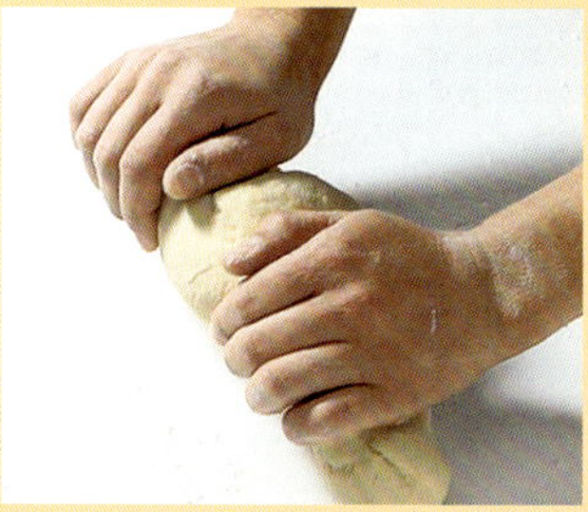

Die Teigkrümel kräftig zusammendrücken, bis ein glatter Teig entstanden ist.

Den Teig halbieren und jede Hälfte zu einem 3–4 cm dicken Strang rollen.

Mit einem großen Messer jeden Strang in etwa 1 cm breite Stücke schneiden.

Die Teigstücke mit der flachen Hand zu Schupfnudeln rollen.

Die Schupfnudeln in sprudelnd kochendem Salzwasser garen, bis sie an die Oberfläche steigen.

Roggenbrot-Schupfnudeln

mit Rotkraut

Für das Rotkraut
500 g geputzter Rotkohl
1 TL Salz
1 Schalotte
30 g Butterschmalz
1 EL Honig
Pfeffer
200 ml Preiselbeersaft
200 ml Rotwein
¼ Zimtstange
3 Gewürznelken
1 Zweig Thymian
50 g Butter

Für die Schupfnudeln
150 g Roggenbrot vom Vortag
200 ml Milch
1 Ei
120 g Roggenmehl Type 997

Außerdem
etwas Mehl
Butterschmalz zum Braten

1 Den Rotkohl in feine Streifen schneiden, mit Salz bestreuen und mit den Händen durchkneten. Die Schalotte schälen und in feine Würfel schneiden.

2 Das Butterschmalz erhitzen und die Schalotte darin andünsten. Rotkohl unter Rühren 2–3 Minuten mitbraten. Honig, Pfeffer, Preiselbeersaft, Wein, Gewürze und Butter zufügen, alles im offenen Topf 20–25 Minuten köcheln lassen. Topf vom Herd nehmen; Thymianzweig aus dem Kraut entfernen.

3 Das Brot fein würfeln, die Brotwürfel in der Milch 30 Minuten einweichen. Ausdrücken und die Brotwürfel mit Ei und Roggenmehl zu einem weichen, formbaren Teig verkneten. Sollte er zu klebrig sein, die Hände mit etwas Mehl bestauben. Den Teig 20 Minuten ruhen lassen.

4 Reichlich Salzwasser in einem Topf zum Kochen bringen. Aus dem Brotteig Schupfnudeln von etwa ½ cm Dicke (in der Mitte) und 6 cm Länge formen (siehe Seite 303) – an den Enden sollen die Nudeln etwas dünner sein.

5 Die Schupfnudeln in das kochende Salzwasser geben, die Hitze sofort reduzieren und die Schupfnudeln im geschlossenen Topf in etwa 5 Minuten gar ziehen lassen.

6 Die Schupfnudeln aus dem Wasser heben und gut abtropfen lassen. Anschließend im heißen Butterschmalz rundherum goldbraun braten.

7 Das Rotkraut wieder erwärmen, auf Teller verteilen und die Schupfnudeln dazu anrichten. Sofort servieren.

Trofie mit Zucchini und Erbsen

Für den Nudelteig
300 g Mehl
50 g Weizenkleie
Salz

Für das Gemüse
150 g gelbe Zucchini
40 g Butter oder 4 EL Öl
1 Schalotte
1 Knoblauchzehe
100 g Erbsen
4 EL Gemüsefond
50 g Zucchiniblüten, in feine Streifen geschnitten

Außerdem
Salz
½ TL Pfeffer
1 EL gehackte Petersilie
Parmesanspäne

1 Das Mehl auf eine Arbeitsplatte sieben, die Kleie und etwas Salz daraufschütten. In die Mitte eine Mulde drücken, 150 ml Wasser hineingießen und alles zu einem Teig verkneten. Falls der Teig zu trocken ist, weitere 50 ml Wasser unterarbeiten.

2 Den Teig zuerst in fingerdicke Rollen und diese in etwa 1 cm lange Stücke schneiden. Die Stücke schließlich zu langen Nudeln (Trofie) formen.

3 Für das Gemüse die Zucchini waschen, putzen und längs in dünne Scheiben schneiden, diese nochmals der Länge nach halbieren. Schalotte und Knoblauch schälen und sehr fein würfeln.

4 Butter oder Öl erhitzen, Schalotte und Knoblauch darin glasig dünsten. Zucchinistreifen und Erbsen zufügen, mit dem Gemüsefond ablöschen und alles bei schwacher Hitze einige Minuten dünsten. Die Zucchiniblüten zugeben und kurz mitdünsten.

5 Inzwischen die Trofie in reichlich siedendem Salzwasser bissfest garen. Mit dem Schaumlöffel herausnehmen und abtropfen lassen.

6 Die Trofie in einer vorgewärmten Schüssel mit dem Gemüse vermischen und mit Salz, Pfeffer und Petersilie würzen. Mit gehobeltem Parmesan bestreuen und sofort servieren.

Mangold-Kohlrabi-Lasagne

12 grüne Lasagneblätter (ohne Vorkochen)

Für die Füllung
4 Kohlrabi (je 250 g)
60 g Butter
Salz
frisch gemahlener Pfeffer
frisch geriebene Muskatnuss
1 EL Mehl
500 ml Milch
250 g Sahne
2 Schalotten
500 g Mangold
300 g Tomaten
200 g alter Provolone, gerieben

Außerdem
Butter für die Form
4 EL Crème fraîche
1 Eigelb

1 Die Kohlrabi schälen und putzen. Die Knollen in 2 mm dicke Scheiben, die zarten Blätter in Streifen schneiden.

2 In einem Topf die Hälfte der Butter zerlassen und die Kohlrabischeiben mit den Blattstreifen darin andünsten. Das Gemüse mit Salz, Pfeffer sowie Muskatnuss würzen und mit Mehl bestauben. Milch und Sahne unter Rühren zugießen, alles aufkochen, dann 10 Minuten bei schwacher Hitze unter gelegentlichem Rühren köcheln lassen. Vom Herd nehmen und abkühlen lassen.

3 Die Schalotten schälen und fein hacken. Die Blätter von den Mangoldstielen schneiden, die Fäden von den Stielen abziehen und die Stiele in 2 cm lange Stücke schneiden. In einer Pfanne die restliche Butter zerlassen, die Schalotten und die Mangoldstiele darin andünsten.

4 Von den Mangoldblättern jeweils die Mittelrippe entfernen. Die Blätter in Streifen schneiden und tropfnass in einem zugedeckten Topf bei starker Hitze zusammenfallen lassen. In ein Sieb schütten, abtropfen lassen und mithilfe eines Löffels ausdrücken. Die Mangoldstiele und -blätter unter das Kohlrabigemüse mischen.

5 Die Tomaten blanchieren, häuten, halbieren, von Stielansätzen und Samen befreien und in Streifen schneiden.

6 Den Backofen auf 180 °C vorheizen. Eine Lasagneform (etwa 18 x 28 cm) mit Butter ausstreichen. Den Boden der Form mit 3 Lasagneblättern bedecken, darauf ein Drittel der Gemüsemischung verteilen, diese mit Tomatenstreifen belegen und mit einem Drittel des Käses bestreuen. Abwechselnd Lasagneblätter, Gemüse und Käse einschichten. Mit Lasagneblättern abschließen.

7 Die Crème fraîche mit dem Eigelb verrühren und diese Mischung auf die Lasagneblätter streichen. Die Lasagne 40–45 Minuten im heißen Ofen backen.

Cannelloni mit Tofu und Gemüse

2 Schalotten
3 Knoblauchzehen
2 Chilischoten
5 g frische Galgant- oder Ingwerwurzel
80 g runde kleine Auberginen
150 g Tofu
80 g gegarte Bambussprossen
3 EL Erdnussöl
6 EL helle Sojasauce
1 EL vegetarische Austernsauce
frisch gemahlener Pfeffer
1 TL Palmzucker
Saft von ½ Kaffirlimette
2 EL gehacktes Koriandergrün
4 Cannelloni
Salz

Außerdem
ganze und gehackte Korianderblättchen zum Garnieren

1 Schalotten und Knoblauch schälen. Schalotten in feine Ringe, 1 Knoblauchzehe in feine Scheiben schneiden, die beiden anderen Zehen fein würfeln. Die Chilischoten von den Samen befreien und zerkleinern. Galgant oder Ingwer schälen und hacken.

2 Die Auberginen putzen und in ½ cm große Würfel schneiden. Den Tofu ebenfalls in ½ cm große Würfel schneiden. Die Bambussprossen klein würfeln.

3 Für die Füllung 1 EL Öl in Wok oder Pfanne erhitzen. Tofuwürfel hineingeben und 2–3 Minuten unter Rühren braten. Herausnehmen und das restliche Öl in die Pfanne geben.

4 Schalotten, Knoblauchscheiben, die Hälfte der Chilischoten und den Galgant oder Ingwer in das heiße Öl geben; alles 1 Minute unter Rühren braten. Anschließend die Auberginen zufügen, 2–3 Minuten, ebenfalls unter Rühren mitbraten; schließlich die Bambussprossen untermischen und nur kurz mitbraten.

5 Den gebratenen Tofu unter die Gemüsemischung rühren. Alles mit 3 EL Sojasauce und der Austernsauce würzen. Die Mischung nach Belieben pfeffern und warm halten.

6 Für die Sauce 75 ml Wasser mit dem Zucker aufkochen. Die Hitze stark reduzieren und so lange köcheln, bis der Zucker sich aufgelöst hat. Den Limettensaft zugießen. Die restliche Chilischote und die Knoblauchwürfel sowie das Koriandergrün einrühren. Die restliche Sojasauce zugießen und die Sauce erneut erhitzen. Mit Pfeffer abschmecken und lauwarm abkühlen lassen.

7 Die Cannelloni nach Packungsanleitung in sprudelnd kochendem Salzwasser bissfest garen. Mit dem Schaumlöffel herausheben und gut abtropfen lassen. Die Cannelloni mit dem Gemüse füllen.

8 Die gefüllten Cannelloni auf Tellern anrichten, einmal quer halbieren, mit der Sauce beträufeln und mit Korianderblättchen garnieren.

Cannelloni mit Pilzfüllung

Für den Teig
70 g Hartweizengrieß
70 g Mehl
1 Ei, 1 Eigelb
Salz

Für die Füllung
2 Zwiebeln
1 Knoblauchzehe
300 g gemischte Pilze (z. B. Pfifferlinge, Steinpilze, Maronen-Röhrlinge)
100 g geputzter Spinat
30 g Butter
1 Stange Lauch, nur der dunkle Teil fein gewürfelt
100 g Sahne
Salz, frisch gemahlener Pfeffer

Für die Sauce
250 g Sahne, 1 Eigelb
Salz, frisch gemahlener Pfeffer
1 EL gehackte Petersilie

Außerdem
4 ofenfeste Förmchen, gebuttert

1 Für den Nudelteig Grieß und Mehl mischen und mit den restlichen Zutaten zu einem glatten Teig verkneten. In Folie wickeln und 1 Stunde kühl ruhen lassen.

2 Zwiebeln und Knoblauch schälen und fein hacken. Die Pilze putzen und in kleine Würfel schneiden. Spinat waschen, abtropfen lassen und fein hacken. Die Butter in einer Pfanne zerlassen. Zwiebeln und Knoblauch darin glasig andünsten. Die Pilze 3 Minuten mitbraten, dann Spinat und Lauchwürfel unterrühren. Sahne angießen. Salzen, pfeffern und 3–4 Minuten einkochen lassen. Vom Herd nehmen, auskühlen lassen.

3 Von der Lauchstange den hellen Teil in ein etwa 12 cm langes Stück schneiden. Von diesem 8 Blätter ablösen und diese in siedendem Salzwasser 4 Minuten kochen. Herausnehmen, abschrecken, abtropfen lassen.

4 Den Teig auf einer bemehlten Arbeitsfläche dünn ausrollen und 8 Rechtecke von 9 x 14 cm ausschneiden. Diese in sprudelnd kochendem Salzwasser 2 Minuten garen, aus dem Wasser nehmen und auf einem feuchten Küchentuch ausbreiten. Jedes Teigstück mit einem Lauchblatt belegen, Pilzfüllung darauf verteilen. Zu Cannelloni aufrollen.

5 Für die Sauce die Sahne in einen Topf geben und köcheln, bis die Flüssigkeit um ⅓ reduziert ist. In einer kleinen Schüssel das Eigelb verquirlen und 1 EL heiße Sahne unterrühren. Die Mischung unter Rühren zur heißen Sahne geben (die Sauce darf nicht mehr kochen). Salzen, pfeffern und die Petersilie einstreuen.

6 Den Backofen auf 200 °C vorheizen. Je 2 Cannelloni in die gebutterten Förmchen legen, mit der Sauce übergießen. Im Ofen 12 Minuten backen, die letzte Minute den Grill zuschalten, um die Cannelloni zu gratinieren.

Maultaschen mit Steinpilzfüllung

Für den Nudelteig
250 g Mehl
2 Eier, 1 Eigelb
2 EL Öl
½ TL Salz
20 g gehackte Kräuter (Salbei, Thymian, Petersilie und Frühlingszwiebelgrün)

Für die Füllung
2 Zwiebeln
1 Knoblauchzehe
600 g Steinpilze
40 g Butter
Salz
frisch gemahlener weißer Pfeffer
3 EL gehackte Petersilie

Für die Schnittlauchsauce
1 Schalotte
20 g Butter
80 ml Weißwein
250 g Sahne
Salz
frisch gemahlener weißer Pfeffer
1 EL Schnittlauchröllchen

Außerdem
1 Eiweiß zum Bestreichen
Schnittlauchröllchen zum Bestreuen

1 Das Mehl auf eine Arbeitsfläche sieben und in die Mitte eine Mulde drücken. Eier, Eigelb, Öl, Salz und Kräuter hineingeben. Alles zu einem glatten Teig verarbeiten – falls nötig, noch etwas Wasser zugeben. Den Teig in Folie wickeln und 1 Stunde kühl ruhen lassen.

2 Die Zwiebeln und den Knoblauch schälen und fein hacken. Die Steinpilze putzen und in 5 mm große Würfel schneiden. Die Butter zerlassen und die Zwiebel- und Knoblauchwürfel darin glasig dünsten. Die Pilze zugeben und 3–4 Minuten mitdünsten. Mit Salz und Pfeffer würzen und die Petersilie unterrühren. Beiseitestellen und vollständig abkühlen lassen.

3 Für die Sauce die Schalotte schälen und sehr fein hacken. Die Butter in einer Kasserolle zerlassen und die Schalottenwürfel darin hell andünsten. Mit dem Wein ablöschen und auf etwa 1 EL einkochen. Die Sahne zugießen und die Sauce auf die Hälfte reduzieren. Salzen, pfeffern und die Schnittlauchröllchen einstreuen.

4 Den Nudelteig auf einer Arbeitsfläche gleichmäßig dünn ausrollen und aus dem Teig etwa 6 x 11 cm große Rechtecke ausrädeln. Auf jedes Teigstück 1 knappen EL Füllung geben und die Ränder mit Eiweiß bestreichen. Die Teigstücke der Länge nach übereinanderklappen; die Ränder fest andrücken.

5 Die Teigtaschen in sprudelnd kochendes Salzwasser geben, die Hitze reduzieren und die Maultaschen etwa 8 Minuten gar ziehen lassen. Herausnehmen, gut abtropfen lassen und mit der Schnittlauchsauce anrichten. Mit Schnittlauch bestreuen.

Pappardelle mit Steinpilzen

700 g Steinpilze
2 Schalotten
1 Knoblauchzehe
80 g Stangensellerie
300 g Tomaten
50 g Butter
400 g Pappardelle
Salz
frisch gemahlener Pfeffer
2 EL Öl
1 EL gehackte Petersilie
½ TL gehackter Thymian
1 Bund Basilikum, in Streifen geschnitten
frisch gehobelter Pecorino oder Parmesan

1 Die Steinpilze sorgfältig putzen (es sollten 500 g geputzte Pilze übrig bleiben). Die Pilze längs in Scheiben schneiden. Die Schalotten und den Knoblauch schälen und sehr fein hacken. Stangensellerie in kleine Würfel schneiden. Tomaten blanchieren, häuten, von Stielansätzen und Samen befreien und ebenfalls in kleine Würfel schneiden.

2 Die Butter in einer großen Pfanne zerlassen. Schalotten, Knoblauch und Stangensellerie darin bei schwacher Hitze dünsten. Die Pilze zufügen und bei starker Hitze anbraten, dann bei schwächerer Hitze noch einige Minuten weiterbraten. Die Mischung salzen und pfeffern.

3 In einer zweiten Pfanne das Öl erhitzen und die Tomaten darin kurz braten.

4 Inzwischen die Nudeln in reichlich sprudelnd kochendem Salzwasser nach Packungsangabe bissfest garen, anschließend in ein Sieb schütten, abtropfen lassen und wieder in den Topf geben.

5 Pilzmischung, gedünstete Tomatenwürfel und Kräuter sofort zu den Nudeln im Topf geben und alles mischen. Das Gericht mit Salz und Pfeffer abschmecken und die Nudeln auf vier vorgewärmten Tellern anrichten. Nach Belieben mit Pecorino oder Parmesan bestreuen. Sofort servieren.

Ravioli mit Rote-Bete-Füllung

Für den Teig
200 g Mehl
2 Eier
1 TL Öl
½ TL Salz

Für die Füllung
300 g Rote Bete
60 g Butter
Salz, frisch gemahlener Pfeffer
1 Eiweiß
300 g Ricotta
1 Eigelb
50 g Semmelbrösel

Außerdem
1 gezackter runder Ausstecher (etwa 6,5 cm Ø)
1 Eiweiß zum Bestreichen
50 g gebräunte Butter
Fenchelgrün
40 g Pecorino, gerieben

1 Aus den angegebenen Zutaten einen geschmeidigen Nudelteig kneten. Den Teig in Folie wickeln und 1 Stunde ruhen lassen. Teig teilen und zu dünnen gleich großen Teigplatten ausrollen. Auf einer Teigplatte mit dem Ausstecher 24 Kreise markieren.

2 Für die Füllung die Rote Bete von den Wurzeln befreien, ohne sie dabei zu verletzen. Die Knolle waschen, in einem Topf mit Wasser bedecken und etwa 45 Minuten kochen. Gegen Ende der Garzeit mit einem spitzen Messer prüfen, ob die Knolle weich ist, falls nötig, länger kochen. Aus dem Topf nehmen, kalt abschrecken, schälen, in Stücke schneiden und fein pürieren. Butter zerlassen und das Rote-Bete-Püree darin 10 Minuten dünsten; salzen und pfeffern. Abkühlen lassen und ½ Eiweiß unterrühren.

3 Für die helle Füllung Ricotta mit Eigelb, dem restlichen halben Eiweiß sowie den Bröseln verrühren, dann salzen und pfeffern. Die Ricottamasse in einen Spritzbeutel mit Lochtülle füllen und ringförmig auf die markierten Kreise spritzen, wie im Bild unten links gezeigt. Rübenpüree ebenfalls in einen Spritzbeutel mit Lochtülle füllen und Tupfen aufspritzen, wie im Bild unten Mitte gezeigt. Ränder der Teigkreise mit Eiweiß bestreichen.

4 Die zweite Teigplatte auf die mit Füllung besetzte legen; um die Füllungen andrücken (siehe Bild unten rechts), eventuell vorhandene Luftblasen aufstechen. Die Ravioli ausstechen.

5 Ravioli in Salzwasser 5–6 Minuten kochen, herausheben und abtropfen lassen. Die Ravioli anrichten, mit gebräunter Butter beträufeln, mit Fenchelgrün garnieren, mit Pecorino bestreuen und sofort servieren.

Die Ricottamasse ringförmig auf die markierten Teigkreise spritzen, dabei 1 cm Rand frei lassen.

In die Mitte der Ricottaringe je einen Tupfen der Rote-Bete-Füllung setzen.

Den Teig mit dem umgedrehten Ausstecher rings um die Füllung andrücken.

Pansooti mit Kräuterfüllung

und Walnusssauce

Für den Nudelteig
125 g feiner Hartweizengrieß
125 g Mehl
2 Eier
1 Eigelb
⅓ TL Salz

Für die Kräuterfüllung
125 g gemischte Kräuter (Petersilie, Salbei, Thymian)
125 g Basilikum
60 g Borretsch
Salz
1 Knoblauchzehe
1 Ei
60 g Ricotta
25 g Parmesan, gerieben
frisch gemahlener Pfeffer

Für die Walnusssauce
40 g Weißbrot vom Vortag, Rinde entfernt
125 g gehäutete Walnusskerne
40 ml Olivenöl
60 g Sahne
Salz

Außerdem
1 Eiweiß
etwas gebräunte Butter
1 EL gehackte Kräuter (Salbei, Petersilie, Basilikum, Thymian)
80 g Parmesan, gerieben

1 Für den Teig den Grieß und das Mehl auf eine Arbeitsfläche häufen. In die Mitte eine Mulde drücken. Eier, Eigelb und Salz in die Mulde geben. Mit einer Gabel die Eier mit dem Salz in der Mulde verquirlen, dabei nach und nach immer mehr Mehl vom Rand mit einarbeiten.

2 Sobald ein dickflüssiger Teig entstanden ist, mit den Händen von außen nach innen weiterarbeiten, dann das Mehl unter den Teig drücken. Nimmt der Teig das Mehl nicht ganz auf, etwas Wasser zufügen. Das Wasser mit den Daumen einarbeiten und das restliche Mehl unterkneten. Nun den Teig so oft auseinanderdrücken und wieder zusammenlegen, bis er glatt und fest ist. Den Teig zu einer Kugel formen, in Folie wickeln und 1 Stunde kühl ruhen lassen.

3 Inzwischen für die Füllung die Kräuter waschen, dann kurz in kochendes Salzwasser geben, kalt abschrecken, gut ausdrücken und sehr fein hacken. Den Knoblauch schälen und ebenfalls sehr fein hacken. Kräuter, Knoblauch, Ei, Ricotta und Parmesan vermischen. Mit Salz und Peffer würzen und die Mischung im Mixer kurz pürieren; beiseitestellen.

4 Für die Sauce das Brot in Wasser einweichen. Gut ausdrücken und mit den Nüssen im Mörser grob zerstoßen, anschließend im Mixer fein pürieren. Abwechselnd Öl und Sahne zugießen, bis eine homogene Sauce entstanden ist. Mit Salz abschmecken.

5 Den Teig dünn ausrollen und in etwa 60 Quadrate (je 6 x 6 cm) schneiden. Auf jedes Quadrat 1 TL Kräuterfüllung setzen, die Ränder mit Eiweiß bestreichen. Die Quadrate zu Dreiecken falten und die Teigränder mit den Zinken einer Gabel fest zusammendrücken.

6 Die Pansooti in kochendem Salzwasser 8–10 Minuten garen; mit einem Schaumlöffel herausheben und abtropfen lassen. Auf vorgewärmten Tellern anrichten, mit der gebräunten Butter beträufeln und mit den gehackten Kräutern bestreuen. Mit der Walnusssauce und geriebenem Parmesan servieren.

Pergamentpäckchen

mit chinesischen Nudeln und Morcheln

je 100 g Spargel, Möhren und Zuckerschoten
10 g frische Ingwerwurzel
50 g Mungbohnensprossen
6 EL Erdnussöl
1 EL Currypulver
2 EL süße Chilisauce
2 EL helle Sojasauce
2 EL Austernsauce
100 ml Gemüsebrühe
frisch gemahlener Pfeffer
150 g frische Morcheln
1 Schalotte
2 EL trockener Sherry
250 g chinesische Eiernudeln
Salz
1 EL Sesamöl
4 Knoblauchzehen

Außerdem
4 Stück Pergamentpapier (je 25 x 30 cm)
Öl zum Bestreichen

1 Spargel und Möhren schälen und in dünne Scheiben schneiden. Die Zuckerschoten putzen und in feine Streifen schneiden. Den Ingwer schälen und fein hacken. Die Bohnensprossen in einem Sieb abbrausen, verlesen und abtropfen lassen.

2 In einer Pfanne oder im Wok 3 EL Erdnussöl erhitzen. Spargel, Möhren und Zuckerschoten hineingeben und in 2–3 Minuten unter Rühren bissfest braten. Die Bohnensprossen hinzufügen und kurz mitbraten. Currypulver, Chilisauce sowie Soja- und Austernsauce unterrühren und die Gemüsebrühe angießen. Alles bei mittlerer Hitze etwas einkochen lassen; mit Pfeffer würzen.

3 Die Morcheln putzen und vom Sand befreien. Falls nötig, kurz abspülen und trocken tupfen. Die Schalotte schälen und fein würfeln. In einer Pfanne 1 EL Öl erhitzen, die Schalottenwürfel darin glasig dünsten. Die Morcheln unter Rühren kurz mitbraten. Die Pilzmischung mit Salz und Pfeffer würzen und mit dem Sherry ablöschen.

4 Die chinesischen Eiernudeln in sprudelnd kochendem Salzwasser nach Packungsangabe bissfest garen und abgießen. In eine Schüssel füllen und mit dem Sesamöl vermischen. Die Gemüsemischung unterrühren.

5 Den Backofen auf 200 °C vorheizen. Die Pergamentpapierstücke mit Öl einpinseln. Die Gemüse-Nudel-Mischung auf die Papierstücke verteilen, darauf die Morcheln geben. Das Papier über der Füllung wie ein Paket verschließen; die Seiten unter dem Paket einschlagen, um die Päckchen fest zu verschließen.

6 Die Päckchen in eine ofenfeste Form legen und im heißen Ofen etwa 10 Minuten garen. Inzwischen den Knoblauch schälen, in dünne Scheiben schneiden und im restlichen Öl hellbraun frittieren.

7 Die Päckchen auf Teller legen und vorsichtig öffnen (es steigt heißer Dampf auf!). Den frittierten Knoblauch auf die Nudel-Pilz-Füllung streuen und die Päckchen servieren.

Gerichte
mit Reis und Getreide

Gemüse-Paella mit Oliven

400 g Paella-Reis (ersatzweise Risotto-Reis)
6 EL Olivenöl
800 ml Gemüsefond, nach Bedarf mehr
1 Lorbeerblatt
1 g Safranfäden
je 250 g rote und grüne Paprikaschoten
400 g Tomaten
2 Zwiebeln
5 Knoblauchzehen
200 g grüne Bohnen
150 g Lauch
150 g Möhren
1 EL edelsüßes Paprikapulver
Salz
frisch gemahlener Pfeffer
100 g schwarze Oliven

1 In einem Topf 3 EL Olivenöl erhitzen. Den Reis zuschütten und unter Rühren 3 Minuten glasig braten. Den Gemüsefond zugießen. Die Safranfäden zwischen den Fingern zerreiben und mit dem Lorbeerblatt zum Reis geben. Den Reis im geschlossenen Topf in etwa 10 Minuten halb gar kochen.

2 Inzwischen den Backofen auf 220 °C vorheizen. Die Paprikaschoten im heißen Ofen rösten, bis die Haut Blasen wirft und angekohlt ist. Die Schoten aus dem Ofen nehmen, in einen Gefrierbeutel geben und abkühlen lassen. Anschließend die Schoten häuten, Samen und Trennwände entfernen und das Fruchtfleisch in etwa 1,5 cm große Stücke schneiden.

3 Die Tomaten blanchieren, häuten, von Stielansätzen und Samen befreien und würfeln. Zwiebeln und Knoblauch schälen und fein hacken. Bohnen und Lauch waschen und putzen, die Bohnen in 3 cm große Stücke, den Lauch in 1,5 cm breite Ringe schneiden. Die Möhren schälen und in dünne, etwa 4 cm lange Stifte schneiden.

4 In einer Paellapfanne oder in einer großen weiten Pfanne das restliche Öl erhitzen. Zwiebeln und Knoblauch darin 5 Minuten andünsten. Paprikapulver einrühren und kurz mitbraten. Bohnen, Lauch und Möhren hinzufügen und 5 Minuten mitbraten.

5 Das Gemüse mit Salz und Pfeffer würzen. Den halbgaren Reis zu dem Gemüse in die Pfanne geben, alles gut vermischen und bei mittlerer Hitze in etwa 15 Minuten fertig garen. Nach 10 Minuten die Paprika- und Tomatenstücke zugeben. Sollte der Reis zu trocken werden, noch etwas Gemüsefond angießen. Zum Schluss die Oliven untermischen. Die Paella auf vorgewärmten Tellern anrichten und servieren.

Fenchelrisotto

2 Schalotten
500 g Fenchelknollen mit Grün
80 g Butter
400 g Arborio-Reis
Salz
frisch gemahlener weißer Pfeffer
150 ml Weißwein
800 ml –1 l Gemüsefond
125 g Gorgonzola

1 Die Schalotten schälen und in feine Würfel schneiden. Die Fenchelknollen waschen und putzen. Das Fenchelgrün beiseitelegen. Falls nötig, die harten, äußeren Rippen von der Fenchelknolle entfernen. Die Knollen längs vierteln und quer in feine Streifen schneiden.

2 In einem großen Topf die Butter zerlassen; die Schalottenwürfel und die Fenchelstreifen darin glasig andünsten. Den Reis zuschütten und unter Rühren ebenfalls glasig werden lassen. Die Mischung mit etwas Salz und Pfeffer würzen und mit dem Wein ablöschen.

3 Den Wein im offenen Topf etwa auf die Hälfte einkochen lassen. Etwas Gemüsefond angießen und den Risotto im offenen Topf 15–20 Minuten köcheln lassen, dabei immer wieder rühren, damit der Reis nicht ansetzt. Während des Garprozesses den Fond nach und nach zugießen, der Reis sollte immer gerade davon bedeckt sein. Abschmecken.

4 Den Gorgonzola in Scheiben schneiden. Den Fenchelrisotto auf vier vorgewärmte Teller verteilen. Jede Portion mit einer Scheibe Gorgonzola belegen, mit etwas Fenchelgrün bestreuen und sofort servieren.

Risotto mit Paprikagemüse

Für den Risotto
2 Zwiebeln
50 g Butter
400 g Arborio-Reis
150 ml Weißwein
800 ml – 1 l Gemüsefond
Salz, frisch gemahlener Pfeffer

Für das Paprikagemüse
600 g rote Paprikaschoten
2 Schalotten
2 EL Öl
Salz, frisch gemahlener Pfeffer
100 ml Weißwein
1 EL Tomatenmark
1 TL Paprikamark
1 EL gehackte Kräuter (Rosmarin, Petersilie, Thymian, Basilikum)

Außerdem
40 g Pecorino, gehobelt

1 Für den Risotto die Zwiebeln schälen und fein hacken. Butter in einem Topf zerlassen und die Zwiebeln darin glasig dünsten. Den Reis zugeben und unter Rühren glasig werden lassen.

2 Die Reismischung mit dem Wein ablöschen; unter Rühren einkochen lassen, dann die Hälfte des Fonds zugießen und den Reis bei mittlerer Hitze unter gelegentlichem Rühren garen, bis die Flüssigkeit fast verdampft ist.

3 Anschließend den restlichen Gemüsefond angießen; unter erneutem Rühren weiterköcheln lassen. Bis der Risotto gar ist, dauert es etwa 20 Minuten. Salzen und pfeffern.

4 Den Backofen auf 220 °C vorheizen. Paprikaschoten im Ofen backen, anschließend häuten, von Samen und Trennwänden befreien (siehe Seite 136) und in etwa 1,5 cm große Quadrate schneiden.

5 Die Schalotten schälen und hacken. Das Öl erhitzen und die Schalotten kurz darin dünsten. Paprika zugeben und unter Rühren 2–3 Minuten mitdünsten. Salzen und pfeffern. Den Wein angießen, Tomaten- und Paprikamark einrühren; die Paprika in weiteren 2–3 Minuten weich dünsten. Die Kräuter einstreuen. Den Risotto auf Teller anrichten und das Gemüse darauf verteilen. Mit Pecorino bestreuen.

Risotto

mit Spinat und Gorgonzola

400 g Blattspinat
1 Zwiebel
2 Knoblauchzehen
3 EL Olivenöl
400 g Arborio-Reis
Salz
frisch gemahlener Pfeffer
1 l Gemüsefond
30 g Parmesan, gerieben
200 g Gorgonzola

1 Den Spinat putzen, waschen und in sprudelnd kochendem Salzwasser blanchieren. Die Blätter in ein Sieb abgießen, abtropfen lassen und sorgfältig mithilfe eines Löffels im Sieb ausdrücken. Anschließend den Spinat fein hacken. Zwiebel und Knoblauchzehen schälen und ebenfalls fein hacken.

2 Das Olivenöl in einem Topf erhitzen und die Zwiebel- und Knoblauchwürfel darin glasig andünsten. Den gehackten Spinat zufügen und kurz mitdünsten. Den Reis zur Spinatmischung schütten und unter Rühren glasig werden lassen.

3 Den Gemüsefond zugießen und alles einmal aufkochen lassen. Dann die Hitze reduzieren und den Risotto 15–20 Minuten bei schwacher Hitze köcheln lassen. Zwischendurch immer wieder rühren, damit der Reis nicht am Topfboden ansetzt.

4 Den geriebenen Parmesan unter den Risotto mischen; mit Salz und Pfeffer würzen.

5 Zum Schluss den Gorgonzola in Stücke schneiden, auf den Risotto legen und bei geschlossenem Topf schmelzen lassen. Den Deckel vom Topf nehmen, den geschmolzenen Käse unterrühren; den Risotto sofort servieren.

Tipps Statt Spinat schmeckt Mangold sehr gut. Den Gorgonzola können Sie vor dem Anrichten auf die einzelnen Risottoportionen verteilen und kurz unter dem Grill gratinieren. Die Portionen sofort servieren.
Alternativ zu Arborio-Reis sollten Sie auch einmal die Risotto-Reis-Sorte Vialone probieren.

Graupen mit Kürbis

800 g Kürbis
3 Zwiebeln
1 Knoblauchzehe
70 g Butter
500 ml Gemüsefond
300 g Graupen
250 ml trockener Weißwein
100 g Parmesan, gerieben
1 TL Salz, frisch gemahlener weißer Pfeffer
Gemüsefond zum Angießen

Außerdem
2 EL Öl, 16 kleine Salbeiblätter
30 g Parmesan, gehobelt

1 Den Kürbis schälen und entkernen. Das Fruchtfleisch in 1,5 cm große Würfel schneiden. Die dabei anfallenden Abschnitte (insgesamt etwa ⅓ der Kürbismenge) beiseitestellen. Die Zwiebeln schälen und fein hacken. Die Knoblauchzehe schälen.

2 In einem Topf 20 g Butter zerlassen und darin die Hälfte der Zwiebeln glasig dünsten. Kürbisabschnitte zugeben und kurz mitbraten. Gemüsefond zugießen und alles im geschlossenen Topf 10 Minuten garen. Im Mixer fein pürieren und durch ein Sieb passieren.

3 Die restliche Butter in einem großen Topf zerlassen. Die restlichen Zwiebeln darin glasig dünsten. Den Knoblauch durch die Presse dazudrücken und mitdünsten. Die Graupen zugeben, kurz durchschwenken und alles mit dem Wein ablöschen. Die Flüssigkeit etwa auf die Hälfte einkochen. Das Kürbispüree zu den Graupen geben und die Masse bei schwacher Hitze unter ständigem Rühren 20 Minuten quellen lassen. Falls nötig, noch etwas Gemüsefond zugeben.

4 Die Kürbiswürfel unter die Graupenmasse heben und alles weitere 10 Minuten köcheln lassen. Den geriebenen Parmesan untermischen; das Gericht mit Salz und Pfeffer würzen.

5 Das Öl erhitzen und die Salbeiblätter darin kurz braten. Die Kürbis-Graupen-Mischung mit den Salbeiblättchen und gehobeltem Parmesan anrichten.

Auberginenröllchen

mit würziger Reisfüllung

1 kg Auberginen
2 Zwiebeln
1 Knoblauchzehe
7 EL Öl
200 g Gemüsepaprika (Dolma)
1 scharfe Peperoni
300 g Flaschentomaten
1 EL gehackte glatte Petersilie
80 g Langkornreis, gegart
70 g Kefalotiri, klein gewürfelt
Salz, frisch gemahlener Pfeffer

Für die Joghurtsauce
150 g griechischer Joghurt
2 EL Crème fraîche
2 Knoblauchzehen
Salz, frisch gemahlener Pfeffer

Außerdem
Butter für die Form
50 g kalte Butterflöckchen
Petersilie zum Bestreuen

1 Die Auberginen putzen und der Länge nach in 1 cm dicke Scheiben schneiden; in Salzwasser legen. Zwiebeln und Knoblauch schälen und fein hacken. Paprika und Peperoni halbieren und putzen; die Paprika in 5 mm große Würfel schneiden, die Peperoni sehr fein hacken. Die Tomaten blanchieren, häuten, von Stielansätzen und Samen befreien und klein würfeln.

2 In einer Pfanne 2 EL Öl erhitzen; Zwiebel- und Knoblauchwürfel darin andünsten. Paprikastücke 5 Minuten mitdünsten. Die Hälfte der Tomaten und die Petersilie untermischen. Etwas abkühlen lassen. Käse und gekochten Reis zugeben, die Füllung salzen und pfeffern.

3 Den Backofen auf 180 °C vorheizen. Die Auberginenscheiben aus dem Salzwasser nehmen und trocken tupfen. Das restliche Öl in einer beschichteten Pfanne erhitzen und die Auberginenscheiben darin auf beiden Seiten anbraten. Herausnehmen und auf das schmale Ende jeder Scheibe einen gehäuften Esslöffel Füllung setzen. Aufrollen und die Röllchen in eine gebutterte ofenfeste Form legen. Die restlichen Tomatenwürfel über den Röllchen verteilen, mit Butterflöckchen belegen und eine Tasse Salzwasser angießen. Zudecken und die Auberginenröllchen im heißen Ofen 20–25 Minuten garen.

4 Inzwischen für die Sauce den Knoblauch schälen, zum Joghurt pressen, mit der Crème fraîche glatt rühren, salzen und pfeffern. Die Form aus dem Ofen nehmen, die fertigen Auberginenröllchen mit Petersilie bestreuen und mit der Sauce servieren.

Paprikaschoten

mit Gemüse-Couscous

400 ml Gemüsebrühe
200 g Couscous
1 Sternanis
4 gelbe Paprikaschoten
1 Zucchini
1 Aubergine
1 Zwiebel
1 Knoblauchzehe
2 EL Olivenöl
400 g Tomaten
50 ml Weißwein
50 ml Gemüsefond
Salz
frisch gemahlener Pfeffer
1 EL gehackte Petersilie

Für die Tomatensauce
500 g Tomaten
1 kleine Zwiebel
3 EL Olivenöl
1 Thymianzweig
1 Lorbeerblatt

1 Die Gemüsebrühe in einem Topf aufkochen, dann vom Herd nehmen. Coucous und Sternanis in die heiße Brühe rühren und den Couscous in etwa 3 Minuten (siehe Packungsanweisung) ausquellen lassen. Mit einer Gabel auflockern und beiseitestellen.

2 Von den Paprikaschoten jeweils einen Deckel abschneiden und die Samen entfernen. Zucchini und Aubergine waschen, putzen und in etwa 1 cm große Würfel schneiden.

3 Zwiebel und Knoblauch schälen und fein würfeln. Die Tomaten waschen, von Stielansätzen und Samen befreien und das Fruchtfleisch fein hacken.

4 Das Öl in einer Kasserolle erhitzen. Zwiebel, Knoblauch, Aubergine und Zucchini zugeben und andünsten. Das Tomatenfruchtfleisch untermischen, Wein und Fond angießen und das Gemüse knapp gar kochen.

5 Couscous nochmals mit einer Gabel auflockern, Sternanis herausnehmen und den Couscous zum Gemüse geben. Die Petersilie ebenfalls zugeben und alles gründlich vermischen. Die Schoten mit der Couscous-Gemüse-Mischung füllen und die Paprikadeckel daraufsetzen.

6 Für die Sauce die Tomaten waschen, von Stielansätzen und Samen befreien und fein hacken. Die Zwiebel schälen und ebenfalls fein hacken.

7 Den Backofen auf 180 °C vorheizen. Eine ofenfeste Form mit Olivenöl fetten. Die Zwiebel auf dem Herd darin glasig dünsten, dann die gefüllten Schoten nebeneinander in die Form setzen und das gehackte Tomatenfruchtfleisch, den Thymian und das Lorbeerblatt dazugeben.

8 Die gefüllten Paprikaschoten im heißen Ofen etwa 20–25 Minuten garen. Anschließend aus der Form nehmen und warm halten. Den Garsud durch ein Sieb streichen, abschmecken und mit den Paprikaschoten auf Tellern servieren.

Duftreis mit Süßkartoffeln

und Tofu-Gemüse

125 g orangefleischige Süßkartoffeln
250 g thailändischer Duftreis, Salz
120 g Zuckerschoten
100 g Tofu
50 g frisch ausgepalte Erbsen
3 EL Öl
¼ TL Zucker
¼ TL gemahlener Ingwer
1 Stängel Zitronengras, in feine Ringe geschnitten
grob zerstoßener Szechuanpfeffer
1 EL Chilisauce
½ TL helle Sojasauce
3 EL Tomatenketchup
½ TL Reisessig

Außerdem
Korianderblättchen zum Garnieren
Öl zum Frittieren

1 Die Süßkartoffeln schälen, waschen und in etwa 1 cm große Würfel schneiden. Den Reis in ein Sieb schütten und mit kaltem Wasser gründlich abbrausen. In einem Topf 500 ml Wasser zum Kochen bringen. Reis und Süßkartoffeln hineingeben und beides in 15–20 Minuten bei mittlerer Hitze weich garen.

2 Die Zuckerschoten waschen, putzen und an den Nähten der Länge nach bis zur Hälfte einschneiden. Den Tofu in etwa 2 cm große Stücke schneiden. Die Erbsen in sprudelnd kochendem Wasser blanchieren. Abgießen und abtropfen lassen.

3 Das Öl im Wok erhitzen, die Tofustücke darin von allen Seiten goldgelb braten, herausnehmen und warm halten. Zuckerschoten zufügen und 1 Minute mitbraten. Die Erbsen untermischen und ebenfalls 1 Minute mitbraten; alles aus der Pfanne nehmen.

4 Im verbliebenen Öl Zucker, Ingwer, Zitronengras, Szechuanpfeffer, Chili- und Sojasauce mit Tomatenketchup und Reisessig zu einer Sauce verrühren.

5 Den Duftreis mit den Süßkartoffelwürfeln in der Mitte von vier vorgewärmten Teller anrichten. Zuckerschoten, Erbsen und Tofu rundherum verteilen. Mit der Sauce beträufeln. Mit Korianderblättchen bestreuen.

Tipp Zu dem Gericht passen frittierte Beancurd Sticks. Dabei handelt es sich um zu Stäbchen geformte Tofuhaut, die im Bio- oder Asia-Laden angeboten wird. Tofuhaut (Beancurd Sticks) muss vor der Verwendung in Wasser eingeweicht werden.

Quinoa-Risotto

mit Rote-Bete-Gemüse

Für das Gemüse
2 Rote Beten (700 g)
Salz
2 Frühlingszwiebeln
40 g Butter
1–2 TL Mehl
300 ml Gemüsefond
50 g Sahne
frisch gemahlener Pfeffer

Für den Quinoa-Risotto
1 kleine weiße Zwiebel
1 Stange Sellerie
1 Stück Stange Lauch (30 g)
1 Stück Petersilienwurzel (30 g)
2 EL Öl
200 g Quinoa
750 ml Gemüsebrühe
Salz
frisch gemahlener Pfeffer
1 EL gehackte Petersilie

1 Die Roten Beten unter kaltem Wasser gründlich abbürsten. Die Blätter 2–3 cm über den Knollen abschneiden, damit der Saft nicht ausläuft. Die Knollen in sprudelnd kochendem Salzwasser etwa 1 Stunde kochen.

2 Mit einem Holzstäbchen prüfen, ob die Knollen weich sind. Herausnehmen, abschrecken und etwas abkühlen lassen. Die Knollen von Blattansatz und Wurzelende befreien und schälen. Die Roten Beten mit dem Buntmesser in etwa 1 cm dicke Scheiben und diese in etwa 1,5 cm breite Stifte schneiden. Beiseitestellen.

3 Für den Quinoa-Risotto die Zwiebel schälen und fein hacken. Stangensellerie, Lauch und Petersilienwurzel putzen und in kleine Würfel schneiden.

4 Das Öl in einem Topf erhitzen. Die Gemüsewürfel 2–5 Minuten darin andünsten. Quinoa zugeben und kurz mitbraten. Mit der Gemüsebrühe aufgießen. Einmal aufkochen lassen und die Körner im geschlossenen Topf bei schwacher Hitze in 20–25 Minuten ausquellen lassen. Petersilie untermischen und das Quinoa-Risotto abschmecken.

5 Für das Rote-Bete-Gemüse die Frühlingszwiebeln putzen und in dünne Ringe schneiden. Die Butter in einem Topf zerlassen und die Frühlingszwiebeln darin andünsten. Mehl darüberstreuen und andünsten.

6 Den Gemüsefond zugießen und die Sauce 10 Minuten unter Rühren köcheln lassen. Anschließend die Sahne unterrühren und das Ganze mit Salz und Pfeffer würzen. Die Rote-Bete-Stifte untermischen. Das Gemüse mit dem Quinoa-Risotto auf Tellern anrichten und servieren.

Hirsotto mit Gemüsebändern

und Tomatensauce

Für das Hirsotto
1 kleine Zwiebel
1 kleine Möhre
1 kleine Petersilienwurzel
½ Stange Lauch
2 EL Öl
200 g Hirse
600 ml Gemüsebrühe
Salz
frisch gemahlener Pfeffer

Für die Gemüsebänder
450 g Möhren
450 g Zucchini
450 g Stangensellerie
3 EL Öl
Salz
grob gemahlener Pfeffer
1 TL gehacktes Selleriegrün

Für die Tomatensauce
700 g Tomaten
1 Knoblauchzehe
1 Zwiebel
2 EL Öl
Salz
frisch gemahlener Pfeffer
1 EL Thymianblättchen

Außerdem
40 g gehobelter junger Mimolette (französischer Kuhmilchkäse mit mind. 40 % F.i.T.; nussiger Geschmack)

1 Für das Hirsotto Zwiebel, Möhre und Petersilienwurzel schälen. Zwiebel und Gemüse (auch den Lauch) in kleine Würfel schneiden.

2 Das Öl in einem Topf erhitzen und das Gemüse darin hell anbraten. Die Hirse zugeben und kurz mitbraten. Die Gemüsebrühe angießen, einmal kurz aufkochen lassen, dann alles mit Salz und Pfeffer würzen. Die Hitze reduzieren und das Hirsotto im geschlossenen Topf in 20–25 Minuten körnig garen.

3 Für die Gemüsebänder die Möhren schälen, die Zucchini von Blüten- und Stielansätzen befreien und den Stangensellerie putzen. Alle drei Gemüsesorten der Länge nach in 1 mm dicke Scheiben schneiden. Die Möhren- und Zucchinischeiben anschließend in knapp 5 mm breite Streifen schneiden. Das Gemüse beiseitestellen.

4 Für die Tomatensauce die Tomaten blanchieren, häuten, halbieren, Stielansätze und Samen entfernen und das Fruchtfleisch fein würfeln. Knoblauchzehe und Zwiebel schälen und fein hacken.

5 Das Öl in einem Topf erhitzen. Knoblauch- und Zwiebelwürfel darin glasig dünsten. Die Tomaten zugeben und 5 Minuten mitdünsten. Die Sauce mit Salz und Pfeffer würzen und den Thymian untermischen.

6 Für die Gemüsebänder das Öl in einer Pfanne erhitzen. Zuerst die Möhrenstreifen darin 1 Minute braten, dann die Zucchini- und Stangenselleriestreifen dazugeben und alles zusammen noch 1 Minute braten. Mit Salz und geschrotetem Pfeffer würzen und mit gehacktem Selleriegrün bestreuen.

7 Das Hirsotto mit den Gemüsebändern und der Tomatensauce anrichten. Den gehobelten Käse über dem Gemüse verteilen.

Grünkernküchlein

mit Schmorgurken

Für die Küchlein
500 ml Gemüsebrühe
2 Knoblauchzehen
250 g geschroteter Grünkern
2 Zwiebeln
125 g Möhren
125 g Zucchini
20 g Butter
Salz
frisch gemahlener weißer Pfeffer
2 EL gehackte Kräuter (z. B. Rosmarin, Thymian, Basilikum, Petersilie und Selleriegrün)
1 Ei
50 g Sahne
frisch geriebene Muskatnuss
3 EL Öl

Für das Gurkengemüse
800 g Schmorgurken
2 kleine Zwiebeln
40 g Butter
Salz
frisch gemahlener weißer Pfeffer
60 ml Weißwein
100 g Sahne
2 EL gehackte Dillspitzen

1 Für die Küchlein die Brühe aufkochen. Den Knoblauch schälen, fein hacken und hinzufügen. Den Grünkernschrot einrühren und zugedeckt 20 Minuten ausquellen lassen; gelegentlich umrühren. Die Getreidemasse in eine Schüssel füllen und auskühlen lassen.

2 In der Zwischenzeit die Zwiebeln schälen und fein hacken. Möhren und Zucchini putzen und beide Gemüse in feine Streifen schneiden. Die Butter in einer Pfanne zerlassen und die Zwiebeln darin glasig dünsten. Zuerst die Möhren 3 Minuten, dann die Zucchinistreifen weitere 2 Minuten mitdünsten. Salzen und pfeffern.

3 Kräuter, Ei und Sahne zur Getreidemasse geben und gründlich darunterrühren. Das Ganze mit Salz, Pfeffer und Muskatnuss kräftig würzen, dann die Zwiebeln und die Gemüsestreifen untermischen. Aus dem Teig mit angefeuchteten Händen 8 Bratlinge (je etwa 100 g) formen.

4 Das Öl in einer Pfanne erhitzen und die Grünkernküchlein darin pro Seite etwa 4 Minuten braten. Aus der Pfanne nehmen und warm halten.

5 Für das Gemüse die Gurken schälen, längs halbieren und die Samen mit einem Teelöffel oder einem Kugelausstecher entfernen. Das Fruchtfleisch quer in 1 cm breite Stücke schneiden.

6 Die Zwiebeln schälen und fein würfeln. Die Butter in einem Topf zerlassen und die Zwiebeln darin glasig dünsten. Die Gurken zugeben, mit Salz und Pfeffer würzen und mitdünsten. Sobald das Gemüse Saft gezogen hat, den Wein angießen und kurz aufkochen.

7 Die Gurken offen bei schwacher Hitze etwa 10 Minuten köcheln lassen, bis die Flüssigkeit fast verdampft ist. Sahne und Dillspitzen untermischen, alles bei schwacher Hitze erwärmen. Das Gurkengemüse zu den Küchlein servieren.

Gebratener Gemüsereis

mit Eiern

400 g Basmati-Reis
1 TL Salz
4 Eier
3 Schalotten
2 Knoblauchzehen
15 g frische Ingwerwurzel
2 rote Chilischoten
3 Frühlingszwiebeln
200 g grüne Bohnen
150 g Möhren
1 Stange Sellerie
250 g Tomaten
5 EL Öl
100 ml Gemüsefond
2 EL vegetarische Austernsauce
3 EL helle Sojasauce
Salz
frisch gemahlener Pfeffer
½ TL gemahlene Kurkuma
40 g Kemirinüsse, gehackt und geröstet
abgeriebene Schale und Saft von ½ Limette
½ TL geriebener Palmzucker oder Zucker
Korianderblättchen zum Bestreuen

1 Den Reis in einem Sieb mit kaltem Wasser abbrausen. In einem Topf 1 l Wasser mit dem Salz zum Kochen bringen, den Reis zuschütten und einmal aufkochen lassen. Die Hitze reduzieren und den Reis im geschlossenen Topf in etwa 15 Minuten bissfest garen. In ein Sieb schütten und gut abtropfen lassen.

2 Die Eier in etwa 8 Minuten hart kochen, dann abgießen und kalt abschrecken. Die Eier schälen und warm halten.

3 Schalotten, Knoblauch und Ingwer schälen und fein hacken. Die Chilischoten von den Samen befreien und in dünne Ringe schneiden.

4 Frühlingszwiebeln putzen und ebenfalls in Ringe schneiden. Grüne Bohnen waschen, putzen und in 3 cm lange Stücke brechen. Die Möhren schälen und in dünne, 4 cm lange Stifte, die Selleriestange in Scheiben schneiden. Die Tomaten blanchieren, häuten, von den Samen befreien und in 1 cm große Würfel schneiden.

5 Im Wok oder in einer Pfanne 2 EL Öl erhitzen; Reis darin unter Rühren 2–3 Minuten braten. Herausnehmen; beiseitestellen. Restliches Öl in Wok bzw. Pfanne erhitzen. Schalotten, Knoblauch, Ingwer 1 Minute darin braten.

6 Frühlingszwiebeln, Bohnen, Möhren, Chiliringe und Sellerie zugeben; alles 3 Minuten pfannenrühren. Den Gemüsefond angießen, aufkochen und das Gemüse 5 Minuten köcheln lassen. Nach 3 Minuten die Tomaten zugeben und mitköcheln.

7 Das Gemüse mit Austern- und Sojasauce, Salz, Pfeffer und Kurkuma würzen. Dann die Kemirinüsse, Limettenschale und -saft sowie Palmzucker und gebratenen Reis zugeben. Alles vorsichtig vermischen und abschmecken. Den Gemüsereis in Schälchen anrichten. Die Eier längs halbieren und auf den Reis legen. Mit Korianderblättchen garnieren.

Tipp In der asiatischen Küche werden Kemirinüsse zum Binden und Würzen von Gerichten wie Suppen und Currys verwendet. Falls Sie diese Nüsse nicht bekommen sollten, können Sie stattdessen 1–2 TL Speisestärke zum Andicken des Gemüses nehmen.

Reiskugeln

mit zweierlei Käse gefüllt

Für die Reiskugeln
2 Schalotten
30 g Butter
200 g Arborio-Reis
50 ml Weißwein
1 l Gemüsebrühe
Salz
frisch gemahlener weißer Pfeffer
60 g Butterkäse, gerieben
60 g Blauschimmelkäse

Für die Tomaten-Paprika-Sauce
1 rote Paprikaschote
700 g Tomaten
1 Zwiebel
1 Knoblauchzehe
3 EL Olivenöl
Salz
frisch gemahlener weißer Pfeffer

Für die Panade
2 Eier
150 g frische Weißbrotbrösel

Außerdem
Öl zum Frittieren
Oreganoblättchen

1 Den Backofen auf 220 °C vorheizen. Die Schalotten schälen und hacken. Die Butter in einem Topf zerlassen und die Schalotten darin glasig dünsten. Den Reis auf einmal dazuschütten und unter Rühren glasig werden lassen.

2 Den Wein zugießen und etwas reduzieren. Nach und nach die Gemüsebrühe angießen und den Reis in etwa 15 Minuten garen, zwischendurch immer wieder umrühren. Den Reis salzen und pfeffern. Etwas abkühlen lassen. Den Butterkäse untermischen.

3 Für die Sauce die Paprikaschoten im heißen Ofen rösten, bis die Haut angekohlt ist und Blasen wirft. Die Schoten herausnehmen und in einem Gefrierbeutel abkühlen lassen. Anschließend häuten, halbieren sowie Samen und Trennwände entfernen. Fruchtfleisch klein würfeln.

4 Die Tomaten blanchieren und häuten. Anschließend halbieren, von Stielansätzen und Samen befreien und würfeln.

5 Zwiebel und Knoblauch schälen und fein würfeln. Das Öl in einer Pfanne erhitzen; Zwiebel und Knoblauch darin glasig dünsten. Tomaten- und Paprikawürfel zugeben. Alles mit Salz und Pfeffer würzen, dann bei schwacher Hitze etwa 15 Minuten köcheln lassen.

6 Den Blauschimmelkäse in 12 gleich große Würfel schneiden. Die Reis-Käse-Mischung in 12 Portionen (je 50 g) teilen und etwas flach drücken. Jeweils einen Käsewürfel in die Mitte legen, den Reis rundherum zusammendrücken und die Portionen zu Kugeln formen.

7 Für die Panade die Eier in einem tiefen Teller verquirlen. Die Brösel in einen weiteren Teller geben. Die Reisbällchen zuerst in Ei, dann in den Bröseln wenden und in 5 Minuten in nur 60 °C heißem Öl frittieren. Mit einem Schaumlöffel herausheben; auf Küchenpapier abtropfen lassen. Mit der Tomaten-Paprika-Sauce anrichten und mit Oreganoblättchen bestreuen.

Kreolischer Reis

1 Zwiebel
2 Knoblauchzehen
500 g Tomaten
1 grüne Paprikaschote
1 gelbe Paprikaschote
2 EL Öl
4 EL Tomatenmark
½ TL Thymianblättchen
Salz
frisch gemahlener Pfeffer
1 Spritzer Tabascosauce (oder nach Geschmack)
1 Dose rote Kidneybohnen (400 g)
200 g Langkornreis
4 EL gehacktes Koriandergrün
450 ml Gemüsebrühe
2 EL Limettensaft

Außerdem
Thymianblättchen zum Bestreuen

1 Die Zwiebel und die Knoblauchzehen schälen und fein würfeln. Die Tomaten unten kreuzweise einritzen, mit kochend heißem Wasser übergießen, abschrecken und häuten. Anschließend grob würfeln. Paprikaschoten waschen, halbieren, von Samen und Trennwänden befreien und in Streifen schneiden.

2 Das Öl in einem Topf erhitzen. Die Zwiebel darin andünsten, dann Knoblauch, Tomatenmark, Tomatenstücke, Paprikawürfel und die Thymianblättchen untermischen. Die Gemüsemischung mit Salz, Pfeffer und Tabascosauce abschmecken.

3 Die Kidneybohnen in ein Sieb schütten, mit kaltem Wasser abspülen und abtropfen lassen. Mit Reis und Koriandergrün in den Topf geben und unter das Gemüse mischen. Die Gemüsebrühe und den Limettensaft dazugießen.

4 Den Topf mit dem Deckel schließen, den Inhalt aufkochen und das Gemüse bei schwacher Hitze 15–20 Minuten köcheln lassen, bis der Reis gar ist. Das Gericht mit Thymianblättchen bestreuen und servieren.

Tipps Statt der Kidneybohnen aus der Dose können Sie etwa 100 g getrocknete Kidneybohnenkerne verwenden. Diese in einem Topf mit Wasser bedecken und über Nacht einweichen. Am nächsten Tag im Einweichwasser oder in frischem Wasser (siehe Seite 128) in 45–60 Minuten weich garen.
Für mehr Schärfe 1 frische Chilischote mitkochen und vor dem Servieren aus dem Gericht entfernen. Besonders schnell ist dieses Gericht zubereitet, wenn Sie statt frischer Tomaten gehackte aus der Dose verwenden.

Gemüse-Bulgur mit Pilzen

10 g getrocknete Steinpilze
600 ml Gemüsefond
1 Zwiebel
1 Knoblauchzehe
50 g Möhre
30 g Petersilienwurzel
50 g Lauch
30 g Butter
300 g Bulgur
Salz
frisch gemahlener Pfeffer
1 EL gehackte Petersilie

Für die Pilze
400 g Maronen-Röhrlinge
30 g Butter
Salz
frisch gemahlener Pfeffer
1 EL gehackte Petersilie

1 Die getrockneten Steinpilze in 100 ml Gemüsefond 10 Minuten einweichen. Ausdrücken, die Einweichflüssigkeit beiseitestellen und die Pilze fein hacken.

2 Zwiebel, Knoblauch, Möhre und Petersilienwurzel schälen und alles klein würfeln. Lauch putzen, waschen und ebenfalls fein würfeln.

3 Die Butter in einem Topf zerlassen. Zwiebel und Knoblauch darin hell andünsten. Steinpilze, Möhren-, Petersilienwurzel- und Lauchwürfel kurz mitdünsten.

4 Den Bulgur zum Gemüse geben und alles 2–3 Minuten braten. Mit dem restlichen Gemüsefond und dem Einweichwasser der Pilze aufgießen. Die Bulgurmischung salzen, pfeffern und einmal aufwallen lassen, dann zugedeckt unter gelegentlichem Rühren bei schwacher Hitze 10–15 Minuten ausquellen lassen. Die gehackte Petersilie einstreuen und das Gericht abschmecken.

5 Die Maronen sorgfältig putzen und je nach Größe halbieren oder vierteln. Die Butter in einer Pfanne zerlassen und die Pilze darin 3–4 Minuten braten. Salzen, pfeffern und die Petersilie einstreuen. Den Gemüse-Bulgur mit den gebratenen Maronen-Röhrlingen auf Teller anrichten und sofort servieren.

Kürbisgemüse mit Reis

Für den Reis
5 g frische Ingwerwurzel
1 Chilischote
300 g Langkornreis
Salz

Für das Kürbisgemüse
1 kg Speisekürbis
100 g Frühlingszwiebeln
80 g Zwiebeln
10 g frische Ingwerwurzel
2 Chilischoten
3 EL Öl
½ TL Kardamomsamen
3 Nelken
1 TL gemahlener Kreuzkümmel
1 TL gemahlener Koriander
Salz

Außerdem
1 EL gehacktes Koriandergrün

1 Für den Reis den Ingwer schälen. Die Chilischote halbieren, Samen und Trennwände entfernen. Den Reis mit 750 ml Wasser, Salz, Ingwer und Chilischote in einen Topf geben. Aufkochen lassen, dann die Hitze reduzieren und den Reis in 15–20 Minuten garen.

2 Für das Gemüse den Kürbis schälen, die Kerne und weiches Inneres entfernen. Das Fruchtfleisch in 2 cm große Würfel schneiden. Die Frühlingszwiebeln putzen und in 3 cm lange Stücke schneiden. Die Zwiebeln und den Ingwer schälen und fein würfeln. Die Chilis halbieren, von Samen und Trennwänden befreien und fein hacken.

3 Das Öl in einem Topf erhitzen. Zwiebeln, Ingwer- und Chiliwürfel darin hell andünsten. Kardamomsamen und Nelken in den Topf geben und braten, bis die Gewürze zu duften beginnen.

4 Die Kürbiswürfel zufügen, Kreuzkümmel und Koriander untermischen und das Gemüse salzen. 300 ml Wasser zugießen und 10–12 Minuten köcheln lassen. Die Frühlingszwiebeln zum Kürbis geben und alles 3 Minuten köcheln lassen; abschmecken.

5 Den Reis (Chilischote und Ingwer entfernen) entweder unter das Gemüse mischen oder separat dazu reichen. Mit Koriandergrün bestreuen; servieren.

Ob Pasten und Saucen wie Pesto, Tomaten-, Spinat- oder Frankfurter Grüne Sauce – sie alle sorgen für die nötige Würze und eine cremige Konsistenz zahlreicher Gerichte. Sie lassen sich leicht zubereiten, vor allem mithilfe eines Stabmixers.

Gemüsesaucen und -pasten

Vegetarische Begleiter

Saucen und Pasten aus gekochtem oder rohem Gemüse sind leicht zubereitet und verleihen Nudeln, Kartoffeln, Bratlingen und anderem die besondere Note.
Klassisch zu Nudeln sind frische Tomatensauce oder ein Pesto aus Basilikum, Rucola oder getrockneten Tomaten (Pesto rosso). Beides können Sie gut auf Vorrat herstellen und portionsweise einfrieren. Und zu Kartoffeln oder hart gekochten Eiern reicht man traditionell die Frankfurter Grüne Sauce, die aus mindestens sieben Kräutern gemischt wird. Grundsätzlich eignet sich fast jede Gemüsesorte als Basis für die Zubereitung einer Sauce. Meist wird das Gemüse gegart (oder bereits gegartes weiterverarbeitet) und anschließend mit dem Stabmixer oder im Mixer, eventuell mit Kräutern und Gewürzen sowie etwas flüssiger Sahne, Crème fraîche oder saurer Sahne zu einer cremigen Sauce verarbeitet.

Pasten

Grundrezept: Grünes Pesto
Dieses Pesto können Sie statt mit Basilikum auch mit der entsprechenden Menge Rucola oder Bärlauch zubereiten.
Die Blättchen von 1 großen Bund Basilikum abzupfen. 2 EL Pinienkerne in einer trockenen Pfanne rösten. 2 Knoblauchzehen schälen. Alles mit Salz und 1 EL Olivenöl im Mixer pürieren, in eine Schüssel füllen; 50 g frisch geriebenen Parmesan untermischen. Mit Salz und frisch gemahlenem Pfeffer abschmecken.

Grundrezept: Rotes Pesto
300 g in Öl eingelegte getrocknete Tomaten in einem Sieb abtropfen lassen, das Öl dabei auffangen. Die Tomaten mit 50 g Pinienkernen, 1 TL Salz, frisch

gemahlenem Pfeffer, 3 Knoblauchzehen, 30 g Basilikumblättchen und 100 g geriebenem Pecorino pürieren. Das aufgefangene Öl unter die Paste rühren, eventuell noch etwas Olivenöl untermischen, bis die Paste cremig ist.

Pürierte Saucen

Frische Tomatensauce

1 kg Tomaten überbrühen, häuten, Stielansätze und Kerne entfernen und die Tomaten würfeln (siehe Seite 150). 1 Möhre, 100 g Knollensellerie, 1 Zwiebel und 2 Knoblauchzehen schälen und würfeln. 2 EL Olivenöl erhitzen, Zwiebel und Knoblauch darin kurz andünsten, Möhre und Sellerie dazugeben und 5 Minuten garen. Die Tomaten unterrühren, 1 TL gehackte Rosmarinnadeln, 1 EL Thymianblättchen und 2 Lorbeerblätter dazugeben. Mit Salz und frisch gemahlenem Pfeffer würzen, dann offen bei mittlerer Hitze etwa 30 Minuten köcheln lassen.

Rote-Bete-Sauce

250 g gegarte Rote Beten (nach Belieben vorgegarte Knollen aus der Vakuumpackung verwenden) in Würfel schneiden. 250 ml Gemüsefond mit 1 Lorbeerblatt und etwas getrocknetem Majoran aufkochen. Rote-Bete-Würfel zugeben und 5 Minuten zugedeckt in dem Fond garen. 1 EL Weißweinessig zufügen und weitere 3 Minuten köcheln lassen.
2 EL Walnusskerne hacken und 1 Handvoll Basilikumblättchen klein schneiden. Die Nüsse in die Brühe geben; alles pürieren. 2 EL Crème fraiche und Basilikum unterrühren, die Sauce mit Salz und frisch gemahlenem Pfeffer abschmecken.

Spinatsauce

150 g tiefgekühlten Blattspinat auftauen. 1 Zwiebel und 1 Knoblauchzehe schälen, würfeln und in 1 EL Olivenöl dünsten. Den Spinat und 100 ml Gemüsefond dazugeben und etwa 10 Minuten garen. 100 g Schafkäse zur Spinatmischung bröckeln und alles pürieren. Mit Salz, frisch gemahlenem Pfeffer und geriebener Muskatnuss würzen.

Zucchinisauce

250 g Zucchini waschen, putzen und würfeln. 2 EL Butter erhitzen, die Zucchiniwürfel darin hell anbraten, dann 100 ml Gemüsefond zufügen. Mit Salz und frisch gemahlenem Pfeffer würzen und in 10–15 Minuten weich garen, dann pürieren und 1–2 EL Crème fraîche unterheben. Die Sauce mit 1 EL fein gehackter Petersilie bestreuen und mit Salz und Pfeffer abschmecken.

Frankfurter Grüne Sauce

2 Eier hart kochen, pellen und fein hacken. Weitere 2 Eier trennen und die Eigelbe mit 2 EL Senf verrühren. Erst 2 EL Weißweinessig mit dem Schneebesen unterschlagen, dann nach und nach 8 EL Olivenöl unter ständigem Rühren dazu laufen lassen, bis eine cremige Mayonnaise entstanden ist. Die gehackten Eier und 250 g saure Sahne untermischen. 100 g gemischte Kräuter (es sollten 7 verschiedene sein, z. B. Petersilie, Schnittlauch, Pimpinelle, Sauerampfer, Kresse, Borretsch, Kerbel) waschen, trocken schütteln und fein hacken. In die Sauce rühren; mit Salz und Pfeffer abschmecken.

Die Frankfurter Grüne Sauce passt hervorragend zu Pellkartoffeln und hart gekochten Eiern.

Algen-Gemüse-Pilaw

150 g in Salz eingelegte Meeresspaghetti (Haricot de mer; siehe auch Tipp)
1 Stück Kürbis (etwa 300 g)
200 g Fenchelknolle mit Grün
2 Schalotten
50 g Butter
375 ml Weißwein
700 ml Gemüsefond
300 g Langkornreis
Salz
1 Messerspitze Safranfäden
20 g gebräunte Butter
Pfeffer

1 Die Algen (Meeresspaghetti) etwa 20 Minuten wässern. Inzwischen das Kürbisstück schälen, die Kerne und das wattige Innere entfernen und das Fruchtfleisch in 1 cm große Würfel schneiden. Die Fenchelknolle putzen, längs vierteln und quer in Streifen schneiden. Etwas Fenchelgrün zum Garnieren beiseitelegen.

2 Die Algen abtropfen lassen und so gegeneinander reiben, dass sich die äußere, braune Schicht ablöst. Die Algen in 5 cm lange Stücke schneiden. Gründlich waschen und 2–3 Minuten in kochendem Wasser garen. Abgießen, kalt abschrecken und bis zur weiteren Verwendung beiseitestellen.

3 Die Schalotten schälen und fein würfeln. 10 g Butter in einem Topf zerlassen und die Schalotten darin andünsten. Wein und Fond zugießen; alles aufkochen. Die Kürbiswürfel zugeben und die Mischung etwa 10 Minuten köcheln. Den Fenchel unterrühren und 5–8 Minuten mitgaren. Das Gemüse aus dem Sud heben und beiseitestellen. Den Garsud durch ein feines Sieb gießen.

4 Die restliche Butter im Topf zerlassen und den Reis darin andünsten. 600 ml vom Gemüsesud dazugießen und die Reismischung mit etwas Salz würzen. Die Safranfäden einstreuen, alles aufkochen und den Reis bei schwacher Hitze etwa 20 Minuten garen. Die gebräunte Butter zur Reismischung geben und das Ganze mit Pfeffer würzen. Nun das Gemüse und die vorbereiteten Algen unterheben.

5 Zwei Lagen Küchenpapier zwischen Topf und Deckel klemmen und den Reis 5–10 Minuten bei schwächster Hitze ausdampfen lassen. Den Pilaw abschmecken, mit Fenchelgrün garnieren und sofort servieren.

Tipp Die langen fülligen Blätter der Alge *Himantalia elongata* haben einen feinen muschelähnlichen Geschmack und sind äußerst vielseitig einsetzbar. Gut schmecken sie nicht nur mit Reis, sondern auch mit Nudeln, pur als Beilage oder klein gehackt in Rührei. Meeresspaghetti können am besten über das Internet bezogen werden.

Polentaschnitten

mit Steinpilzfüllung

Für die Polenta
750 ml Milch
½ TL Salz
frisch geriebene Muskatnuss
80 g Butter
150 g mittelfeiner Maisgrieß (Polenta)
1 TL Olivenöl

Für die Pilzfüllung
250 g Steinpilze
2 Schalotten
1 Knoblauchzehe
20 g Butter
1 EL gehackte Petersilie
1 TL Thymianblättchen
Salz
frisch gemahlener Pfeffer
2 EL Sahne
80 g Fontina (italienischer Rohmilchkäse mit süßlich-würzigem Geschmack)

Außerdem
Mehl
2 Eier, verquirlt
Semmelbrösel zum Panieren
125 ml Sonnenblumenöl

1 Die Milch mit Salz, Muskat und Butter in einer Kasserolle aufkochen. Vom Herd nehmen; den Maisgrieß mit einem Schneebesen einrühren und bei schwacher Hitze unter ständigem Rühren 10 Minuten quellen lassen. Ein Backblech mit Öl einpinseln und den Maisbrei 1 cm dick daraufstreichen und erkalten lassen.

2 Die Pilze putzen und grob hacken. Schalotten und Knoblauch schälen und fein würfeln. Die Butter in einer Pfanne zerlassen, Schalotten und Knoblauch darin hell andünsten.

3 Die Steinpilze zu Schalotten und Knoblauch geben und unter gelegentlichem Rühren braten, bis die Flüssigkeit verdampft ist, dann die gehackte Petersilie und die Thymianblättchen untermischen. Die Pilzmischung mit Salz und Pfeffer würzen. Die Sahne zugießen und alles kurz aufkochen. Die Pfanne vom Herd nehmen und die Pilzmischung etwas abkühlen lassen. Den Käse in kleine Würfel schneiden und unterrühren.

4 Die Polentaplatte auf dem Blech in 7 x 10 cm große Stücke schneiden. Die Hälfte der Stücke mit der Pilzfüllung bestreichen und mit den übrigen Polentastücken bedecken.

5 Die Schnitten panieren. Dafür diese zuerst in Mehl, dann in den verquirlten Eiern und schließlich in Semmelbröseln wenden.

6 Das Öl in einer großen beschichteten Pfanne erhitzen. Die Polentaschnitten (eventuell portionsweise) darin bei schwacher Hitze von allen Seiten goldbraun braten. Die Schnitten nach Belieben mit Tomatensauce (siehe Seite 343, Frische Tomatensauce) und Blattsalat servieren.

Amarant-Möhren-Bratlinge

150 g Amarant
300 ml Gemüsefond
200 g Möhren
1 Zwiebel
1 Ei
2 EL geriebener Bergkäse
2 EL gehackte Haselnusskerne
1 Bund Petersilie, gehackt
2 EL Mehl (mehr, falls nötig)
Salz
frisch gemahlener weißer Pfeffer
2–3 EL Sesamsamen
4 EL Öl

1 Den Amarant mit dem Gemüsefond in einem Topf aufkochen lassen und bei ganz schwacher Hitze im geschlossenen Topf in etwa 45 Minuten ausquellen lassen. Anschließend den dicken Getreidebrei in eine Schüssel füllen und etwas abkühlen lassen.

2 Inzwischen die Möhren putzen, schälen und grob raspeln. Die Zwiebel schälen und fein hacken. Möhren und Zwiebel zum Amarantbrei geben. Das Ei, den Käse, die gehackten Nüsse und die gehackte Petersilie ebenfalls in die Schüssel geben.

3 Alles mit den Händen zu einer geschmeidigen Masse vermengen, dabei so viel Mehl zugeben, dass die Masse zusammenhält. Mit Salz und Pfeffer abschmecken.

4 Aus der Getreidemasse acht Bratlinge formen und diese in Sesamsamen wenden. In einer Pfanne das Öl erhitzen und die Bratlinge darin auf beiden Seiten goldgelb und knusprig braten. Die Bratlinge mit einem Curry- oder Kräuter-Dip servieren. Außerdem passt dazu Spinat, Brokkoli oder ein Blattsalat.

Tipp Für einen Curry-Dip etwas Öl in einer kleinen Pfanne erhitzen. 1 EL mildes Currypulver, 1 gehackte Schalotte, 1 gehackte Knoblauchzehe und ½ TL geriebene frische Ingwerwurzel zugeben und bei mittlerer Hitze rösten. Die Pfanne vom Herd nehmen und die Currymischung abkühlen lassen. 300 g Joghurt und den ausgepressten Saft von ½ Limette unter die Currymischung rühren. Mit Salz, Pfeffer und eventuell mehr Limettensaft abschmecken. Den Curry-Dip in eine Schale füllen und zu den Bratlingen servieren.

Quinoa mit Auberginengemüse

300 g Quinoa
3–4 Zweige Thymian
700 ml Gemüsebrühe
250 g kleine Auberginen
1 rote Paprikaschote
1 rote Zwiebel
4 EL Olivenöl, nach Bedarf mehr
200 g Kirschtomaten
2 Knoblauchzehen
300 ml Tomatensauce
(z. B. nach dem Rezept auf Seite 330 zubereitet)
200 g Ziegenfrischkäserolle mit Kräutern oder Schafkäse (Feta)
Salz
frisch gemahlener Pfeffer

1 Quinoa in einer Schüssel mit heißem Wasser übergießen, umrühren, dann in ein Sieb abgießen und gut abtropfen lassen. Mit der Gemüsebrühe und den Thymianzweigen in einen Topf geben und zum Kochen bringen. Zugedeckt bei schwacher Hitze etwa 20 Minuten köcheln lassen, bis alle Flüssigkeit aufgebraucht und die Körner weich sind.

2 Inzwischen die Auberginen längs in Viertel schneiden. Die Paprikaschote putzen und in Stücke schneiden, die Zwiebel schälen und ebenfalls in Stücke schneiden. Das Olivenöl in einer Pfanne erhitzen und das Gemüse darin unter gelegentlichem Wenden braten, bis es weich und gebräunt ist. Auf einen Teller geben und beiseitestellen.

3 Die Kirschtomaten waschen und trocken tupfen, dann in der Pfanne im verbliebenen Öl braten, bis sie gerade aufzuplatzen beginnen. Falls nötig, noch etwas Öl hinzufügen. Die Tomaten zum Gemüse geben. Den Knoblauch schälen und fein hacken.

4 Den Backofen auf 200 °C vorheizen. Die gegarten Quinoakörner in eine ofenfeste flache Form geben. Das gebratene Gemüse und den Knoblauch darauf verteilen. Alles mit der Tomatensauce begießen und mit etwas Salz und Pfeffer bestreuen; Quinoa, Gemüse und Sauce leicht mischen.

5 Die Ziegenkäserolle in Scheiben oder den Schafkäse in Würfel schneiden. Den Käse auf der Quinoamischung verteilen. Die Form mit Alufolie verschließen und das Gericht 25–30 Minuten im heißen Ofen backen.

Tipp Quinoa sorgt für Abwechslung in der vegetarischen Küche: Man kann es in fast allen Rezepten statt Reis verwenden, sei es zum Füllen von Gemüse, in Form von Risotto oder als Zutat für einen Salat. Generell gilt: Quinoa mit heißem Wasser waschen, dann in der doppelten Menge Flüssigkeit bei schwacher Hitze in etwa 20 Minuten ausquellen lassen und nach Rezept weiterverarbeiten.

Pizza, Crêpe, Terrine und Pastete

Pizza mit Gemüsebelag

Für den Teig
300 g Mehl
½ Würfel Hefe
½ TL Salz, 4 EL Olivenöl

Für die Tomatensauce
250 g Tomaten
1 Chilischote
1 Zwiebel, 1 Knoblauchzehe
2 EL Olivenöl
1 EL Tomatenmark
½ TL Salz, frisch gemahlener weißer Pfeffer
2 EL gehackte Kräuter (Basilikum, Petersilie, Rosmarin und Thymian)

Für den Belag
2 Zwiebeln, 1 Knoblauchzehe
je 1 kleine rote, gelbe und grüne Paprikaschote
1 Aubergine, 1 Zucchini
300 g Flaschentomaten
3–4 EL Olivenöl
Salz, frisch gemahlener Pfeffer

Außerdem
50 g schwarze Oliven
200 g Mozzarella, in Scheiben
80 g Schafkäse (Feta), zerbröckelt
Salz, frisch geschroteter Pfeffer
1 EL gehackte Kräuter
2 EL Olivenöl zum Beträufeln

1 Mehl in eine Schüssel sieben. In die Mitte eine Mulde drücken; Hefe hineinbröckeln, 125 ml lauwarmes Wasser zugießen; Hefe darin auflösen, Mehl darüberstreuen. Die Schüssel mit einem Tuch bedecken, Teig an einem warmen Ort gehen lassen, bis die Oberfläche Risse zeigt. Salz und Öl zugeben, alles zu einem Teig verkneten. Gehen lassen, bis sich der Teig verdoppelt hat.

2 Für die Sauce die Tomaten würfeln. Chili halbieren, von den Samen befreien und fein hacken. Zwiebel und Knoblauch schälen und fein hacken. Öl erhitzen, Zwiebel und Knoblauch darin glasig dünsten. Tomaten zugeben und 10 Minuten mitdünsten. Tomatenmark einrühren; salzen und pfeffern. Kräuter und Chilischote untermischen; die Sauce noch 5 Minuten köcheln lassen.

3 Den Backofen auf 220 °C vorheizen. Für den Belag Zwiebeln und Knoblauch schälen. Zwiebeln in Stücke, Knoblauch in Scheiben schneiden. Paprika putzen und in Streifen schneiden. Aubergine und Zucchini putzen. Aubergine in Würfel, Zucchini in Scheiben schneiden. Tomaten blanchieren, häuten und vierteln. Öl erhitzen; Zwiebeln und Knoblauch kurz darin dünsten. Aubergine und Zucchini zugeben, 2–3 Minuten mitbraten. Paprika untermischen. Salzen, pfeffern. Abkühlen lassen.

4 Teig halbieren, zu zwei ovalen Fladen ausrollen, mit der bemehlten Hand von innen nach außen etwas auseinanderziehen. Mehrmals mit einer Gabel einstechen. Je einen Fladen auf ein Backblech legen, mit Tomatensauce bestreichen und mit Gemüse belegen. Oliven und Mozzarella auf die Pizzas legen. Schafkäse darüberstreuen; salzen, pfeffern und mit Kräutern bestreuen. Mit Olivenöl beträufeln. 25 Minuten im heißen Ofen (unten) backen.

Pizza mit Tofu und Sprossen

Für den Teig
150 g Weizenvollkornmehl
150 g Weizenmehl Type 550
½ Würfel Hefe
4 EL Olivenöl
1 TL Salz

Für den Belag
200 g Tofu
2 Knoblauchzehen
6 EL Sonnenblumenöl
4 EL Sojasauce
2 TL mildes Currypulver
1 Messerspitze Cayennepfeffer
2 TL geriebene frische Ingwerwurzel
abgeriebene Schale von ½ Bio-Zitrone
1 Bund Frühlingszwiebeln
2 rote Paprikaschoten
200 g Austern- oder Shiitakepilze
1 Bund Petersilie
Salz
frisch gemahlener Pfeffer
2 TL Kürbiskerne
100 g Sprossen (z. B. Radieschen-, Rettich- oder Linsensprossen)

Außerdem
Öl und Mehl für das Backblech

1 Zuerst für den Belag den Tofu in Würfel schneiden und in eine kleine Schüssel geben. Den Knoblauch schälen und zerdrücken. Aus 4 EL Sonnenblumenöl, Sojasauce, Currypulver, Cayennepfeffer, Knoblauch, Ingwer und Zitronenschale eine Marinade rühren. Die Marinade über den Tofu gießen und diesen etwa 30 Minuten ziehen lassen.

2 Inzwischen für den Teig die Mehle in eine Schüssel häufen. Eine Mulde in die Mitte drücken und die Hefe hineinbröckeln. 50 ml lauwarmes Wasser dazugießen und die Hefe darin unter Rühren auflösen, dabei etwas Mehl vom Rand untermischen. Mit etwas Mehl bestreuen und den Vorteig zugedeckt etwa 15 Minuten bei Raumtemperatur gehen lassen, bis Risse an der Oberfläche erkennbar sind.

3 Olivenöl, Salz und etwa 100 ml lauwarmes Wasser in die Schüssel zum Vorteig geben und alle Zutaten zu einem weichen Teig verkneten. Den Teig zugedeckt 30 Minuten gehen lassen, bis sich sein Volumen fast verdoppelt hat.

4 Den Backofen auf 230 °C vorheizen. Die Frühlingszwiebeln waschen, putzen und in dünne Ringe schneiden. Die Paprikaschoten waschen, putzen und in feine Streifen schneiden. Die Pilze trocken abreiben, in Streifen schneiden. Die Petersilie grob hacken.

5 In einer Pfanne das restliche Öl (2 EL) erhitzen und das Gemüse kurz darin anbraten. Mit 4–5 EL Tofu-Marinade ablöschen, dann 3–4 Minuten dünsten. Falls nötig, die Gemüsemischung mit etwas Salz und Pfeffer abschmecken. Etwas abkühlen lassen.

6 Ein Backblech mit Öl fetten und mit etwas Mehl bestauben. Den Teig auf dem Blech zu einem etwa 30 cm großen Kreis formen, dabei soll ein dickerer Rand entstehen. Das Gemüse mit einem Schaumlöffel aus der Pfanne heben und auf dem Teigboden verteilen.

7 Die Tofuwürfel in einem Sieb abtropfen lassen und gleichmäßig auf den Gemüsebelag geben. Die Kürbiskerne darüberstreuen. Die Pizza 20–25 Minuten im heißen Ofen (unten) backen.

8 Die Sprossen in einem Sieb abbrausen, gut abtropfen lassen und auf die heiße Pizza streuen. Die Pizza in Stücke schneiden und sofort servieren.

Warme Gemüsequiche

Für den Teig
150 g Dinkelvollkornmehl
50 g Weizenmehl
100 g kalte Butter, in Stücken
¼ TL Salz

Für den Belag
2 kleine Zucchini
200 g Flaschentomaten
3 Frühlingszwiebeln
100 g Champignons
40 g Butter
Salz
frisch gemahlener weißer Pfeffer
1 EL gehackte Kräuter (Salbei und Thymian)
80 g Greyerzer, gerieben

Für den Guss
100 g Sahne
100 g Crème fraîche
1 Knoblauchzehe, fein gehackt
3 Eier
Salz
frisch gemahlener weißer Pfeffer

Für die Sauce
150 g Crème fraîche
Salz
frisch gemahlener weißer Pfeffer
1 EL gehackte Kräuter (Schnittlauch und Petersilie)
½ Knoblauchzehe, fein gehackt

Außerdem
Mehl für die Arbeitsfläche

1 Beide Mehlsorten auf eine Arbeitsfläche häufen und in die Mitte eine Mulde drücken. Die Butterstückchen, 4 EL Wasser und Salz in die Mulde geben. Alles mit den Händen rasch zu einem glatten Teig verkneten, den Teig in Folie wickeln und für etwa 1 Stunde kühl stellen. Man kann den Teig auch in der Küchenmaschine zubereiten.

2 Inzwischen für den Belag die Zucchini putzen und in dünne Scheiben schneiden. Die Tomaten blanchieren, häuten, achteln und die Stielansätze entfernen. Frühlingszwiebeln und Champignons putzen und ebenfalls in dünne Ringe bzw. Scheiben schneiden.

3 Die Butter in einer Pfanne zerlassen und das Gemüse darin 2–3 Minuten andünsten. Mit Salz und Pfeffer würzen, Salbei und Thymian unterrühren und die Gemüsemischung in der Pfanne auskühlen lassen.

4 Den Teig auf einer leicht bemehlten Arbeitsfläche zu einem etwa 4 mm dicken Kreis ausrollen, der etwas größer als die Quicheform (26 cm Ø) ist.

5 Den Backofen auf 200 °C vorheizen. Die ungefettete Form mit dem Teig auskleiden. Den Teig mit einer Gabel mehrfach einstechen und im heißen Ofen (Mitte) 10 Minuten blindbacken. Aus dem Ofen nehmen und etwas abkühlen lassen. Falls nötig, den Teigboden mit den Fingern vorsichtig flach drücken. Die Gemüsemischung auf dem Teigboden verteilen und mit dem geriebenen Käse bestreuen.

6 Für den Guss alle Zutaten in einer Schüssel verquirlen. Den Guss über die Quiche gießen und die Quiche im heißen Ofen (Mitte) etwa 40 Minuten backen.

7 Inzwischen für die Sauce Crème fraîche, Salz, Pfeffer und Kräuter cremig rühren, den Knoblauch zum Schluss untermischen. Die Sauce zur ofenwarmen Quiche servieren.

Tipp Nach diesem Rezept können Sie die unterschiedlichsten Gemüsequiches backen. Wie wäre es zum Beispiel mit einer Lauchquiche? Dafür einfach alles Gemüse durch Lauch ersetzen, ansonsten die Quiche wie beschrieben zubereiten.

Spinattörtchen mit Eierguss

Für den Teig
125 g Mehl, 125 g kalte Butter
125 g mittelalter Gouda, gerieben
1 Eigelb, ½ TL Salz
½ TL Paprikapulver

Für den Belag
1 kg Blattspinat, geputzt
2 Zwiebeln
1 Knoblauchzehe, 20 g Butter

Für den Guss
125 g Sahne
1 Ei, 1 Eigelb
Salz, frisch gemahlener Pfeffer
frisch geriebene Muskatnuss

Außerdem
Mehl zum Arbeiten
20 g Macadamianusskerne, gehackt und geröstet

1 Das Mehl auf eine Arbeitsfläche sieben und in die Mitte eine Mulde drücken. Die Butter in Stückchen, den Käse, das Eigelb sowie die Gewürze hineingeben und alles rasch zu einem glatten Teig verarbeiten. Teig in Folie wickeln; 1 Stunde kühl stellen.

2 Den Spinat waschen, tropfnass in einen Topf geben und bei starker Hitze zusammenfallen lassen. Abgießen und gut ausdrücken. Zwiebeln und Knoblauch schälen und fein hacken, in der Butter glasig dünsten; Spinat untermischen. Abkühlen lassen.

3 Für den Guss die Sahne, Ei und Eigelb verquirlen. Mit Salz, Pfeffer und Muskat würzen.

4 Den Backofen auf 200 °C vorheizen. Auf einer bemehlten Arbeitsfläche den Teig etwa 5 mm dick ausrollen. 4 ungefettete Tartelettförmchen (je 12 cm Ø) damit auskleiden, dabei Teigränder hochziehen. Überstehenden Teig an den Rändern abschneiden. Die Teigböden mit einer Gabel mehrmals einstechen und die Tarteletts etwa 10 Minuten im heißen Ofen (Mitte) vorbacken.

5 Die Förmchen aus dem Ofen nehmen. Die Spinat-Zwiebel-Mischung auf die Förmchen verteilen und den Eierguss darübergießen. Die Spinattörtchen 20 Minuten (Mitte) backen. Herausnehmen; mit den Macadamianüssen bestreuen; warm servieren.

Spargelkuchen

Für den Teig
250 g Mehl
125 g kalte Butter, in Stücken
½ TL Salz
1 Ei

Für den Belag
700 g weißer Spargel
Salz
125 g junge Erbsen

Für den Guss
3 Eier
125 g Sahne
Salz
frisch gemahlener Pfeffer
1 Eiweiß

Außerdem
1 Bund Schnittlauch, in Röllchen geschnitten

1 Das Mehl auf eine Arbeitsplatte häufen, die Butter darüber verteilen; alles mit den Händen zu Streuseln verreiben. Salz, 1–2 EL kaltes Wasser und das Ei dazugeben und alles rasch zu einem glatten Teig verkneten. In Folie einschlagen und für mindestens 1 Stunde kühl stellen.

2 Den Spargel schälen und in 4 cm große Stücke schneiden. In sprudelnd kochendem Salzwasser 5–8 Minuten garen. Herausnehmen; gut abtropfen lassen.

3 Den Backofen auf 200 °C vorheizen. Den Teig auf einer bemehlten Arbeitsfläche 5 mm dick ausrollen und eine Quicheform (26 cm Ø) damit auskleiden. Den Teigboden mit einer Gabel mehrmals einstechen und im heißen Ofen (Mitte) etwa 15 Minuten backen. Herausnehmen und etwas abkühlen lassen. (Den Backofen nicht ausschalten!) Falls nötig, den Teigboden mit den Fingern flach drücken.

4 Erbsen und Spargelstücke auf dem Teigboden verteilen. Für den Guss die Eier mit der Sahne verquirlen, salzen und pfeffern. Das Eiweiß zu steifem Schnee schlagen und unterheben. Den Eierguss über das Gemüse gießen; den Kuchen 35–40 Minuten (Mitte) backen. Herausnehmen und leicht abkühlen lassen. Mit Schnittlauchröllchen bestreuen und noch lauwarm servieren.

Gemüsestrudel

mit Kräuterjoghurt

150 g Wirsing
1 Stange Lauch
1 kleine Möhre
1 mehligkochende Kartoffel (150 g)
1 EL Olivenöl
Salz
frisch gemahlener Pfeffer
5 EL Gemüsebrühe
100 g Kräuter-Crème-fraîche
1 Ei
½ TL rosenscharfes Paprikapulver (oder nach Geschmack)
1 Strudelteigblatt (100 g)
1 EL Semmelbrösel
1 EL Butter, zerlassen

Für den Kräuterjoghurt
200 g Joghurt
4 EL Crème fraîche
2 EL Schnittlauchröllchen
1 EL Zitronensaft
Salz
frisch gemahlener weißer Pfeffer

Außerdem
Mehl zum Arbeiten

1 Wirsing, Lauch und Möhre putzen, die Kartoffel schälen. Den Wirsing in Streifen, den Lauch in Scheiben, die Möhre in dünne Scheiben und die Kartoffel in kleine Würfel schneiden.

2 Das Öl in einer Pfanne erhitzen. Alles Gemüse und die Kartoffel darin kurz andünsten, dann mit Salz und Pfeffer würzen. Die Gemüsebrühe zufügen und alles zugedeckt in etwa 15 Minuten bei mittlerer Hitze bissfest dünsten. Die Gemüsemischung etwas abkühlen lassen.

3 Inzwischen die Kräuter-Crème-fraîche mit Ei, Salz und Paprikapulver verquirlen. Den Eierguss zur Gemüsemischung gießen und unterrühren.

4 Den Backofen auf 200 °C vorheizen. Ein Backblech mit Backpapier belegen. Das Strudelblatt auf einem dünn bemehlten Geschirrtuch ausbreiten. Den Teig mit den Semmelbröseln bestreuen, dann das Gemüse darauf verteilen, dabei einen etwa 5 cm breiten Rand frei lassen. Die freien Seitenränder über das Gemüse schlagen und den Teig mithilfe des Tuchs aufrollen.

5 Den Strudel mit der Naht nach unten auf das Backblech legen. Den Strudel mit zerlassener Butter bestreichen und im heißen Ofen (Mitte) 25–30 Minuten backen.

6 Für den Kräuterjoghurt den Joghurt mit Crème fraîche, Schnittlauch und Zitronensaft cremig rühren. Mit Salz und Pfeffer abschmecken. Zum Strudel servieren.

Tipp Statt Strudelteig können Sie Filo- oder Yufkateig, aber auch Pizzateig verwenden. Bei Filo- und Yufkateig mehrere Blätter mit flüssiger Butter dazwischen übereinanderlegen, dann die Füllung daraufgeben. Den Hefeteig so dünn wie möglich ausrollen und wie beschrieben weiterverfahren. Wird für dieses Rezept Hefeteig verwendet, entsteht eine kompaktere Rolle als mit Strudel- oder Filo- bzw. Yufkateig.

Quiche mit grünem Spargel

und Tomaten

Für den Teig
200 g Mehl
150 g kalte Butter, in Stückchen
½ TL Salz

Für den Belag
500 g grüner Spargel
100 g Cocktailtomaten
300 ml Milch
100 g Sahne
4 Eigelbe
3 Eier
Salz
frisch gemahlener Pfeffer
frisch geriebene Muskatnuss

Außerdem
Mehl zum Arbeiten
Butter für die Form

1 Für den Teig das Mehl auf eine Arbeitsfläche häufen und in die Mitte eine Mulde drücken. Die Butterstückchen, 3 EL kaltes Wasser und das Salz hineingeben. Alles rasch mit den Händen zu einem glatten Teig kneten. (Den Teig kann man auch in der Küchenmaschine herstellen.) Den Teig zu einer Kugel formen, in Frischhaltefolie wickeln und mindestens 30 Minuten kühl ruhen lassen.

2 Inzwischen für den Belag den Spargel waschen, die unteren Enden abschneiden und, falls nötig, die Stangen im unteren Drittel schälen. Die Stangen in etwa 6 cm lange Stücke schneiden. Die Tomaten waschen und halbieren, dabei die Stielansätze entfernen.

3 Den Backofen auf 200 °C vorheizen. Den gekühlten Teig auf einer bemehlten Arbeitsfläche zu einem etwa 30 cm großen Kreis ausrollen.

4 Eine Quicheform (26 cm Ø) mit Butter fetten und mit dem Teig auskleiden. Den Teigboden mit einer Gabel mehrmals einstechen und im heißen Ofen (Mitte) etwa 15 Minuten blindbacken. Herausnehmen. Den Ofen nicht ausschalten.

5 Spargel und Tomaten auf den Teigboden verteilen. Die Milch mit der Sahne, den Eigelben und den Eiern verquirlen. Den Eierguss mit Salz, Pfeffer und Muskatnuss würzen. Gleichmäßig über Spargel und Tomaten gießen.

6 Die Quiche in den heißen Ofen (Mitte) stellen und etwa 45 Minuten backen. Falls nötig, den Kuchen vor Ende der Backzeit mit Alufolie bedecken, damit er nicht zu dunkel wird.

Marokkanische Briks

mit Gemüse-Ei-Füllung

16 runde Brik- oder Yufkateigblätter (etwa 22 cm Ø)
1 Eiweiß

Für die Füllung
350 g rote Spitzpaprikaschoten
250 g hellgrüne Zucchini
1 grüne Peperoni
2 weiße Zwiebeln
2 Knoblauchzehen
2 EL Olivenöl
Salz
frisch gemahlener Pfeffer
¼ TL gemahlener Kreuzkümmel
1 TL edelsüßes Paprikapulver
1 EL gehackte Petersilie
1 EL gehacktes Koriandergrün
8 Eier

Außerdem
Öl zum Ausbacken

1 Die Paprikaschoten halbieren, Samen und Trennwände entfernen. Von den Zucchini die Enden abschneiden. Paprika und Zucchini in sehr kleine Würfel schneiden. Die Peperoni von den Samen befreien und hacken.

2 Zwiebeln und Knoblauch schälen und fein würfeln. Olivenöl in einer Pfanne erhitzen; Zwiebel- und Knoblauchwürfel darin glasig dünsten. Paprika, Zucchini und Peperoni zugeben und dünsten, bis alle Flüssigkeit verdampft ist. Salz, Pfeffer, Kreuzkümmel, Paprikapulver, Petersilie und Koriandergrün unterrühren. Auskühlen lassen.

3 Je 2 Teigblätter in einen tiefen Teller legen und weiterverfahren, wie in der Bildfolge unten gezeigt. Das Öl in einem weiten Topf auf 180 °C erhitzen. Die Teigtaschen portionsweise darin in 3–4 Minuten goldgelb ausbacken; dabei einmal wenden. Mit einem Schaumlöffel herausheben und auf Küchenpapier gründlich abtropfen lassen.

Tipp Reichen Sie zu den Teigtaschen eine würzige Olivensauce. Dafür 100 g entsteinte grüne Oliven fein hacken und in eine Schüssel geben. ½ fein gewürfelte weiße Zwiebel, 4 EL Olivenöl, 2 EL Weißweinessig, Salz, frisch gemahlener Pfeffer, 1 Spritzer Zitronensaft sowie 1 EL gehackte Petersilie und 1 EL gehacktes Koriandergrün hinzufügen und alles miteinander verrühren.

Ein Achtel der Gemüsefüllung auf jeweils 2 Teigblättern verteilen; in die Mitte ein aufgeschlagenes Ei gleiten lassen.

Die Teigränder mit Eiweiß bestreichen und die Teigblätter in der Mitte zusammenklappen, so dass Halbmonde entstehen.

Die oberen Ränder ebenfalls mit Eiweiß bestreichen und die gefüllten Halbmonde nochmals falten. Die Ränder fest andrücken.

Spinat-Schafkäse-Taschen

3 Filoteigblätter (ca. 45 x 40 cm)
1 Ei, getrennt

Für die Füllung
1 Knoblauchzehe
1 weiße Zwiebel
250 g Blattspinat
250 g Schafkäse (Feta)
Salz
frisch gemahlener Pfeffer
1 Eiweiß

1 Für die Füllung Knoblauch und Zwiebel schälen und fein würfeln. Den Spinat waschen und putzen. Tropfnass in einen Topf geben und zugedeckt bei starker Hitze zusammenfallen lassen. Den Spinat in ein Sieb abgießen und abtropfen lassen; überschüssige Flüssigkeit ausdrücken. Den Spinat hacken und in eine Schüssel füllen.

2 Den Feta mit einer Gabel zerdrücken. Zum Spinat geben und untermischen. Die Masse mit Salz und Pfeffer würzen, dann das Eiweiß unterrühren.

3 Die Teigblätter aus der Packung nehmen und mit einem feuchten Geschirrtuch bedecken. Jedes Teigblatt von einer Längsseite her in etwa 6 cm breite Streifen schneiden.

4 Den Backofen auf 180 °C vorheizen. Die Teigstreifen füllen und zusammenfalten, wie in den Bildern unten gezeigt.

5 Die Schafkäse-Taschen im heißen Ofen (Mitte) in 10–12 Minuten knusprig backen. Herausnehmen und sofort servieren. Dazu passt Joghurt mit Minze und ein gemischter Blattsalat.

Tipp Die Spinat-Schafkäse-Taschen können statt im Ofen gebacken auch portionsweise in heißem Fett knusprig frittiert werden.

Für die Taschen 1 EL Füllung auf jeden Streifen setzen. Die Teigkante diagonal darüberklappen. Diagonal weiterfalten, bis der Teig aufgebraucht ist.

Das Streifenende mit Eiweiß bestreichen und festdrücken. Die gefalteten Täschchen auf ein leicht gebuttertes Blech legen und mit Eigelb bestreichen.

Spinat-Bärlauch-Soufflés

80 g Butter
30 g Mehl
250 ml Milch
40 g Sahne
Salz
frisch gemahlener weißer Pfeffer
frisch geriebene Muskatnuss
5 Eier
500 g Spinat
2 Schalotten
1 kleine Knoblauchzehe
100 g Bärlauch

Außerdem
8 Souffléförmchen mit je etwa 130 ml Inhalt
Butter und Semmelbrösel für die Förmchen

1 In einer Kasserolle 60 g Butter zerlassen. Das Mehl hinzufügen und unter Rühren hell andünsten. Die Milch unter ständigem Rühren langsam dazugießen und die Sauce 15 Minuten köcheln lassen, dabei immer wieder rühren, damit nichts am Topfboden ansetzt. Anschließend die Sahne dazugeben und die Sauce unter Rühren erneut aufkochen lassen; mit Salz, Pfeffer und Muskat würzen und abkühlen lassen.

2 Die Eier trennen. Die Eigelbe jeweils einzeln gründlich in die Sauce rühren und die Sauce in eine Schüssel umfüllen.

3 Den Spinat waschen, putzen und tropfnass in einen Topf geben. Die Blätter bei starker Hitze zugedeckt in kurzer Zeit zusammenfallen lassen. In ein feinmaschiges Sieb geben und abtropfen lassen; überschüssige Flüssigkeit ausdrücken.

4 Schalotten und Knoblauch schälen und fein würfeln. Spinat mit einem schweren Messer hacken. Bärlauch waschen und ebenfalls hacken.

5 Die restliche Butter (20 g) in einer Pfanne zerlassen. Spinat, Schalotten und Knoblauch in der Butter dünsten. Die Spinatmischung zur Sauce in die Schüssel geben, den Bärlauch hinzufügen und alles zusammen gründlich vermischen.

6 Die Eiweiße mit einer Prise Salz zu steifem Schnee schlagen. Den Eischnee unter die Soufflémasse heben.

7 Den Backofen auf 180 °C vorheizen. Die Förmchen gründlich mit Butter fetten und mit Semmelbröseln ausstreuen, anschließend kurz auf die Arbeitsfläche stoßen, damit eventuell vorhandene Luftblasen aus der Masse entweichen können.

8 Die Förmchen in das tiefe Backblech setzen. So viel warmes Wasser in das Blech füllen, dass die Förmchen zu zwei Drittel darin stehen. Die Soufflés etwa 20 Minuten im Ofen (Mitte) garen, bis die Oberfläche schön gebräunt ist und beginnt aufzureißen. Die Soufflés sofort in den Förmchen servieren.

Tomatenpastete

Für die Füllung
4 Schalotten (120 g)
3 Knoblauchzehen
800 g Flaschentomaten
200 g getrocknete Tomaten in Öl
3 EL Olivenöl
100 g geröstete Mandeln, gehackt
Schale von ½ Bio-Zitrone, fein gehackt
1 EL zerkleinertes Basilikum
2 Eier
Salz
frisch gemahlener Pfeffer

Außerdem
Butter für die Form und das Backblech
300 g tiefgekühlter Blätterteig, aufgetaut
1 Eigelb

1 Schalotten und Knoblauch schälen und fein hacken. Die Flaschentomaten blanchieren, vierteln, Stielansätze und Samen entfernen und das Fruchtfleisch klein würfeln. Die getrockneten Tomaten auf Küchenpapier gut abtropfen lassen; fein hacken.

2 Das Olivenöl in einem Topf erhitzen und Schalotten- und Knoblauchwürfel darin glasig andünsten. Das Fruchtfleisch der frischen Tomaten zugeben und im offenen Topf kochen, bis die Flüssigkeit vollständig verdampft ist. Vom Herd nehmen. Getrocknete Tomaten, Mandeln, gehackte Zitronenschale und das Basilikum untermischen; alles auf Raumtemperatur abkühlen lassen. Die Eier verquirlen und unter die Mischung rühren. Salzen und pfeffern.

3 Den Backofen auf 180 °C vorheizen. Eine Terrinenform (1 l Inhalt) mit Butter ausfetten und mit Backpapier auskleiden, das Papier ebenfalls fetten. Die Tomatenmasse in die Form füllen und glatt streichen. Im heißen Ofen (Mitte) 50–60 Minuten backen. Die Tomatenpastete aus dem Ofen nehmen und in der Form auskühlen lassen. Aus der Form stürzen und das Backpapier abziehen. Ofentemperatur auf 200 °C erhöhen.

4 Blätterteig auf einer dünn bemehlten Arbeitsfläche zu einem Rechteck (20 x 30 cm) ausrollen; Teigreste zum Dekorieren beiseitelegen. Die Tomatenpastete in die Mitte des ausgerollten Teigs legen und weiterverfahren, wie in der Bildfolge unten beschrieben. Aus den Teigresten Blätter ausstechen und diese blütenförmig um die Kaminlöcher der Pastete legen.

5 Die Pastete im heißen Ofen (Mitte) 15–20 Minuten backen. Herausnehmen; in Scheiben schneiden und sofort servieren.

Eine Teighälfte über die Pastete schlagen, oben mit Eigelb bepinseln, dann die andere. Die Pastete mit der Teignaht nach unten auf ein gefettetes Blech legen.

3 Löcher in die Oberfläche stanzen. Aus Alufolie 3 fingerdicke Kamine rollen und diese als Dampfabzug beim Backen in die Löcher stellen.

Das Eigelb mit 1 EL Wasser verquirlen und die Pastete damit bestreichen. Aus Teigresten Blätter für die Deko formen, diese mit Eigelb bepinseln.

Kräuter-Käse-Soufflé

60 g Butter
30 g Mehl
250 ml Milch
Salz
frisch gemahlener weißer Pfeffer
frisch geriebene Muskatnuss
4 EL Sahne
5 Eier
1 Knoblauchzehe
5 EL gehackte gemischte Kräuter (z. B. Petersilie, Schnittlauch, Salbei, Pimpinelle, Oregano, Basilikum, Borretsch)
150 g Emmentaler, gerieben

Außerdem
1 Souffléform mit 1 l Inhalt
Butter und Semmelbrösel für die Form

1 Die Butter in einer Kasserolle zerlassen. Das Mehl auf einmal dazugeben und unter ständigem Rühren bei schwacher Hitze in etwa 2–3 Minuten hell andünsten. Anschließend die Milch nach und nach unter Rühren dazugießen.

2 Die Sauce mit ½ TL Salz sowie Pfeffer und Muskatnuss abschmecken. Zum Kochen bringen und 20 Minuten köcheln lassen. Dabei immer wieder mit dem Schneebesen am Topfboden entlangfahren, damit die Sauce nicht ansetzt. Die Sahne unter die Sauce rühren; den Topf vom Herd nehmen und die Sauce etwas abkühlen lassen.

3 Die Eier trennen und die Eigelbe jeweils einzeln gründlich unter die Sauce schlagen; die Sauce in eine Schüssel umfüllen. Die Knoblauchzehe schälen und durch die Presse in die Sauce drücken. Die gehackten Kräuter und den geriebenen Emmentaler zugeben und alles gründlich unterrühren.

4 Die Eiweiße mit einer Prise Salz zu steifem Schnee schlagen. Den Eischnee mit einem Spatel vorsichtig unter die lauwarme Kräuter-Käse-Masse heben.

5 Die Souffléform gründlich mit Butter ausfetten und mit Semmelbröseln ausstreuen. Das Soufflé im heißen Ofen (Mitte) 35–40 Minuten backen. Vorsichtig aus dem Ofen nehmen, damit es nicht zusammenfällt und sofort servieren.

Tipp Servieren Sie das Soufflé als Vorspeise oder als leichtes Hauptgericht mit knusprigem Baguette und einem Tomatensalat oder aber mit einer aromatischen Tomaten- oder Spinatsauce (siehe Seite 342).

Käsesoufflé-Roulade

mit Zucchinifüllung und Tomatensalsa

Für die Roulade
30 g Butter
30 g Mehl
250 ml Milch
5 Eier
Salz, frisch gemahlener Pfeffer
60 g Parmesan, gerieben

Für die Zuccinifüllung
700 g Zucchini
2 Zwiebeln (80 g)
1 Knoblauchzehe
100 g Champignons
2 EL Olivenöl
Salz
frisch gemahlener Pfeffer
1 EL gehackte Kräuter (z. B. Thymian und Petersilie)
1 Ei

Für die Tomatensalsa
400 g Tomaten
1 weiße Zwiebel
1 kleine grüne Chilischote, von den Samen befreit
1 EL Weißweinessig
5 EL Olivenöl
Salz
1 EL Basilikumblätter, in Streifen geschnitten

Außerdem
1 lange, flache ofenfeste Form
Butter für die Form
zerlassene Butter zum Bestreichen
geriebener Parmesan zum Bestreuen

1 Für die Roulade die Butter in einer Kasserolle zerlassen und das Mehl darin unter Rühren andünsten. Die Milch unter ständigem Rühren langsam dazugießen und die Sauce 15 Minuten köcheln lassen. Anschließend die Sauce in eine Schüssel füllen und etwas abkühlen lassen. Die Eier trennen. Die Eigelbe jeweils einzeln unter die Sauce schlagen; salzen, pfeffern und den Parmesan unterrühren. Die Eiweiße mit einer Prise Salz zu steifem Schnee schlagen; den Eischnee unter die Käsemasse heben.

2 Den Backofen auf 180 °C vorheizen. Ein Backblech mit Backpapier belegen. Die Soufflémasse gleichmäßig darauf verstreichen und etwa 15 Minuten im heißen Ofen (Mitte) backen. Aus dem Ofen nehmen und die Souffléplatte auf einen Bogen Backpapier stürzen. Das obere Backpapier vorsichtig abziehen. (Backofen nicht ausschalten.)

3 Für die Füllung die Zucchini waschen und in ½ cm dicke Würfel schneiden. Zwiebeln und Knoblauch schälen und fein würfeln. Die Pilze putzen und fein hacken. Das Olivenöl erhitzen. Zwiebeln und Knoblauch darin andünsten. Zucchini und Pilze sowie Salz, Pfeffer und Kräuter zugeben; alles 10 Minuten dünsten, bis die Flüssigkeit fast verdampft ist. Das Gemüse etwas abkühlen lassen, dann das Ei unterrühren.

4 Die Form mit Butter fetten. Die Füllung auf der gebackenen Souffléplatte verteilen, dabei an den Seiten einen 2 cm breiten Streifen frei lassen. Die Souffléplatte von einer langen Seite her mithilfe des Backpapiers aufrollen. Die Roulade in die Form legen, mit zerlassener Butter bestreichen und mit Parmesan bestreuen; 15 Minuten im heißen Ofen (Mitte) backen.

5 Inzwischen für die Salsa die Tomaten mit kochend heißem Wasser überbrühen und häuten. Stielansätze und Samen entfernen und das Fruchtfleisch fein würfeln. Die Zwiebel schälen und fein hacken. Chilischote in feine Ringe schneiden. Alles in eine Schüssel füllen. Weißweinessig, Olivenöl und Salz unterrühren, zum Schluss das Basilikum untermischen.

6 Die Roulade aus dem Ofen nehmen, kurz ruhen lassen und in Scheiben schneiden. Die Rouladenscheiben mit der Tomatensalsa auf Tellern anrichten und sofort servieren.

Hafer-Käse-Soufflé

1 Schalotte
60 g Butter
50 g kernige Haferflocken
40 g Hafermehl
250 ml Milch
½ TL Salz
frisch gemahlener Pfeffer
frisch geriebene Muskatnuss
½ TL gemahlener Koriander
4 EL Sahne
1 Ei
1 EL gehackte Petersilie
½ EL gehackter Oregano
1 EL gehackte Salbeiblätter
4 Eier, getrennt
100 g Emmentaler oder Chester, gerieben

Außerdem
1 Souffléform von 1,2 l Inhalt
zerlassene, abgekühlte Butter
Hafermehl für die Form

1 Die Schalotte schälen und fein hacken. Die Butter in einer Kasserolle zerlassen, Schalotte und Haferflocken hineingeben und darin anbraten. Das Hafermehl darüberstreuen und bei schwacher Hitze unter Rühren 2–3 Minuten andünsten. Die Milch nach und nach unter Rühren mit dem Schneebesen dazugießen, so lange rühren, bis eine glatte Masse entstanden ist.

2 Die Masse mit Salz, Pfeffer, Muskatnuss und Koriander würzen. Einmal aufkochen lassen, dann bei schwacher Hitze 10 Minuten köcheln lassen, währenddessen immer wieder mit dem Schneebesen am Topfboden entlangfahren, damit die Masse nicht ansetzt. Die Sahne und das Ei dazugeben und gründlich unter die Masse rühren.

3 Den Topf vom Herd nehmen, die Kräuter und nacheinander die Eigelbe unterrühren. Erst sobald ein Eigelb vollständig untergearbeitet ist, das nächste hinzufügen. Den geriebenen Käse dazugeben. Die Masse in eine Rührschüssel umfüllen und etwas abkühlen lassen. Den Backofen auf 180 °C vorheizen.

4 Die Eiweiße zu steifem Schnee schlagen und mit einem Spatel unter die noch lauwarme Käsemasse heben. Die Souffléform mit zerlassener Butter ausfetten und mit Hafermehl ausstreuen. Überschüssiges Mehl aus der Form schütten.

5 Die Soufflémasse zu etwa zwei Drittel hoch in die Form füllen. Das Hafersoufflé im heißen Ofen (Mitte) 40–45 Minuten backen, bis es schön aufgegangen ist. Vorsichtig aus dem Ofen nehmen, damit es nicht zusammenfällt und sofort servieren. Dazu passt ein Blattsalat mit Tomaten.

Ein knuspriger Mürbeteigboden ist häufig die Basis für Quiches und Tartes. Aus Mehl, Butter, Ei und Salz lässt sich die einfachste Form des Mürbeteigs rasch mit den Händen zubereiten. Nach dem Kühlen kann man kleine oder große Formen damit auskleiden.

Grundteige

Für Pizza, Quiche und Tarte

Quiches, Pizzas oder Tartes sind wie geschaffen für die vegetarische Küche, denn ein Mürbeteigboden oder ein dünner Hefeteig lassen sich bestens mit den verschiedensten Gemüsesorten und -mischungen belegen. Als Belag eignen sich beispielsweise hervorragend Tomaten, Paprika, Brokkoli, Artischocken, Oliven, Peperoni, grüner Spargel, Champignons, Zwiebeln oder Zucchini, die mit in Scheiben geschnittenem Mozzarella, geriebenem Emmentaler oder zerbröckeltem Feta bestreut werden können. Alle Gemüse sollten vor dem Belegen gewaschen, geputzt und in kleine Stücke, dünne Streifen oder schmale Scheiben geschnitten werden. Würzen Sie nach Belieben mit Salz, Pfeffer, Basilikum, Thymian oder Oregano. Häufig wird das Gemüse auf dem Teig vor dem Backen mit einem würzigen Eierguss übergossen (siehe Seite 114 und Seite 379).

Grundrezept: Mürbeteig

Für Tartes und Quiches bereiten Sie einen Mürbeteig nach folgendem Rezept zu:
Für eine Form mit 26 cm Durchmesser 200 g Mehl auf die Arbeitsfläche geben und eine Mulde in die Mitte drücken. 100 g kalte Butter in Würfeln um die Mulde streuen, 1 Ei und 1 Prise Salz in die Mulde geben und alles mithilfe eines Messers zusammenhacken, dann mit den Händen rasch zu einem glatten Teig verkneten. Falls der Teig zu trocken (also zu krümelig) sein sollte, wenig Wasser dazugeben. Den Teig zur Kugel formen, in Frischhaltefolie wickeln und 25–30 Minuten im Kühlschrank ruhen lassen. Inzwischen kann man den Belag nach jeweiligem Rezept zubereiten. Um Quiche oder Tarte fertigzustellen, den gekühlten Teig auf einer bemehlten Arbeitsfläche auf Formgröße ausrollen und die

gefettete Form damit auskleiden; überstehenden Rand abschneiden. Den Teig mit einer Gabel mehrmals einstechen, Belag einfüllen und (falls im Rezept vorgesehen) mit Eierguss begießen. Den Kuchen nach Rezeptangabe backen.
Sie können den Teig nach Belieben mit getrocknetem Thymian, geriebenem Parmesan oder Paprikapulver aromatisieren und den Belag mit Pinienkernen oder Mandelblättchen bestreuen.

Grundrezept: Eierguss
200 g süße oder saure Sahne oder Milch mit 3 Eiern verquirlen. Nach Belieben mit geriebener Muskatnuss, Salz und Pfeffer sowie getrockneten Kräutern oder Paprika würzen.

Grundrezept: Pizzateig

300 g Mehl mit ½ TL Salz in einer Schüssel verrühren und in der Mitte eine Mulde formen. ½ Würfel Hefe in 125 ml lauwarmem Wasser verrühren und in die Mehlmulde gießen. Mit etwas Mehl vom Rand verrühren; zugedeckt 10 Minuten gehen lassen. 4 EL Olivenöl in die Schüssel geben, alle Zutaten in der Schüssel zu einem Teig verrühren. Anschließend alles auf einer leicht bemehlten Arbeitsfläche kräftig durchkneten. Sollte der Teig zu fest sein, wenig lauwarmes Wasser hinzufügen, ist er zu weich, noch etwas Mehl unterkneten. Den Teig zu einer Kugel formen; in der Schüssel zugedeckt etwa 45 Minuten gehen lassen, bis sich sein Volumen ungefähr verdoppelt hat. Den Teig in Größe des Backblechs oder rund ausrollen, dann auf ein heißes (dann wird der Boden schön knusprig) Blech geben. Nach Belieben belegen. Pizza im 200 °C heißen Ofen (Mitte) etwa 20 Minuten backen.
Aus dem Pizzateig können Sie auch Pizzabrötchen backen. Dafür den Teig zu kleinen Kugeln formen, auf ein mit Olivenöl gefettetes Backblech setzen und etwa 15 Minuten backen. Die Brötchen vor dem Backen nach Belieben mit Kräutern (z. B. gehackten Rosmarinnadeln, getrocknetem Oregano), grobem Meersalz, Pinien- oder Sonnenblumenkernen oder geriebenem Käse bestreuen.

Grundrezept: Tomatensugo
Eine Alternative zu frischen Tomaten als Pizzabelag ist ein Sugo, den Sie leicht selbst herstellen können: 1 kg aromatische Tomaten waschen, klein schneiden und die Blätter von 2 Basilikumstängeln abzupfen. 1 Zwiebel und 1 Knoblauchzehe schälen, würfeln und in einem Topf mit 2 EL Olivenöl in etwa 5 Minuten glasig dünsten. Die Tomaten und die Stiele vom Basilikum hinzufügen und unterrühren. Die Tomatenmischung ohne Deckel etwa 1 Stunde bei schwacher Hitze köcheln lassen. Anschließend den Sugo durch ein Sieb streichen, wieder in den Topf geben und noch etwas einkochen lassen. Mit Salz, frisch gemahlenem Pfeffer und etwas Zucker würzen, mit in Streifen geschnittem Basilikum verfeinern.
Den Sugo etwas abkühlen lassen und sofort auf den Pizzateig streichen oder ganz abkühlen lassen und portionsweise einfrieren.

Ein selbst gekochter Tomatensugo verleiht einer Pizza eine besonders aromatische und fruchtige Note. Es lohnt sich, gleich mehr davon auf Vorrat zu kochen und portionsweise einzufrieren.

Warme Kartoffelterrine

mit Ratatouillesalat

1 Knoblauchzehe
20 g zerlassene Butter
1 kg große mehligkochende Kartoffeln
Salz
1 Rolle fester Ziegenfrischkäse (250 g)

Für den Ratatouillesalat
1 kleine Zucchini
1 kleine Aubergine
4 Schalotten
1 Knoblauchzehe
1 Tomate
100 g schwarze Oliven
5 EL Olivenöl
1 EL Weißweinessig
1 TL Salz
frisch gemahlener Pfeffer
1 EL Thymianblättchen

Außerdem
1 Terrinenform von 1,2 l Inhalt
gebuttertes Pergamentpapier

1 Die Knoblauchzehe schälen und leicht andrücken. Die Terrinenform mit der Knoblauchzehe ausreiben und mit der zerlassenen Butter auspinseln.

2 Kartoffeln waschen, schälen und längs in 2 mm dicke Scheiben schneiden. Das geht am besten auf dem Gemüsehobel oder mit einer Aufschnittmaschine.

3 Die Kartoffelscheiben in sprudelnd kochendem Salzwasser 1 Minute garen, herausnehmen und auf einem Tuch sehr gut abtropfen lassen. Die Terrinenform damit auskleiden. Dafür den Boden und die langen Seitenwände der gefetteten Terrinenform mit den Kartoffelscheiben auslegen, so dass in der Mitte eine Mulde entsteht.

4 Den Ziegenkäse entrinden, der Länge nach in die Form legen und die Kartoffelscheiben darüberklappen. Die Form mit den restlichen Kartoffelscheiben auffüllen und mit gebuttertem Pergamentpapier bedecken. Damit die Kartoffelterrine schön fest und kompakt bleibt, auf die Oberfläche ein entsprechend großes Brett legen und dieses mit einem Gewicht (z. B. einer Konserve) beschweren.

5 Den Backofen auf 150 °C vorheizen. Die Terrine in das tiefe Backblech stellen und dieses mit heißem Wasser zwei Drittel hoch füllen. Die Terrine im heißen Ofen (Mitte) 1 Stunde garen.

6 Inzwischen den Ratatouillesalat zubereiten. Dafür Zucchini und Aubergine waschen, putzen und in 5 mm große Würfel schneiden. Die Schalotten schälen und in sehr dünne Scheiben schneiden. Die Knoblauchzehe schälen und fein hacken. Die Tomate blanchieren, häuten, Stielansatz und Samen entfernen und das Fruchtfleisch in 5 mm große Würfel schneiden.

7 In einer Pfanne das Öl erhitzen und die Auberginenwürfel darin scharf anbraten, anschließend die Zucchini 1 Minute mitbraten. Tomate und Oliven hinzufügen und alles 1 weitere Minute braten. In einer Schüssel Essig, Salz, Pfeffer und Thymian verrühren und das gebratene Gemüse untermischen.

8 Nach Ende der Garzeit die Kartoffelterrine aus dem Ofen nehmen. Etwas abkühlen lassen, dann aus der Form auf ein Schneidbrett stürzen. Die Terrine in Scheiben schneiden, diese mit Salz und Pfeffer würzen.

9 Die Terrinenscheiben mit dem Ratatouillesalat auf Tellern anrichten und warm servieren.

Kürbis-Brokkoli-Terrine

750 g Kürbisfleisch
1 große weiße Zwiebel
2 Knoblauchzehen
20 g Butter
20 g Zucker
1 TL frisch geriebene Ingwerwurzel
5 Eier
Salz
frisch gemahlener weißer Pfeffer
400 g rote Paprikaschoten
300 g Brokkoliröschen

Für die Paprikasauce
450 g rote Paprikaschoten
20 g Butter
1 Schalotte
½ Knoblauchzehe
Salz
frisch gemahlener weißer Pfeffer
1 Thymianzweig
1 Lorbeerblatt
40 ml Weißwein
150 ml Gemüsefond

Außerdem
1 Terrinenform von 1 l Inhalt
Butter für die Form
Frischhaltefolie (hitzebeständig bis 160 °C)

1 250 g Kürbisfleisch in 5 mm große Würfel schneiden und diese 3 Minuten in kochendem Salzwasser garen. Abgießen, dabei 150 ml Kochflüssigkeit auffangen. Das restliche Kürbisfleisch klein hacken.

2 Den Backofen auf 220 °C vorheizen. Zwiebel und Knoblauch schälen und fein würfeln. Butter zerlassen; Zwiebel und Knoblauch darin andünsten. Das gehackte Kürbisfleisch zugeben, den Zucker darüberstreuen und karamellisieren lassen. Mit der aufgefangenen Kochflüssigkeit ablöschen. Den Ingwer dazugeben und alles zugedeckt 5 Minuten schmoren, anschließend offen kochen lassen, bis die Flüssigkeit verdampft ist. Abkühlen lassen. In den Mixer füllen und mit den Eiern pürieren. Salzen und pfeffern. Kürbiswürfel unterrühren.

3 Die Paprikaschoten im heißen Ofen backen, bis die Haut Blasen wirft. In einen Gefrierbeutel geben und abkühlen lassen, dann häuten. Samen und Trennwände entfernen, das Fruchtfleisch längs in etwa 1,5 cm breite Streifen schneiden (Backofentemperatur auf 150 °C senken). Den Brokkoli kurz in kochendem Salzwasser garen, herausheben und abtropfen lassen.

4 Die Terrinenform leicht buttern und mit Frischhaltefolie auskleiden. Ein Viertel der Kürbismasse einfüllen. Entlang der Längsseiten jeweils eine Reihe Brokkoliröschen und in die Mitte Paprikastreifen legen. Darauf ein Viertel Kürbismasse verteilen. Dann entlang der Längsseiten jeweils eine Reihe Paprikastreifen und in die Mitte Brokkoliröschen legen; mit einem weiteren Viertel der Kürbismasse bedecken. Als letzte Schicht längs Brokkoli und in der Mitte Paprika in die Form geben; mit der restlichen Kürbismasse bedecken.

5 Die Form einmal fest auf der Tischplatte aufklopfen, um Luftbläschen zu entfernen. Die Terrine in eine hohe Form oder auf das tiefe Backblech setzen, Form oder Blech mit heißem Wasser füllen, bis die Terrinenform zu zwei Drittel darin steht. Die Terrine zugedeckt im heißen Ofen 40–50 Minuten garen.

6 Für die Sauce die Paprikaschoten waschen, von Samen und Trennwänden befreien und in Würfel schneiden. Die Butter zerlassen, Schalotte und Knoblauch darin andünsten, Paprikawürfel zufügen. Salzen, pfeffern und die Kräuter dazugeben. Mit Wein und Fond ablöschen. Köcheln lassen, bis die Paprika weich sind. Alles mit dem Stabmixer pürieren und die Sauce durch ein feines Sieb streichen.

7 Die Terrine aus dem Ofen nehmen und lauwarm abkühlen lassen. Auf ein Brett stürzen. Die Folie abziehen und die Terrine in Scheiben schneiden. Mit der Paprikasauce anrichten.

Gemüse-Champignon-Terrine

2 Zucchini (je 500 g schwer und 20 cm lang)
100 g Kohlrabi
1 große Möhre
80 g grüne Bohnen
50 g Brokkoliröschen
Salz

Für die Champignoncreme
9 Blatt weiße Gelatine
700 g weiße Champignons
1 Schalotte
125 g Butter
½ Knoblauchzehe
1 Thymianzweig
1 Rosmarinzweig
½ Lorbeerblatt
Salz
frisch gemahlener Pfeffer
125 ml Weißwein
700 g Sahne
300 ml Milch

Für die Rote-Bete-Sauce
500 g Rote Beten
60 ml Orangensaft
20 ml Sherry-Essig
etwas Cayennepfeffer
1 Prise Zucker
Salz
frisch gemahlener Pfeffer
10 g Speisestärke

Außerdem
1 Terrinenform von 1,5 l Inhalt und 30 cm Länge
Frischhaltefolie

1 Das Gemüse waschen. Die Zucchini putzen und längs in 2–3 mm dicke Scheiben schneiden. Kohlrabi putzen und in 5 mm dicke Scheiben schneiden, Möhre schälen und Bohnen putzen. Alle fünf Gemüsesorten jeweils separat in kochendem Salzwasser bissfest garen, kalt abschrecken und trocken tupfen.

2 Für die Champignoncreme die Gelatine in kaltem Wasser einweichen. Pilze putzen und klein würfeln. Schalotte schälen und fein hacken. Die Butter in einem großen Topf zerlassen, Schalotten- und Pilzwürfel darin andünsten; Knoblauch, Kräuter, Salz und Pfeffer zufügen.
Mit dem Wein ablöschen und auf die Hälfte einkochen lassen. Sahne und Milch zugießen; köcheln lassen, bis die Pilze gar sind.

3 Die heiße Pilzmischung durch ein Sieb passieren, die Flüssigkeit auf 600 ml reduzieren und mit dem Stabmixer aufschäumen. Die eingeweichte Gelatine ausdrücken, in der heißen Creme auflösen und die Masse leicht abkühlen lassen.

4 Die Terrinenform mit Frischhaltefolie auskleiden (das erleichtert später das Herausheben der Terrine aus der Form) und die Form quer mit den vorgegarten Zucchinischeiben auslegen, die Scheiben dabei auf beiden Seiten überhängen und sich leicht überlappen lassen.

5 Das gegarte Gemüse abwechselnd mit der Champignoncreme in die vorbereitete Form schichten. Die Zucchinischeiben darüberschlagen; die Terrine im Kühlschrank fest werden lassen; am besten über Nacht.

6 Für die Rote-Bete-Sauce von den Rote-Bete-Knollen Wurzeln und Blätter abschneiden. Die Knollen waschen, in einem Topf mit Wasser bedecken und in 45–60 Minuten weich garen.

7 Die Roten Beten schälen und in Würfel schneiden. Noch warm mit Orangensaft und Sherry-Essig übergießen. Mit Cayennepfeffer, Zucker, Salz und Pfeffer würzen und zugedeckt 1–2 Stunden durchziehen lassen. Die marinierten Roten Beten im Mixer oder mit dem Stabmixer pürieren. Das Püree durch ein Sieb in eine Kasserolle streichen und nochmals aufkochen.

8 Die Speisestärke mit 1 EL kaltem Wasser anrühren. Das aufgekochte Rote-Bete-Püree mit der Speisestärke binden, dann auf Raumtemperatur abkühlen lassen. Die Terrine aus der Form heben, in fingerdicke Scheiben schneiden und mit der Rote-Bete-Sauce anrichten.

Tipp Berücksichtigen Sie bei Ihrer Zeitplanung, dass die Terrine über Nacht durchkühlen und die Roten Beten 1–2 Stunden marinieren sollten.

Auberginen-Nudel-Pasteten

mit Tomatensauce

Für die Pastetchen
200 g Hörnchennudeln
Salz
1 große Aubergine
125 ml Olivenöl
1 kleine Zwiebel
2 Knoblauchzehen
500 g Tomaten
1 TL Oregano
frisch gemahlener Pfeffer
1 TL Zucker
400 g Ricotta
2 Eier
100 g Parmesan, gerieben
1 Bund Basilikum, in Streifen geschnitten

Außerdem
4 ofenfeste Formen (je 400 ml Inhalt)
Butter für die Förmchen
4 Tomaten

1 Die Nudeln in reichlich sprudelnd kochendem Salzwasser nach Packungsangabe bissfest garen. In ein Sieb schütten, kalt abspülen und abtropfen lassen.

2 Inzwischen die Aubergine halbieren und längs in Scheiben schneiden. 2 EL Öl in einer großen Pfanne erhitzen und die Auberginenscheiben darin auf beiden Seiten braten, bis sie weich sind. Falls nötig, mehr Öl dazugeben. Die Auberginen aus der Pfanne nehmen und auf Küchenpapier abtropfen lassen.

3 Zwiebel und Knoblauch schälen und fein würfeln. Beides in die Pfanne geben und 2–3 Minuten dünsten. Die Tomaten waschen, von den Stielansätzen befreien und in Würfel schneiden. Mit dem Oregano sowie Salz und Pfeffer zu Zwiebel und Knoblauch geben; alles zusammen 15 Minuten köcheln lassen, bis die Tomaten ganz weich sind und die Sauce cremig ist. Die Sauce mit Zucker abschmecken.

4 Den Backofen auf 180 °C vorheizen. Den Ricotta mit den Eiern in einer großen Schüssel cremig rühren. Parmesan und Basilikum dazugeben und untermischen. Zum Schluss die Nudeln unterrühren. Die Förmchen mit den Auberginen auskleiden; die Ränder gerade schneiden.

5 Die Hälfte der Nudelmischung auf die Förmchen verteilen, leicht hineindrücken. Darauf eine Schicht Tomatensauce streichen und die restliche Nudelmischung in die Formen füllen.

6 Die Pastetchen im heißen Ofen (Mitte) 10–15 Minuten backen, bis sie fest sind. Herausnehmen und 5 Minuten abkühlen lassen. Inzwischen die Tomaten in Scheiben schneiden und die Scheiben nebeneinander auf Teller legen. Mit einem Messer innen an den Rändern der Förmchen entlangfahren und die Pastetchen auf die Tomatenscheiben stürzen. Sofort servieren.

Blumenkohl-Timbalen

mit Petersiliensauce

Für die Timbalen
300 g Blumenkohlröschen
15 g Butter
200 ml Gemüsebrühe
Salz
frisch gemahlener Pfeffer
frisch geriebene Muskatnuss
2 Eier
50 g Sahne

Für die Sauce
2 Schalotten
200 g Petersilienwurzel
3 Bund glatte Petersilie
2 EL Butter
250 ml Gemüsebrühe
100 g Sahne
Salz
frisch gemahlener weißer Pfeffer
50 ml Weißwein

Außerdem
4 Timbaleförmchen oder Tassen (je 130 ml Inhalt)
Butter für die Förmchen

1 Die Blumenkohlröschen abspülen und gut abtropfen lassen. Die Butter in einem Topf erhitzen und die Kohlröschen darin kurz dünsten. Die Gemüsebrühe angießen und alles mit Salz, Pfeffer und Muskatnuss würzen.

2 Den Topf schließen und den Blumenkohl in etwa 15 Minuten weich garen. Anschließend im Mixer oder direkt im Topf mit dem Stabmixer pürieren; das Püree durch ein Sieb streichen. Die Eier und die Sahne zu dem Blumenkohlpüree geben und gründlich darunterschlagen.

3 Den Backofen auf 200 °C vorheizen. Die Förmchen mit Butter fetten und die Masse einfüllen. Die Timbalen im heißen Ofen (Mitte) in etwa 25 Minuten garen. Um zu prüfen, ob die Timbalen gar sind, ein Holzstäbchen in die gegarte Masse stechen und wieder herausziehen. Haftet keine Masse an dem Stäbchen, sind die Timbalen gar.

4 Inzwischen für die Sauce die Schalotten schälen und fein würfeln. Die Petersilienwurzel schälen und klein schneiden. Die Petersilienblättchen von den Stängeln zupfen; ein paar Blätter zum Garnieren beiseitelegen.

5 Die Butter in einem Topf erhitzen. Schalotte, Petersilienwurzel und Petersilienblätter (bis auf die beiseitegelegten) darin andünsten. Die Brühe angießen und alles aufkochen lassen. Die Sahne unterrühren und die Sauce köcheln lassen, bis die Petersilienwurzel weich ist.

6 Die Petersiliensauce im Topf mit dem Stabmixer pürieren und weiterköcheln lassen, bis sie etwas eingedickt ist. Mit Salz, Pfeffer und Wein abschmecken.

7 Die Timbalen etwa 5 Minuten abkühlen lassen, dann aus den Förmchen auf Teller stürzen und mit der Sauce anrichten. Mit Petersilienblättchen garnieren; sofort servieren.

Tipp Probieren Sie die Timbalen mit Möhren anstelle von Blumenkohl. Die Petersiliensauce wie beschrieben zubereiten und dazu reichen.

Möhren-Timbalen

mit Mandelsauce

Für die Timbalen
600 g Möhren
1 EL Butter
200–250 ml Gemüsebrühe
Salz
Zucker
frisch geriebene Muskatnuss
3–4 Eier
100 g Sahne

Für die Mandelsauce
500 ml Milch
100 g gemahlene Mandeln
1 Schalotte
1 kleine Chilischote
20 g Butter
1 TL Mehl
Salz
Zucker
2 EL Mandelblättchen

Außerdem
4 Timbaleförmchen (je 130 ml Inhalt)
Butter für die Förmchen

1 Die Möhren waschen, putzen und in Stückchen schneiden. Die Butter erhitzen und die Möhren darin andünsten. Die Brühe angießen. Alles mit Salz, Zucker und Muskat würzen; etwa 20 Minuten köcheln lassen, bis die Möhren weich sind.

2 Den Backofen auf 200 °C vorheizen. Die Möhren in der Brühe pürieren und das Püree durch ein feinmaschiges Sieb in eine hohe Schüssel streichen. Eier und Sahne zum Möhrenpüree geben und gründlich unterrühren; abschmecken.

3 Die Förmchen mit Butter fetten und die Masse hineinfüllen. Die Förmchen auf das tiefe Backblech stellen und dieses zu zwei Dritteln mit Wasser füllen, in den Ofen (Mitte) schieben und die Timbalen darin 25–35 Minuten garen.

4 Inzwischen für die Mandelsauce die Milch in einem Topf erhitzen. Die gemahlenen Mandeln hineinrühren und bei schwacher Hitze etwa 20 Minuten in der Milch ziehen lassen.

5 Die Schalotte schälen und fein würfeln. Die Chilischote von den Samen befreien und fein zerkleinern. Die Butter in einem Topf erhitzen; Schalotte und Chilischote darin andünsten.

6 Das Mehl über Schalotte und Chilischote streuen und unter Rühren andünsten, dann die Mandelmilch langsam unter Rühren dazugießen. Die Sauce bei schwacher Hitze so lange rühren, bis sie andickt, dann durch ein Sieb streichen, mit Salz und etwas Zucker abschmecken.

7 Die Timbalen aus den Förmchen auf Teller stürzen und mit der Mandelsauce umgießen. Die Mandelblättchen in einer Pfanne ohne Fett rösten und die Möhrentimbalen damit bestreuen.

Crêpes mit Mangoldfüllung

Für den Teig
50 g Mehl, 150 ml Milch, 2 Eier
20 g zerlassene Butter
Salz, frisch gemahlener Pfeffer
25 g Greyerzer, gerieben

Für die Füllung
1 kg junger Mangold
100 g Schalotten
50 g Butter
80 g Walnusskerne, gehackt
100 g Sahne
Salz, frisch gemahlener Pfeffer
frisch geriebene Muskatnuss
50 g Greyerzer, gerieben
1 Ei, verquirlt

Für die Sauce
10 g Butter, 15 g Mehl
250 ml Milch
Salz, frisch gemahlener Pfeffer
geriebene Muskatnuss
1 Eigelb, 50 g Sahne
20 g Greyerzer, gerieben

Außerdem
30 g Butterschmalz
Butter für die Form
gehackte Petersilie und Oreganoblätter zum Bestreuen

1 Mehl, Milch, Eier und zerlassene Butter zu einem Teig verrühren. Diesen durch ein feines Sieb passieren, mit Salz, Pfeffer und Käse würzen und 1 Stunde quellen lassen.

2 Inzwischen für die Füllung den Mangold von groben Stielen befreien, putzen, waschen, abtropfen lassen und fein hacken. Blätter in Streifen schneiden. Schalotten schälen und fein würfeln. In einem Topf die Butter zerlassen und die Schalotten darin glasig andünsten. Nüsse kurz mitbraten, Mangold zufügen, Sahne angießen. Alles mit Salz, Pfeffer und Muskat würzen. Zugedeckt 10 Minuten köcheln lassen. Vom Herd nehmen und etwas abkühlen lassen. Käse und Ei einrühren; alles gründlich vermengen.

3 Für jeden Crêpe in einer Pfanne (15 cm Ø) etwas Butterschmalz zerlassen. Teig dünn hineingießen und auf beiden Seiten goldgelb backen; auskühlen lassen. Insgesamt 8 Crêpes backen.

4 Für die Sauce die Butter zerlassen und das Mehl darin unter Rühren hell andünsten. Die Milch zugießen, glatt rühren und mit Salz, Pfeffer und Muskat würzen. Unter ständigem Rühren etwa 20 Minuten köcheln lassen. Das Eigelb mit der Sahne verquirlen, die Sauce damit legieren und unter Rühren einmal kräftig aufkochen. Durch ein Sieb passieren, nochmals erhitzen und den geriebenen Käse unter Rühren in der Sauce schmelzen.

5 Den Backofen auf 220 °C vorheizen. Crêpes mit der Füllung bestreichen, aufrollen und in eine gebutterte Auflaufform setzen. Sauce darübergießen. Im Ofen (Mitte) 10–12 Minuten überbacken. Mit Petersilie und Oregano bestreuen und servieren.

Hirsepfannkuchen mit Gemüse

Für den Teig
300 g Hirse, Salz
4 Eier
1 EL Schnittlauchröllchen
2 EL gehackte Petersilie
frisch gemahlener weißer Pfeffer
frisch geriebene Muskatnuss
80 g Vollkorngrieß

Für den Belag
je 1 rote, gelbe und grüne Paprikaschote
1 weiße Zwiebel
1 Knoblauchzehe
2 EL Öl
1 EL Thymianblättchen
Salz, frisch gemahlener Pfeffer

Außerdem
80 g Butter zum Ausbacken
8 Scheiben Gouda

1 In einem Topf die Hirse mit 600 ml Wasser und etwas Salz zum Kochen bringen, dann bei schwächster Hitze 30 Minuten ausquellen lassen. Vom Herd nehmen und auf Raumtemperatur abkühlen lassen.

2 Die Eier mit den Kräutern und den Gewürzen verquirlen und unter die Hirse ziehen. Den Grieß unterrühren, bis zur weiteren Verwendung beiseitestellen.

3 Für den Belag die Paprikaschoten häuten, wie auf Seite 136 gezeigt. Die Schoten vierteln, von Samen und Trennwänden befreien und in 1,5 cm große Stücke schneiden. Zwiebel und Knoblauch schälen, Zwiebel in dünne Ringe und den Knoblauch in feine Scheiben schneiden.

4 In einer Pfanne das Öl erhitzen. Zwiebel und Knoblauch darin glasig dünsten. Paprika zufügen und 1 Minute mitdünsten. Thymianblättchen einstreuen; das Gemüse mit Salz und Pfeffer würzen.

5 Den Backofen auf 180 °C vorheizen. In einer beschichteten Pfanne pro Pfannkuchen 10 g Butter zerlassen, darin ⅛ des Teigs ausbacken. Die Pfannkuchen auf tiefe Teller verteilen. Paprika-Zwiebel-Mischung daraufgeben und jeweils mit einer Käsescheibe belegen. Im Ofen kurz überbacken. Servieren.

Blinis

mit Sauerkraut-Pilz-Füllung

Für den Teig
200 g Weizenschrot
200 g Mehl
½ Würfel Hefe
200 g Buchweizenmehl
100 g zerlassene Butter
1 TL Salz

Für die Füllung
500 g Sauerkraut
2 Zwiebeln
80 g Butter
1 Lorbeerblatt
Salz
frisch gemahlener Pfeffer
400 g Champignons

Außerdem
Butter zum Ausbacken
saure Sahne zum Garnieren
gehackte Petersilie zum Bestreuen

1 Den Weizenschrot in 700 ml Wasser aufkochen, anschließend bei schwacher Hitze 15 Minuten quellen lassen. In eine Schüssel füllen und erkalten lassen. Das Mehl daraufsieben, in die Mitte eine Mulde drücken und die Hefe hineinbröckeln. Weiterverfahren, wie in der Bildfolge unten gezeigt.

2 Während der Bliniteig geht, das Sauerkraut mit der Küchenschere zerkleinern. Die Zwiebeln schälen und hacken. In einem Topf 40 g Butter zerlassen und die Hälfte der Zwiebelwürfel darin glasig dünsten. Kraut, Lorbeerblatt, Salz und Pfeffer hinzufügen und mit 250 ml Wasser aufgießen. Das Kraut zugedeckt 30–40 Minuten bei schwacher Hitze schmoren. Inzwischen die Champignons putzen und in Scheiben schneiden

3 Die restliche Butter in einer Pfanne (18 cm ∅) zerlassen und die restlichen Zwiebelwürfel darin glasig dünsten. Die Pilze 2–3 Minuten mitdünsten; mit Salz und Pfeffer würzen und unter das Sauerkraut mischen.

4 In der Pfanne etwas Butter zerlassen, nacheinander 8 Blinis darin backen. Falls nötig, dabei immer wieder Butter in die Pfanne geben. Pro Portion ein Blini auf einen Teller legen, die Krautmischung darauf verteilen und mit einem weiteren Blini bedecken. Mit saurer Sahne garnieren und mit Petersilie bestreuen.

3 EL lauwarmes Wasser in die Mulde gießen. Die Zutaten in der Schüssel verrühren, zudecken; Teig 15 Minuten gehen lassen.

Das Buchweizenmehl zum Teig in die Schüssel geben und unterrühren, dann die zerlassene Butter und das Salz untermischen.

Unter Rühren 350 ml lauwarmes Wasser zugießen, bis ein glatter Teig entsteht. Den Teig zudecken und 35 Minuten gehen lassen.

Crêpes mit Gemüse

und Bohnensauce

Für die Bohnensauce
100 g getrocknete schwarze Bohnenkerne
1 EL Öl
2 Schalotten, gehackt
500 ml Gemüsefond
50 ml Rotwein
2 EL helle Sojasauce
Salz
frisch gemahlener Pfeffer
1–2 TL Speisestärke

Für den Teig
90 ml Milch
50 g Mehl
Salz
1 Ei
1 Eigelb
10 g zerlassene Butter
Butter zum Ausbacken

Für das Gemüse
1 rote Paprikaschote
150 g Mangold
1 gelbe Zucchini
1 grüne Zucchini
1 weiße Zwiebel
1 Chilischote
3 EL Öl
100 ml Gemüsefond
Salz
frisch gemahlener Pfeffer
1 TL gehackter Oregano

Außerdem
geröstete Sesamsamen und Oreganoblätter zum Bestreuen

1 Die Bohnenkerne in einer Schüssel mit kaltem Wasser bedecken und über Nacht einweichen. Am nächsten Tag die Bohnen in ein Sieb schütten und gut abtropfen lassen.

2 Das Öl in einem Topf erhitzen und die Schalottenwürfel darin glasig dünsten. Die Bohnen hinzufügen. Gemüsefond und Rotwein dazugießen, alles aufkochen und etwa 50 Minuten köcheln lassen. Die Bohnensauce mit Sojasauce, Salz und Pfeffer würzen. Die Speisestärke mit wenig Wasser anrühren und die Sauce damit binden. Bis zum Servieren beiseitestellen.

3 Für den Teig die Milch mit 30 ml Wasser mischen. Das Mehl in eine Schüssel geben und die Milchmischung mit einem Schneebesen unterschlagen. Zuerst Salz, Ei und Eigelb, dann die flüssige Butter unterrühren, bis ein glatter Teig entstanden ist. Den Teig zudecken und etwa 30 Minuten quellen lassen.

4 Inzwischen für das Gemüse die Paprikaschote halbieren, putzen und das Fruchtfleisch in etwa 1 cm große Würfel schneiden. Den Mangold waschen, die Blätter in etwa 1 cm breite Streifen und die Stiele in 4 cm lange, 5 mm breite Stifte schneiden. Zucchini putzen, längs halbieren und in Scheiben schneiden. Die Zwiebel schälen und in feine Ringe schneiden. Die Chilischote halbieren, Samen entfernen und das Fruchtfleisch fein hacken.

5 Das Öl in einer Pfanne erhitzen und die Zwiebelringe darin glasig dünsten. Paprikawürfel und Mangoldstiele 4 Minuten mitdünsten. Chiliwürfel und Zucchinischeiben unterrühren, den Gemüsefond dazugießen und alles weitere 2 Minuten dünsten. Die Mangoldblätter unter das Gemüse in der Pfanne mischen; mit Salz, Pfeffer und Oregano würzen. Alles zusammen 3 Minuten dünsten.

6 Etwas Butter in einer Pfanne (etwa 18 cm Ø) erhitzen. Die Pfanne leicht schräg halten, etwas Teig hineingießen und durch eine leichte Drehbewegung den Teig gleichmäßig und hauchdünn in der Pfanne verteilen. Die Crêpe mit einer Palette wenden und fertigbacken. Auf diese Weise drei weitere Crêpes backen.

7 Jede Crêpe zu einer Tüte formen, auf einen Teller legen und mit einem Viertel des Gemüses füllen. Mit Sesamsamen bestreuen. Die Sauce nach Belieben kurz erhitzen und zu den Crêpes anrichten. Alles mit Oreganoblättchen bestreuen.

Gratinierte Pfannkuchen

mit Spargel und Käsesauce

1 kg weißer Spargel (24 Stangen)
Salz
Saft von ½ Zitrone

Für den Teig
50 g Mehl
150 ml Milch
2 Eier
20 g Butter, zerlassen
25 g alter Gouda, gerieben
Salz
frisch gemahlener Pfeffer

Für die Sauce
20 g Butter
15 g Mehl
250 ml Milch
Salz
frisch gemahlener Pfeffer
frisch geriebene Muskatnuss
1 Eigelb
50 g Sahne
30 g alter Gouda, gerieben
1 EL geschlagene Sahne
1 EL gehackte Petersilie

Außerdem
Butter zum Braten und für die Form
Petersilie zum Bestreuen

1 Für den Teig Mehl, Milch und Eier in eine Schüssel geben und alles mit den Schneebesen des elektrischen Handrührgeräts zu einer glatten Masse verrühren. Die zerlassene Butter unter Rühren in dünnem Strahl hinzufügen. Den Gouda untermischen und den Teig mit je 1 Prise Salz und Pfeffer würzen. Anschließend 30 Minuten quellen lassen.

2 Vom Spargel die Enden abschneiden und die Stangen von oben nach unten schälen. Die Stangen in reichlich kochendem Wasser mit Salz und Zitronensaft in 8–10 Minuten bissfest garen. Den Spargel abtropfen lassen und beiseitestellen.

3 Für die Käsesauce die Butter in einem Topf zerlassen und das Mehl darin unter Rühren hell andünsten. Die Milch unter ständigem Rühren dazugießen und aufkochen lassen; mit Salz, Pfeffer und Muskat würzen. Die Sauce bei schwacher Hitze 20 Minuten köcheln lassen; zwischendurch immer wieder rühen, damit nichts ansetzt.

4 Das Eigelb mit der Sahne verquirlen und die Sauce damit legieren. Dafür die Mischung langsam unter Rühren in die Sauce gießen, um sie zu binden. Die Sauce nur einmal aufkochen lassen, dann durch ein Haarsieb streichen. Den Käse in die Sauce streuen und unter Rühren darin schmelzen lassen. Die geschlagene Sahne und die Petersilie unter die Käsesauce heben.

5 Den Backofen auf 220 °C vorheizen. In einer beschichteten Pfanne (etwa 16 cm Ø) nacheinander aus dem Teig 8 Pfannkuchen backen.

6 Eine lange flache Auflaufform mit Butter fetten. Je 3 Spargelstangen in einen Pfannkuchen rollen und in die Form legen. Mit der Sauce begießen und das Gericht im heißen Ofen (Mitte) 12–15 Minuten gratinieren. Mit Petersilie garnieren; servieren.

Eierrollen mit Asia-Gemüse

Für den Teig
100 g Mehl
3 Eier
1 Messerspitze Salz

Für die Füllung
1 große Zwiebel
2 Knoblauchzehen
1 Möhre
1 Stange Sellerie
150 g Weißkohl
100 g Blattspinat
30 g frische Ingwerwurzel
2 Frühlingszwiebeln
100 g Tofu
70 g Mungbohnensprossen
4 EL Erdnussöl
1 EL Reisweinessig oder trockener Sherry
1 TL Zucker
1 kleine Chilischote, von den Samen befreit und gehackt
3–4 EL Sojasauce
1 EL gehacktes Koriandergrün

Außerdem
Öl zum Braten und Ausbacken
geröstete Sesamsamen zum Bestreuen
süß-scharfe Thai-Chilisauce zum Dippen

1 Das Mehl mit 125 ml Wasser, den Eiern und dem Salz zu einem glatten Teig verrühren. Den Teig 30 Minuten quellen lassen.

2 Inzwischen die Füllung zubereiten. Dafür Zwiebel und Knoblauch schälen und fein würfeln. Möhre und Selleriestange putzen und in dünne Stifte schneiden, den Weißkohl in feine Streifen schneiden oder raspeln. Den Spinat waschen und putzen. Den Ingwer schälen und fein hacken. Die Frühlingszwiebeln waschen, putzen und in Ringe schneiden; den Tofu klein würfeln. Die Bohnensprossen in einem Sieb abbrausen und verlesen.

3 Das Öl im Wok oder in einer hohen Pfanne erhitzen und das Gemüse darin in folgender Reihenfolge pfannenrühren: Zuerst Zwiebel- und Knoblauchwürfel im heißen Öl hell anbraten, dann Möhren- und Selleriestifte dazugeben und 2 Minuten mitbraten. Die Mischung aus Wok oder Pfanne nehmen.

4 Den Kohl im verbliebenen Bratfett unter Rühren braten, bis er weich ist. Zwiebelmischung wieder in den Wok geben. Spinat hinzufügen und unter Rühren zusammenfallen lassen. Ingwer darüberstreuen, dann Frühlingszwiebeln, Bohnensprossen und Tofu untermischen. Das Gemüse mit Essig oder Sherry, Zucker, Chilischote und Sojasauce würzen. Zum Schluss das Koriandergrün unter das Gemüse rühren.

5 Den Pfannkuchenteig durchrühren. Eine beschichtete Pfanne (18 cm Ø) mit Öl auspinseln und darin nacheinander 12 dünne Pfannkuchen backen; falls nötig, mehr Öl zugeben. Die Pfannkuchen auf einer Arbeitsfläche ausbreiten, mit dem Gemüse füllen und (ähnlich wie Frühlingsrollen) zu Päckchen zusammenfalten.

6 Die Päckchen in heißem Öl im Wok oder in der Pfanne ausbacken. Herausnehmen und auf Küchenpapier abtropfen lassen. Mit Sesam bestreuen und mit Chilisauce servieren.

Crêpetaschen

mit süß-saurem Gemüse

Für den Teig
60 g Mehl
125 ml Milch
1 Prise Salz
2 Eigelbe
25 g Butter

Für das Gemüse
5 g getrocknete Mu-err-Pilze
100 g Brokkoliröschen
je 60 g weißer Rettich, Stangensellerie und Kürbisfruchtfleisch
50 g Zuckerschoten
1 rote Paprikaschote
1 gelbe Paprikaschote
4 Frühlingszwiebeln
1 Knoblauchzehe
2 EL Erdnussöl
1 Messerspitze gehackte frische Ingwerwurzel
1 TL Palmzucker
20 Cashewkerne
Salz
frisch gemahlener Pfeffer
1 Prise Cayennepfeffer
2 EL Sojasauce
1 Spritzer roter Reisessig
2 cl Reiswein
80 ml Gemüsefond
½ TL Speisestärke

Außerdem
4 Wirsingblätter
Öl zum Ausbacken der Crêpes
Chilisauce nach Belieben

1 Für den Crêpeteig das Mehl in eine Schüssel sieben. Milch und 50 ml Wasser unterrühren, dann Salz und Eigelbe hinzufügen. Die Butter in einer Kasserolle zerlassen und langsam unter den Teig ziehen. Den Teig durch ein Sieb passieren, um eventuell vorhandene Klümpchen zu entfernen. Zudecken und 30 Minuten quellen lassen.

2 Die getrockneten Pilze 20 Minuten in lauwarmem Wasser einweichen, dann ausdrücken und klein schneiden. Alle Gemüse waschen. Rettich schälen, Stangensellerie putzen und beides in Scheiben schneiden. Kürbisfleisch etwa 1 cm groß würfeln. Zuckerschoten putzen und quer in Stücke schneiden. Paprikaschoten putzen und in Streifen schneiden. Frühlingszwiebeln putzen und schräg in größere Stücke schneiden. Knoblauch schälen und in dünne Scheiben schneiden.

3 Das Öl im Wok erhitzen. Ingwer, Knoblauch und Palmzucker darin kurz pfannenrühren. Gemüsestücke und Cashewkerne zufügen und alles unter Rühren mitbraten. Die Mischung mit Salz, Pfeffer und Cayennepfeffer würzen und mit der Sojasauce ablöschen.

4 Reisessig, Reiswein und Gemüsefond zum Gemüse gießen und das Gemüse bei schwacher Hitze bissfest garen. Die Stärke in wenig Wasser anrühren, zum Gemüse gießen, um die noch vorhandene Flüssigkeit damit zu binden. Das Gemüse abschmecken.

5 Die Wirsingblätter kurz in kochendem Salzwasser garen, herausheben, kalt abschrecken und trocken tupfen. Die dicke Mittelrippe bei jedem Blatt flach schneiden.

6 Die Crêpes nacheinander backen. Dafür pro Crêpe etwas Öl in einer Pfanne (etwa 18 cm Ø) erhitzen. Etwas Teig hineingießen, 1 Wirsingblatt in die weiche Teigoberfläche drücken, Crêpe wenden und auf der anderen Seite fertig backen. Erst auf die Hälfte, dann nochmals mittig zu einem Viertelkreis zusammenklappen. Die so entstandene Tasche mit dem Gemüse füllen. Auf diese Weise noch 7 Crêpetaschen zubereiten. Nach Belieben mit Chilisauce servieren.

Tipp Planen Sie etwas mehr Zeit für das exakte Schneiden der Gemüsesorten und das Backen der Crêpes ein.

Saisonkalender

Januar

Chicorée, **Radicchio** und **Feldsalat** bieten sich für die Zubereitung von Salaten an. Knollen und Rüben bestimmen überwiegend das Angebot auf dem Gemüsemarkt. So gibt es **Knollensellerie** und **Steckrüben** aus heimischer Ernte den ganzen Winter hindurch, genauso wie **Kartoffeln** und **Möhren**. Auch **Meerrettich** und **Rote Bete** tragen dazu bei, die Nährstoffversorgung in der kalten Jahreszeit zu sichern.

Februar

Gekaufte oder selbst gezogene **Sprossen** sind ein guter Nährstofflieferant. Sie schmecken je nach Sorte mild, nussig oder scharf. Das Obstangebot aus heimischem Anbau beschränkt sich auf gelagerte **Winterbirnen und -äpfel**. **Südfrüchte** hingegen schmecken jetzt besonders gut. Neben **Datteln**, **Ananas** und **Mangos** lohnt es sich, auch **Kiwanos**, **Kaktusfeigen** oder **Cherimoyas** zu probieren. **Mandarinen** und **Orangen** sind noch süß und saftig.

März

Für Wildkräuter wie **Löwenzahn**, **Brennnessel** oder **Brunnenkresse** beginnt jetzt die Saison. **Chinakohl** ist knackig und mild im Geschmack. **Zitrusfrüchte** sind bei uns ganzjährig erhältlich. Zitronenbäume tragen gleichzeitig Blüten und Früchte, was eine Ernte rund ums Jahr erlaubt.

Juli

Im Sommer ist Hauptsaison für Obst und Gemüse. **Fruchtgemüse** wie Tomaten und Zucchini werden in Mengen angeboten. Frisch geerntete **Zwiebeln** sind besonders saftig und frischer **Mangold** tritt an die Stelle von Spinat. **Buschbohnen** sind jetzt erntereif und **Rucola** lässt sich leicht im Garten oder auf dem Balkon anbauen, er wächst den ganzen Sommer nach. Die kurze **Sauerkirschen**saison sollte man sich nicht entgehen lassen.

August

Fruchtgemüse (Auberginen, Tomaten, Paprika, Zucchini) sind in diesem Monat am geschmacksintensivsten. **Zuckermais** ist der Klassiker beim Grillen, zum Beispiel bestrichen mit pikanter Honig-Chili-Butter. **Honigmelonen**, **Pfirsiche** und **Nektarinen** schmecken erst dann richtig gut, wenn sie intensiv duften. **Beeren** gibt es in Hülle und Fülle, und die ersten frisch gepflückten **Äpfel** warten darauf, verarbeitet zu werden.

September

Fenchel und **Stauden- oder Stangensellerie** sind unverzichtbar in der mediterranen Küche. **Weiße und rote Zwiebeln** kommen jetzt ebenso wie **Lauch** aus dem Freiland. Die Pilzsaison hat begonnen – jetzt ist der richtige Zeitpunkt, um **Steinpilze**, **Egerlinge** und **Pfifferlinge** zuzubereiten. Frisch vom Baum sind **Pflaumen** und **Zwetschgen** in diesem Monat ideal für die Zubereitung saftiger Kuchen und Desserts.

April

Bärlauch wächst jetzt überall und auch zarte Kräuter wie **Kresse** und **Schnittlauch** sind aus heimischem Anbau erhältlich. Junger **Blattspinat** aus dem Freiland enthält weniger Nitrat als Treibhausware. Junge **Möhren** und **Radieschen** werden im Frühjahr angeboten und die ersten **Zuckerschoten** sind besonders zart. Für **Rhabarber** und **Erdbeeren** beginnt die Saison.

Mai

Die **Spargelsaison** wird eröffnet: Die grünen und weißen Stangen werden traditionell bis zum 24. Juni gestochen. Daneben sind die ersten **Artischocken** und frühe **Wirsingsorten** im Angebot. Auch **Frühlingszwiebeln** gibt es jetzt wieder aus heimischem Anbau. Zudem sorgen Blattsalate, wie **Batavia**, **Eichblatt**, **Kopfsalat** und **Lollo rosso** für größere Vielfalt. Mit **Erdbeeren** und **Süßkirschen** kann man beginnen, den Rumtopf für den Winter anzusetzen.

Juni

Erbsen sind jetzt zart und süß. Genau wie **Dicke Bohnen** und **grüne Bohnen** sind sie gute Eiweißlieferanten. Bei **frischem Knoblauch** sollte man zugreifen. **Freilandkohlrabi** gibt es in Weiß und Lila. Auch **Blumenkohl** und **Brokkoli** sowie Fenchel und Salatgurken werden geerntet. **Neue Kartoffeln** aus heimischem Anbau sind in diesem Monat eine gute Wahl. Süße aromatische **Himbeeren** und **Johannisbeeren** sollte man sich nicht entgehen lassen und sie am besten frisch genießen.

Oktober

Überall gibt es jetzt unterschiedlichste **Kürbisse** und fast vergessene Gemüsesorten wie **Pastinaken** und **Topinambur**. Verschiedene Kohlsorten, wie **Wirsing** und **Weißkohl**, werden in diesem Monat jung geerntet und sind besonders zart. **Äpfel** und **Birnen** werden im Oktober in großer Sortenvielfalt angeboten, ebenso **Quitten**. Und **Weintrauben** schmecken im Herbst besonders gut.

November

Für **Feldsalat** beginnt nun die Saison. Er passt gut zu **Maronen**, die ebenfalls Saison haben. **Rosenkohl** und **Grünkohl** schmecken nach dem ersten Frost erst richtig gut und zusammen mit anderen Kohlsorten wie **Weißkohl** und **Wirsing** liefern sie viel Vitamin C. Für einen Farbtupfer im November sorgen **Granatäpfel**, deren Kerne zu Obstsalat aber auch zu pikanten orientalischen Speisen passen.

Dezember

Petersilienwurzeln sind frosthart und werden auch im Dezember noch frisch geerntet. Das klassische Gemüse zur Weihnachtszeit aber ist **Rotkohl**, kombiniert mit **Orange**, **Mango** oder als Rohkost. **Schwarzwurzeln** (oder Winterspargel) sind jetzt frisch erhältlich. **Feigen** und **Walnüsse** bereichern ebenfalls das Angebot im Obst- und Gemüseladen. Übrigens: Der im Mai angesetzte Rumtopf darf endlich probiert werden!

Register
Fachbegriffe und Rezepte

Sachregister

Grundrezepte und Rezepte mit Bildfolgen sind *kursiv* gesetzt.

Rezeptregister

Impressum

Lizenzausgabe für die Büchergilde Gutenberg, Frankfurt am Main, Wien und Zürich
Mit freundlicher Genehmigung des Verlagshauses Gräfe und Unzer, München

TEUBNER ist ein Unternehmen des Verlagshauses Gräfe und Unzer, Ganske Verlagsgruppe

PROJEKTLEITUNG Claudia Bruckmann
REDAKTION Redaktionsbüro Cornelia Klaeger, München
MITARBEIT (REDAKTION) Verena Erhart
TEXT Claudia Bruckmann, Cornelia Klaeger
FOTOGRAFIE Dorothee Gödert, Frankfurt/Main (siehe Bildnachweis unten); Teubner Foodfoto, Füssen
STYLING Alexander Rieder, Wien; Daria Höfler-Lai, Darmstadt
TITELFOTO Eising FoodPhotography (Martina Görlach), München
LAYOUT/DTP h3a GmbH, München
HERSTELLUNG Susanne Mühldorfer
REPRODUKTION Repromayer, Reutlingen
DRUCK aprinta, Wemding
BINDUNG m.appl, Wemding
Printed in Germany 2011

www.buechergilde.de

Wir danken der Firma RÖSLE für die Bereitstellung der verschiedenen Küchenutensilien.

BILDNACHWEIS
Dorothee Gödert, Frankfurt/Main: Seiten: 2, 3, 6, 7, 12, 13, 15, 16, 17, 18 (oben), 22, 25 (unten), 26, 27, 33, 34, 35, 36 (oben links, Mitte), 37 (oben rechts, Mitte rechts) 43, 46, 47, 48 (oben, unten), 49 (Mitte), 55, 56, 57, 58 (Mitte, unten links, unten Mitte), 59 (oben rechts, Mitte, unten links), 60 (unten), 62 (unten) 63, 66 (Mitte), 67 (unten), 68 (unten), 69 (Mitte),70, 71, 73 (oben) 74, 75, 76 (oben Mitte, oben rechts, unten Mitte, unten rechts), 79, 77, 78, 7 9 (unten), 80 (Mitte, unten), 82 (oben), 85, 87 (unten), 89, 90 (unten), 93 (oben), 94, 95, 96 (Mitte), 97 (oben), 98 (Mitte), 99, 101 (oben),102 (unten), 103, 104, 105, 106,1 09 (unten links), 111 (oben rechts unten), 112, 113, 114, 115, 119, 125, 126, 127, 129, 130, 136, 137, 138, 139, 143, 144 (unten rechts), 148, 149, 150, 151, 152 (oben links), 153, 154, 155, 156, 163, 169, 170, 171, 173, 174, 175, 187, 189, 190, 192, 194, 198, 206, 207, 213, 217, 218, 223, 224, 231, 235, 237, 238, 241, 242, 244, 245, 247, 248, 251, 252, 255, 256, 257, 259, 260, 263, 264, 269, 270, 272, 273, 277, 280, 285, 289, 293, 295, 297, 298, 299, 300, 302, 305, 307, 313, 314, 318, 319, 323, 327, 333, 334, 337, 338, 342, 343, 345, 349, 351, 352, 353, 355, 360, 363, 364, 365, 366, 369, 370, 371, 372, 375, 377, 378, 379, 381, 387, 389, 390, 394, 395, 399, 400, 403, 406, 407; alle anderen Fotos: Teubner Foodfoto, Füssen
Syndication: www.jalag-syndication.de

ISBN 978-3-7632-6420-9